BORUTO

-…O NEXT GENERATION-

DAS NEUE TEAM 7

11. SCHRIFTROLLE

ORIGINAL STORY AND SUPERVISING: MASASHI KISHIMOTO
MANGA: MIKIO IKEMOTO
SCENARIO: UKYO KODACHI

BORUTO -NARUTO NEXT GENERATION- CHARAKTERE

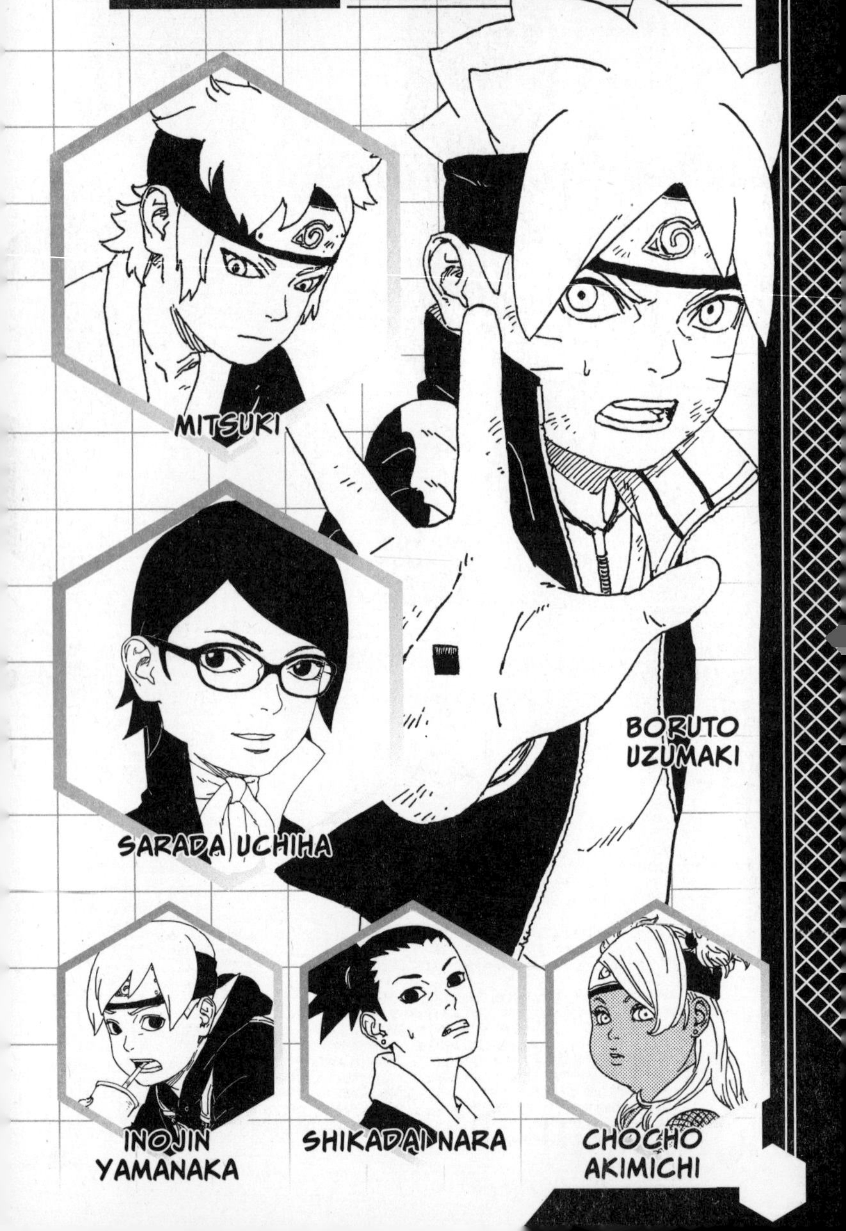

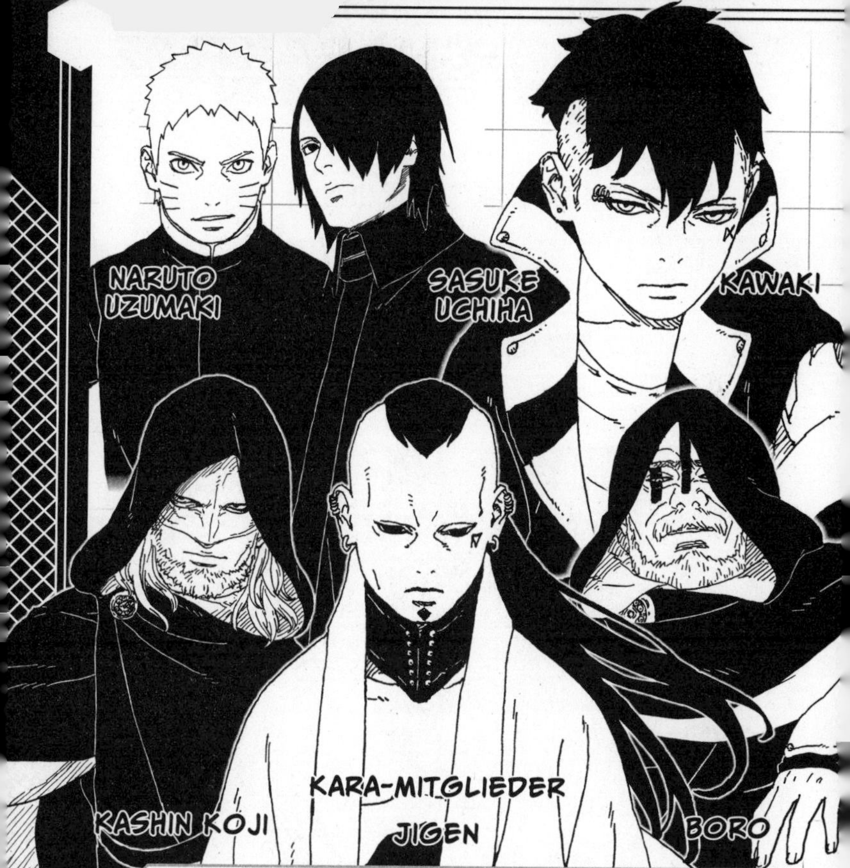

STORY

DER NINJA-WELTKRIEG IST VERGANGENHEIT. NARUTO UZUMAKI BESCHÜTZT ALS 7. HOKAGE DAS DORF KONOHAGAKURE UND DIE MENSCHEN GENIESSEN DEN FRIEDEN. ALS JEDOCH NARUTOS SOHN, BORUTO UZUMAKI, AN DER CHUNIN-PRÜFUNG TEILNIMMT, GREIFEN ZWEI OTSUTSUKIS AN. GEMEINSAM MIT FREUNDEN UND VERBÜNDETEN BESIEGEN NARUTO UND SEIN SOHN DIE OTSUTSUKIS MIT KNAPPER NOT, ABER AUF BORUTOS RECHTER HAND BLEIBT EIN SELTSAMES MAL ZURÜCK: KAMA.

AUF EINER MISSION STÖSST BORUTO AUF EINEN JUNGEN NAMENS KAWAKI, DER EBENFALLS EIN SOLCHES MAL TRÄGT. ES STELLT SICH HERAUS, DASS DIESER JUNGE DAS »GEFÄSS« IST, NACH DEM DIE DUBIOSE ORGANISATION KARA SUCHT.

NARUTO NIMMT KAWAKI IN SEINE OBHUT UND LÄSST IHN BEI SICH UND SEINER FAMILIE WOHNEN, UM DEN JUNGEN ZU BESCHÜTZEN. BORUTO UND KAWAKI VERSTEHEN SICH ANFANGS NICHT, ABER ALLMÄHLICH GEWINNT KAWAKI VERTRAUEN IN DIE KONOHA-NINJA UND FREUNDET SICH MIT BORUTO AN.

EINE ATTACKE DES KARA-MITGLIEDS DERUTA KANN NARUTO ABWEHREN, DOCH DANN SUCHT DER KARA-ANFÜHRER JIGEN DAS DORF HEIM. JIGEN VERSCHLEPPT NARUTO UND SETZT IHN IN EINER ANDEREN DIMENSION FEST. MIT EINER RAUM-ZEIT-NINJUTSU GELANGEN AUCH KAWAKI, BORUTO, MITSUKI UND SARADA IN DIESE DIMENSION. SIE WOLLEN NARUTO RETTEN. ABER DORT WARTET BORO AUF SIE, EIN WEITERES KARA-MITGLIED…

BORUTO

BORUTO
-NARUTO NEXT GENERATION-

II. SCHRIFTROLLE

DAS NEUE TEAM 7

INHALT

40: EINE UNSICHTBARE KUNST

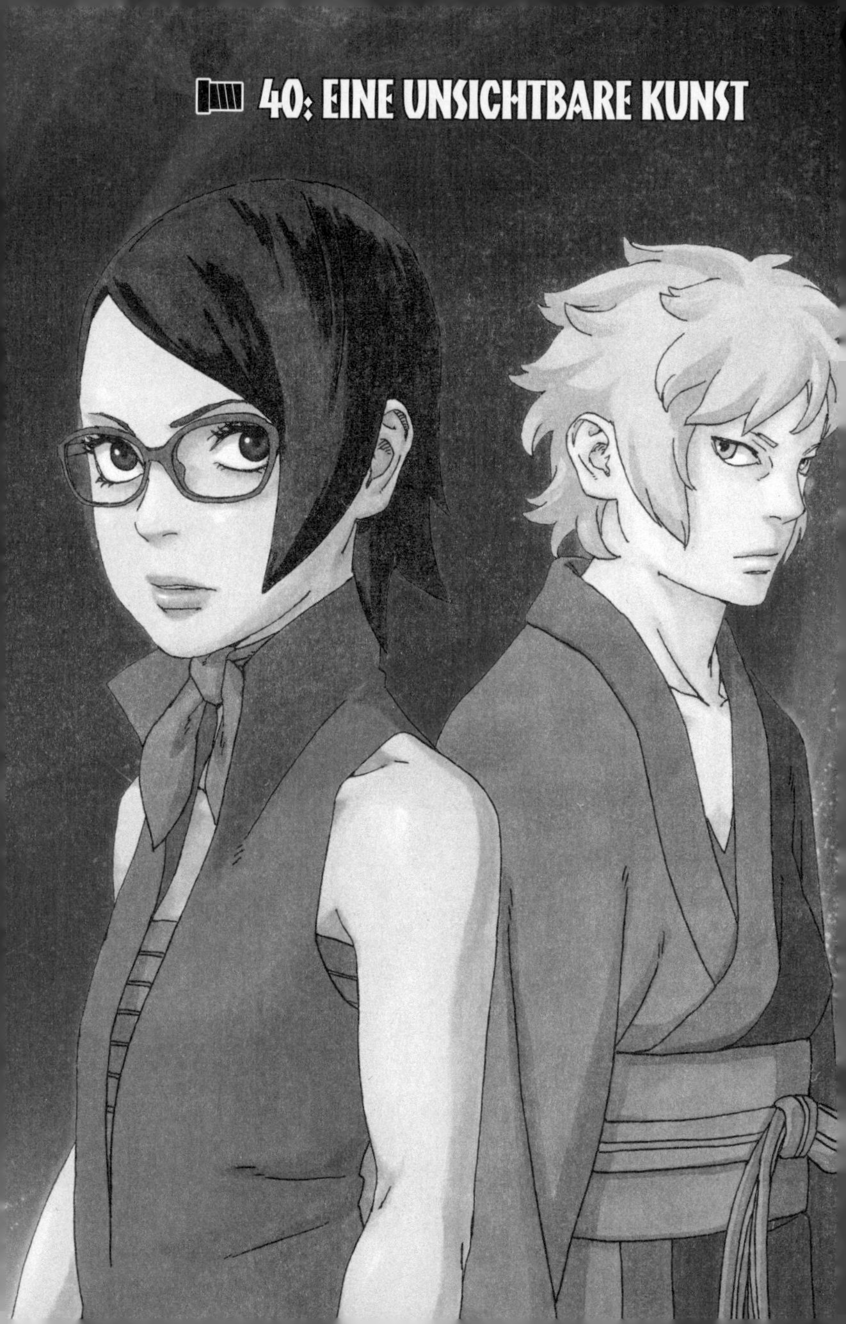

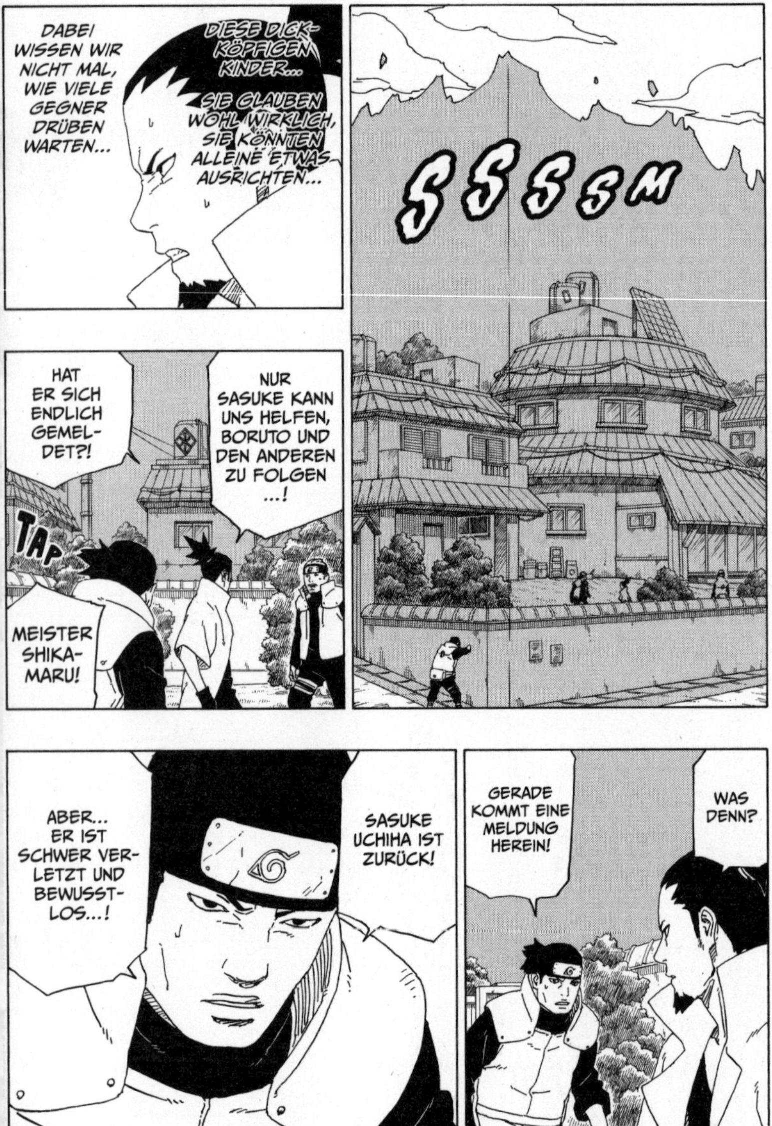
SSSSM
DIESE DICKKÖPFIGEN KINDER...
SIE GLAUBEN WOHL WIRKLICH, SIE KÖNNTEN ALLEINE ETWAS AUSRICHTEN...
DABEI WISSEN WIR NICHT MAL, WIE VIELE GEGNER DRÜBEN WARTEN...
NUR SASUKE KANN UNS HELFEN, BORUTO UND DEN ANDEREN ZU FOLGEN ...!
TAP
MEISTER SHIKAMARU!
HAT ER SICH ENDLICH GEMELDET?!
GERADE KOMMT EINE MELDUNG HEREIN!
WAS DENN?
SASUKE UCHIHA IST ZURÜCK!
ABER... ER IST SCHWER VERLETZT UND BEWUSSTLOS...!

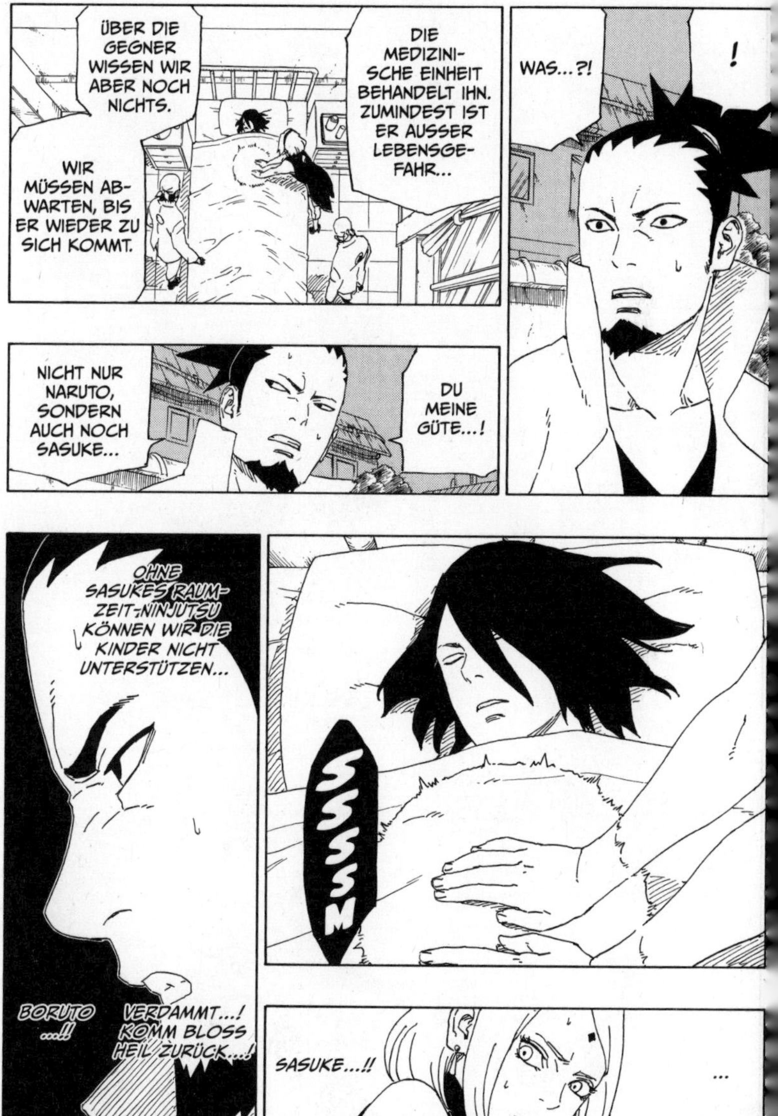
!
WAS...?!
DIE MEDIZINISCHE EINHEIT BEHANDELT IHN. ZUMINDEST IST ER AUSSER LEBENSGEFAHR...
ÜBER DIE GEGNER WISSEN WIR ABER NOCH NICHTS.
WIR MÜSSEN ABWARTEN, BIS ER WIEDER ZU SICH KOMMT.
DU MEINE GÜTE...!
NICHT NUR NARUTO, SONDERN AUCH NOCH SASUKE...
SSSSM
OHNE SASUKES RAUM-ZEIT-NINJUTSU KÖNNEN WIR DIE KINDER NICHT UNTERSTÜTZEN...
VERDAMMT...! KOMM BLOSS HEIL ZURÜCK...!
BORUTO ...!!
...
SASUKE...!!

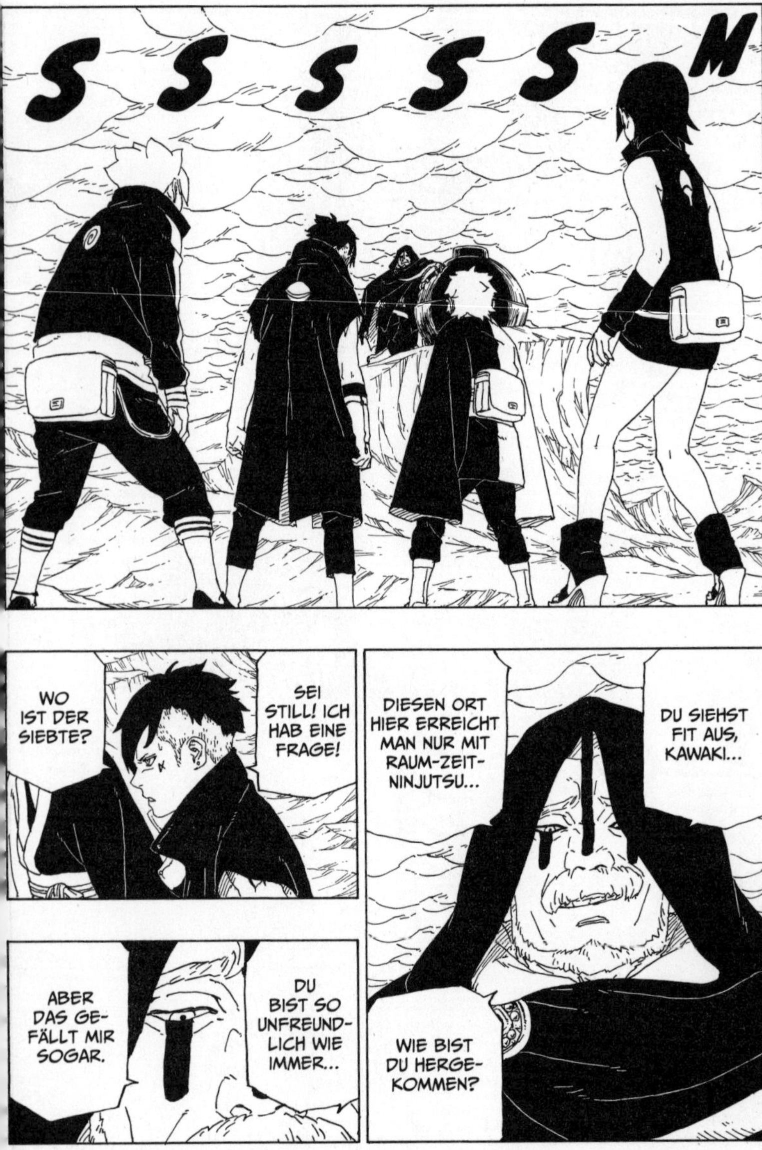
SSSSSM
DU SIEHST FIT AUS, KAWAKI...
DIESEN ORT HIER ERREICHT MAN NUR MIT RAUM-ZEIT-NINJUTSU...
SEI STILL! ICH HAB EINE FRAGE!
WO IST DER SIEBTE?
WIE BIST DU HERGE-KOMMEN?
DU BIST SO UNFREUND-LICH WIE IMMER...
ABER DAS GE-FÄLLT MIR SOGAR.

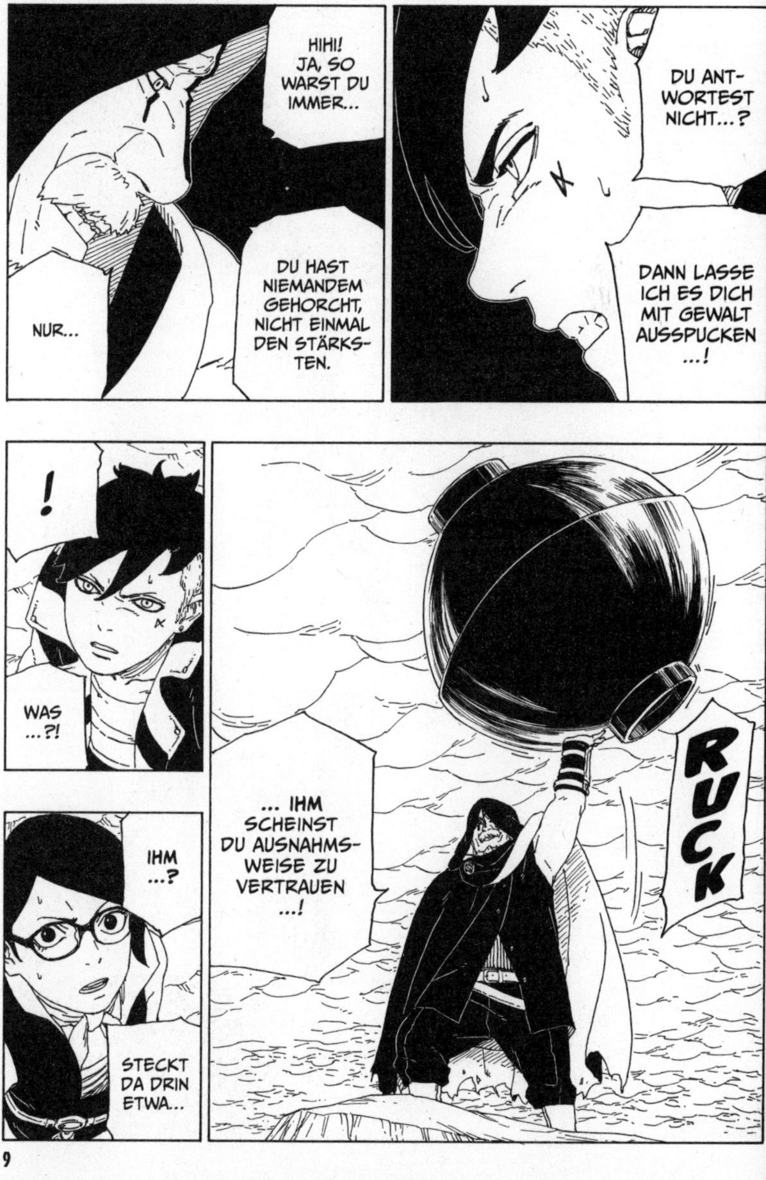
DU ANT-WORTEST NICHT...?
DANN LASSE ICH ES DICH MIT GEWALT AUSSPUCKEN ...!
HIHI! JA, SO WARST DU IMMER...
DU HAST NIEMANDEM GEHORCHT, NICHT EINMAL DEN STÄRKS-TEN.
NUR...
RUCK
... IHM SCHEINST DU AUSNAHMS-WEISE ZU VERTRAUEN ...!
!
WAS ...?!
IHM ...?
STECKT DA DRIN ETWA...

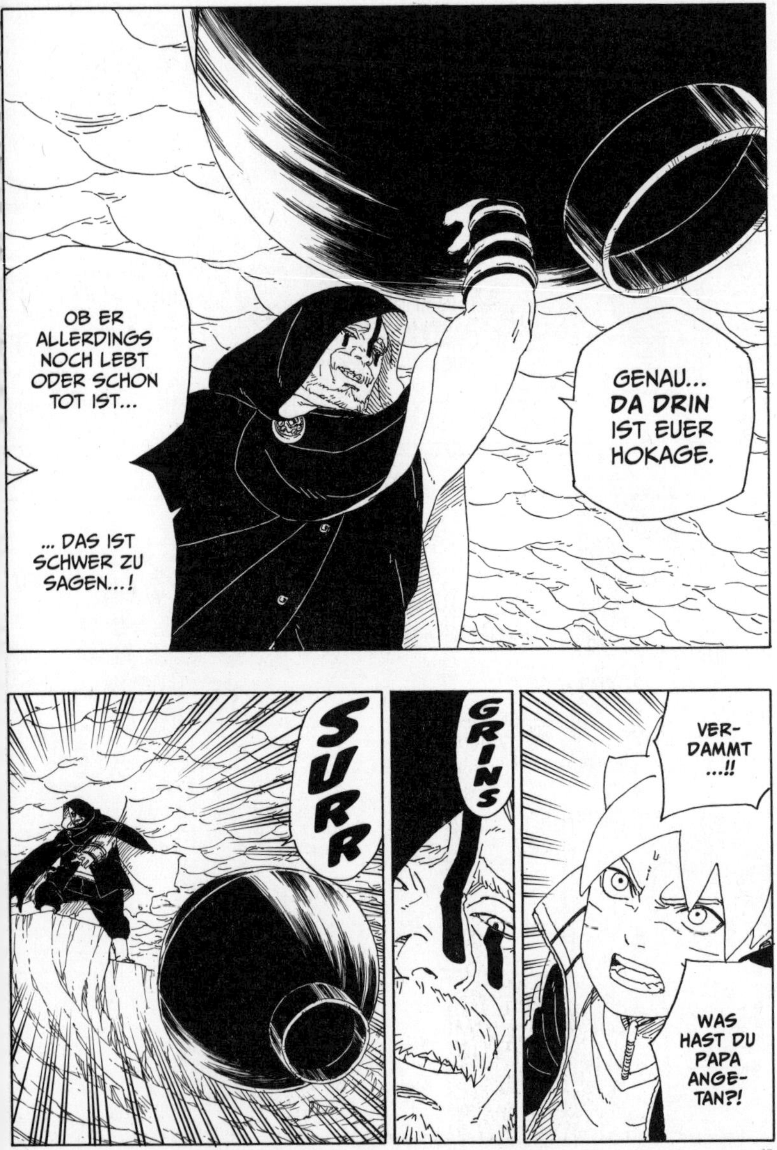
GENAU... DA DRIN IST EUER HOKAGE.
OB ER ALLERDINGS NOCH LEBT ODER SCHON TOT IST...
... DAS IST SCHWER ZU SAGEN...!
VER-DAMMT ...!!
WAS HAST DU PAPA ANGE-TAN?!
GRINS
SURR

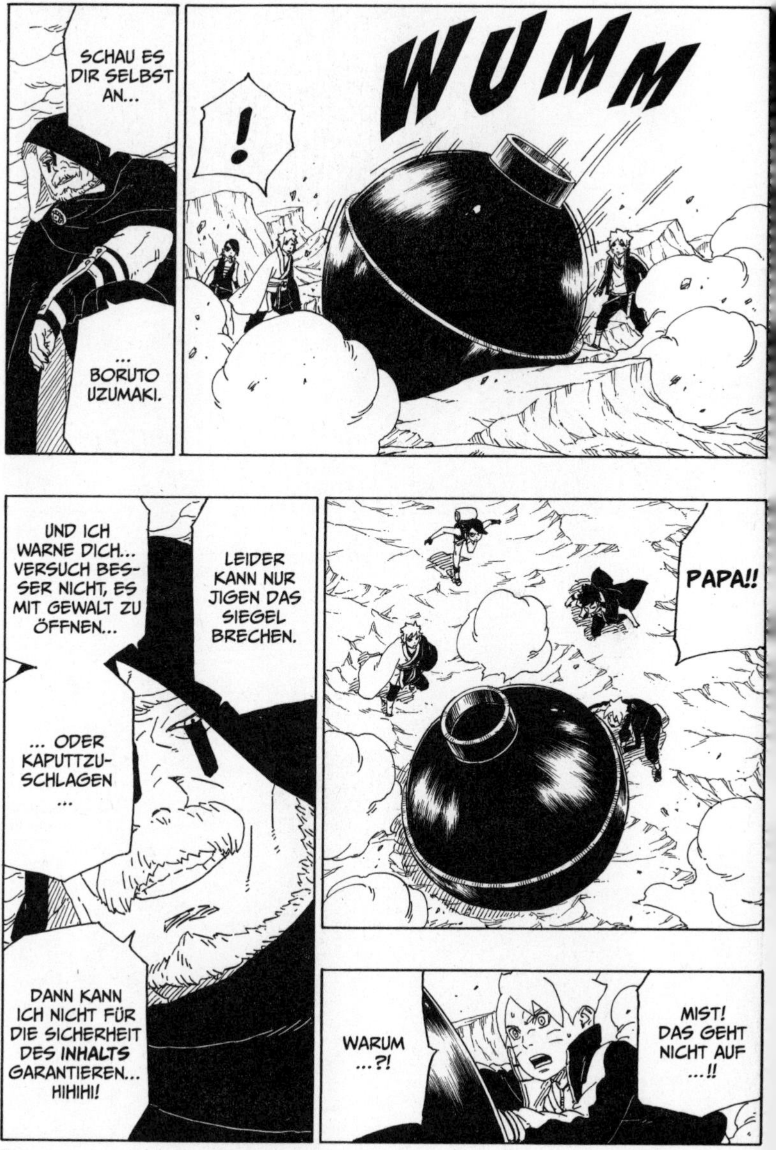
WUMM
!
SCHAU ES DIR SELBST AN...
... BORUTO UZUMAKI.
PAPA!!
MIST! DAS GEHT NICHT AUF ...!!
WARUM ...?!
LEIDER KANN NUR JIGEN DAS SIEGEL BRECHEN.
UND ICH WARNE DICH... VERSUCH BESSER NICHT, ES MIT GEWALT ZU ÖFFNEN...
... ODER KAPUTTZUSCHLAGEN ...
DANN KANN ICH NICHT FÜR DIE SICHERHEIT DES INHALTS GARANTIEREN... HIHIHI!

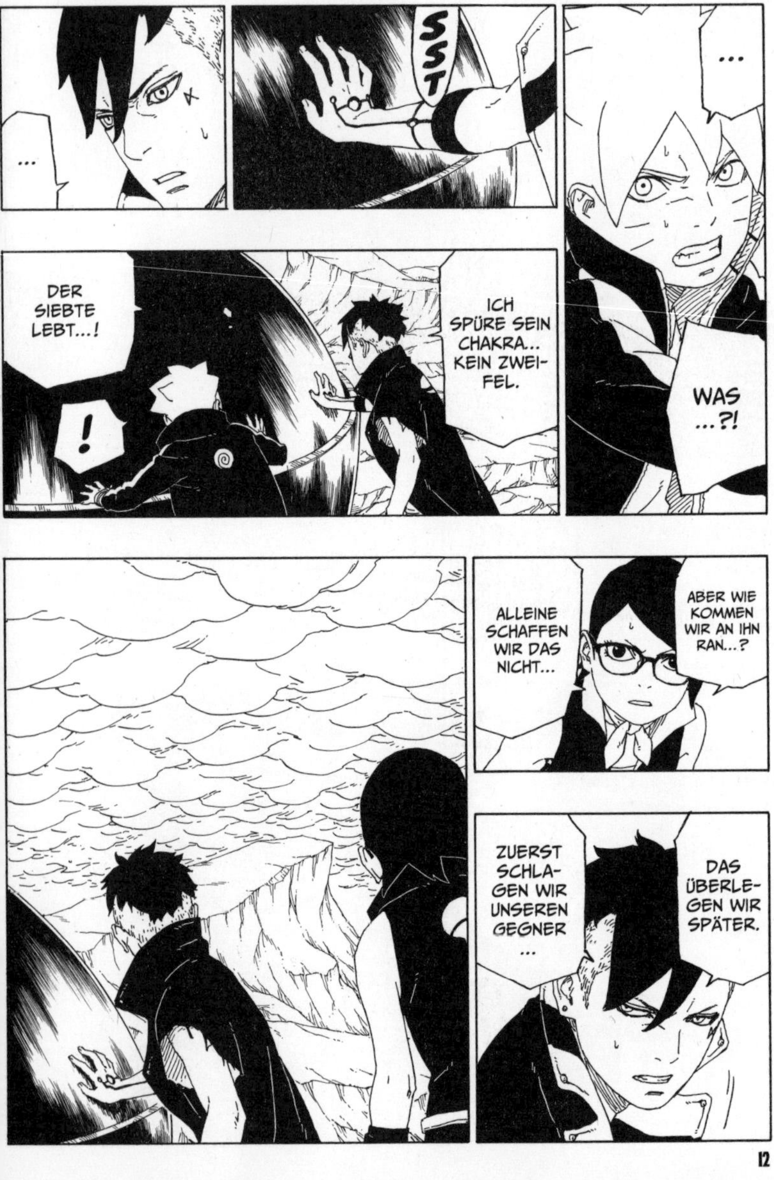
...
SST
...
WAS ...?!
ICH SPÜRE SEIN CHAKRA.. KEIN ZWEIFEL.
DER SIEBTE LEBT...!
!
ABER WIE KOMMEN WIR AN IHN RAN...?
ALLEINE SCHAFFEN WIR DAS NICHT...
DAS ÜBERLEGEN WIR SPÄTER.
ZUERST SCHLAGEN WIR UNSEREN GEGNER ...

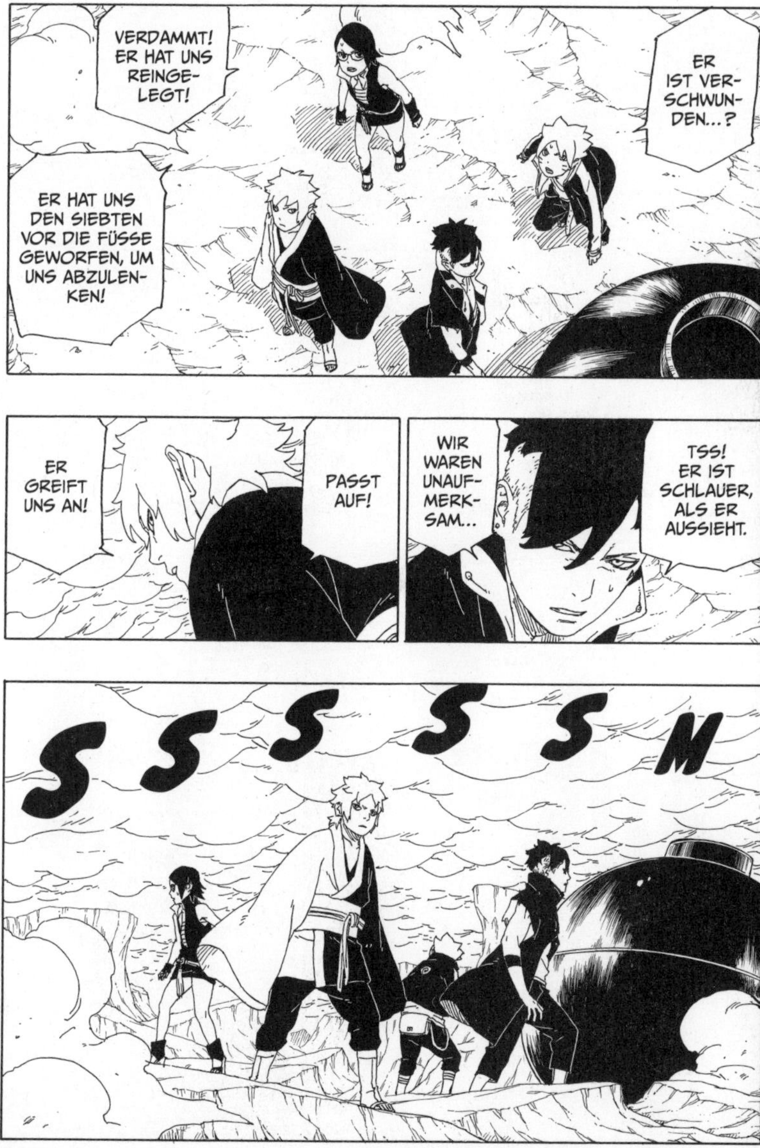
ER IST VERSCHWUNDEN...?
VERDAMMT! ER HAT UNS REINGELEGT!
ER HAT UNS DEN SIEBTEN VOR DIE FÜSSE GEWORFEN, UM UNS ABZULENKEN!
TSS! ER IST SCHLAUER, ALS ER AUSSIEHT.
WIR WAREN UNAUFMERKSAM...
PASST AUF!
ER GREIFT UNS AN!
SSSSSM

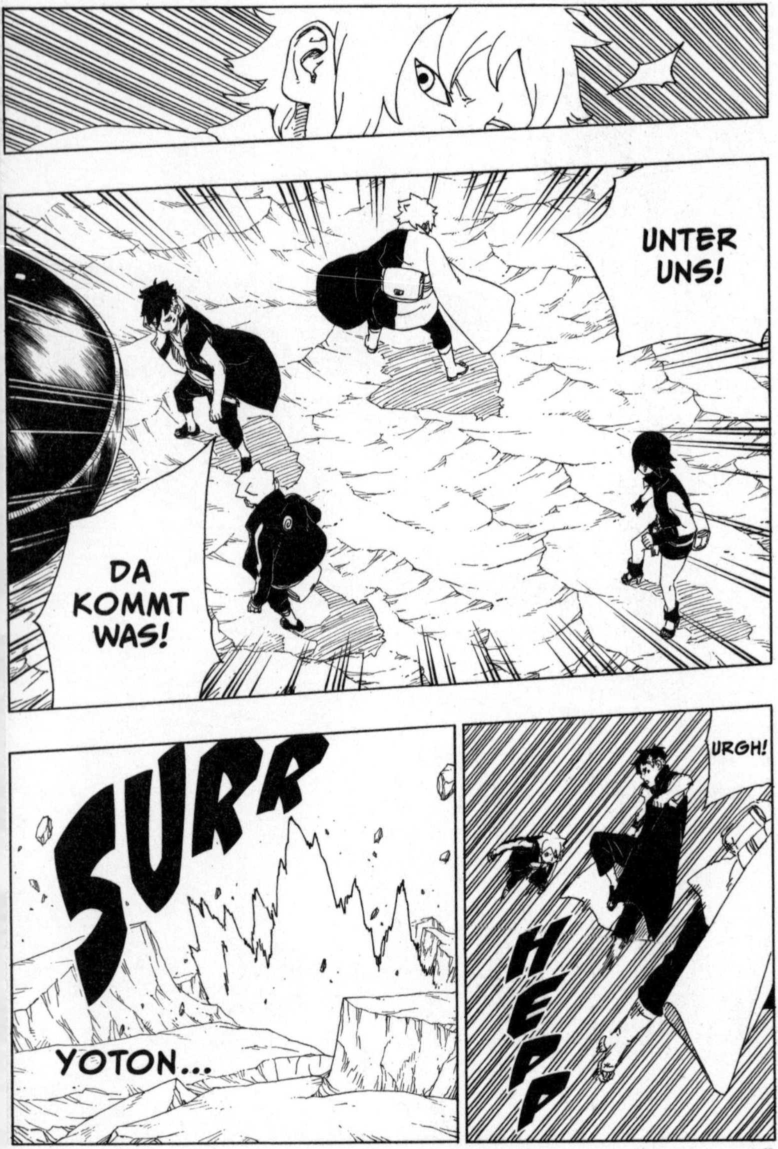
UNTER UNS!
DA KOMMT WAS!
URGH!
HEPP
SURR
YOTON...

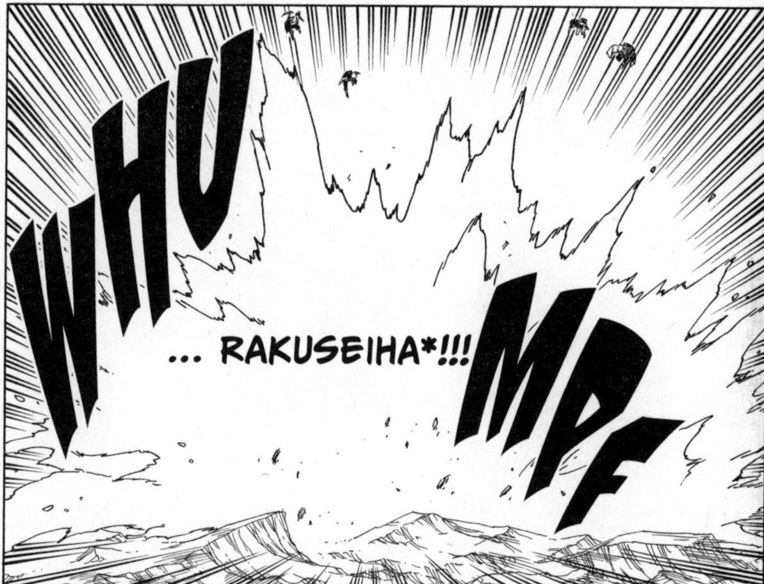

* RAKU = BRANDMAL/BRANDZEICHEN, SEI = PLANET/STERN, HA = BRECHEN/ZERSTÖREN

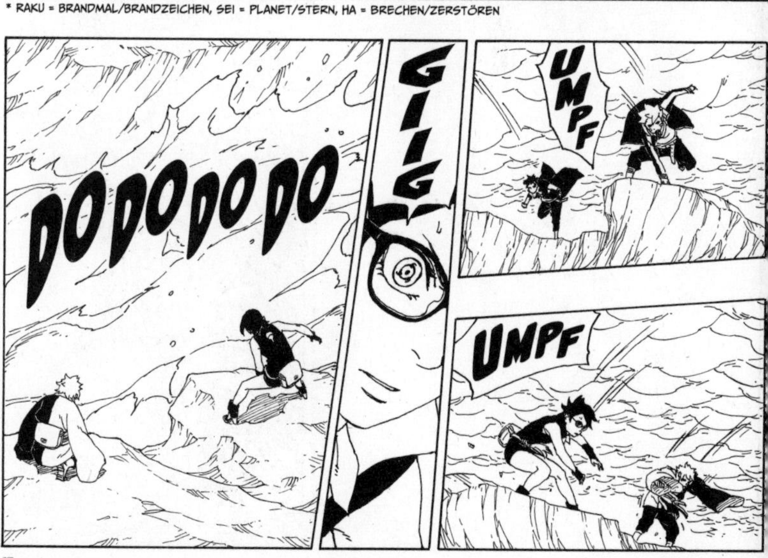

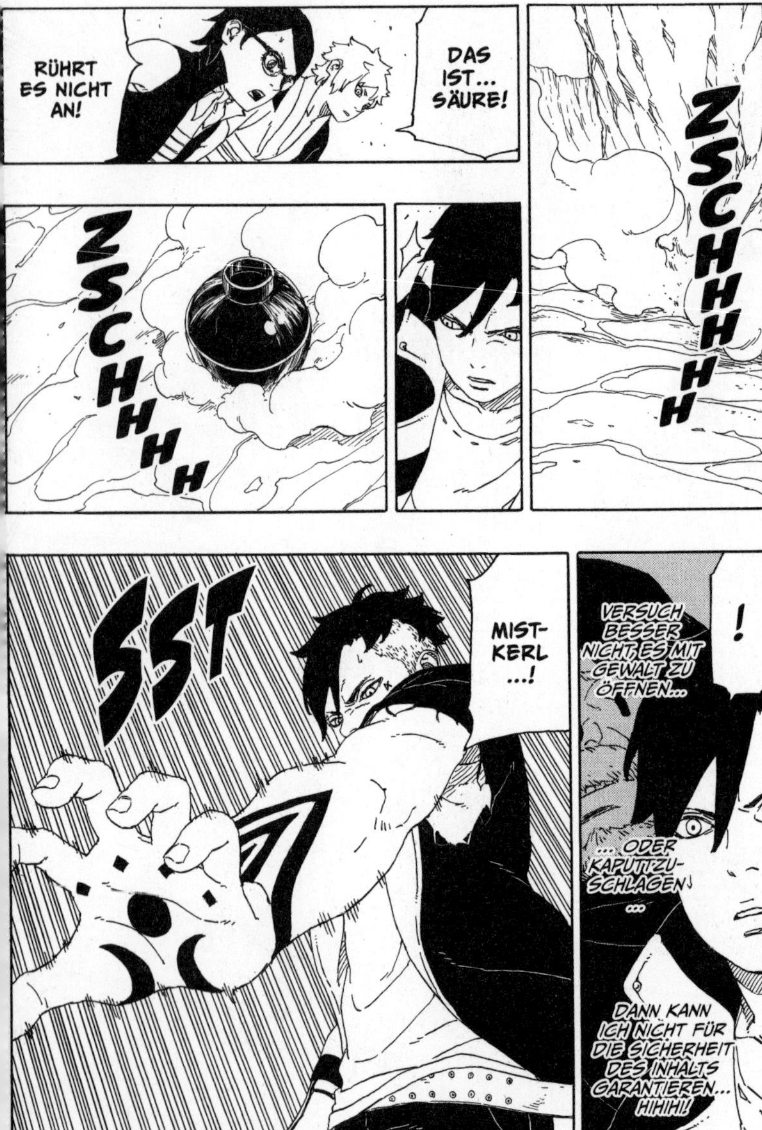

ZSCHHHHH
DAS IST... SÄURE!
RÜHRT ES NICHT AN!
ZSCHHHHH
!
VERSUCH BESSER NICHT, ES MIT GEWALT ZU ÖFFNEN...
... ODER KAPUTTZUSCHLAGEN ♪ ...
DANN KANN ICH NICHT FÜR DIE SICHERHEIT DES INHALTS GARANTIEREN... HIHIHI!
MIST-KERL ...!
SST

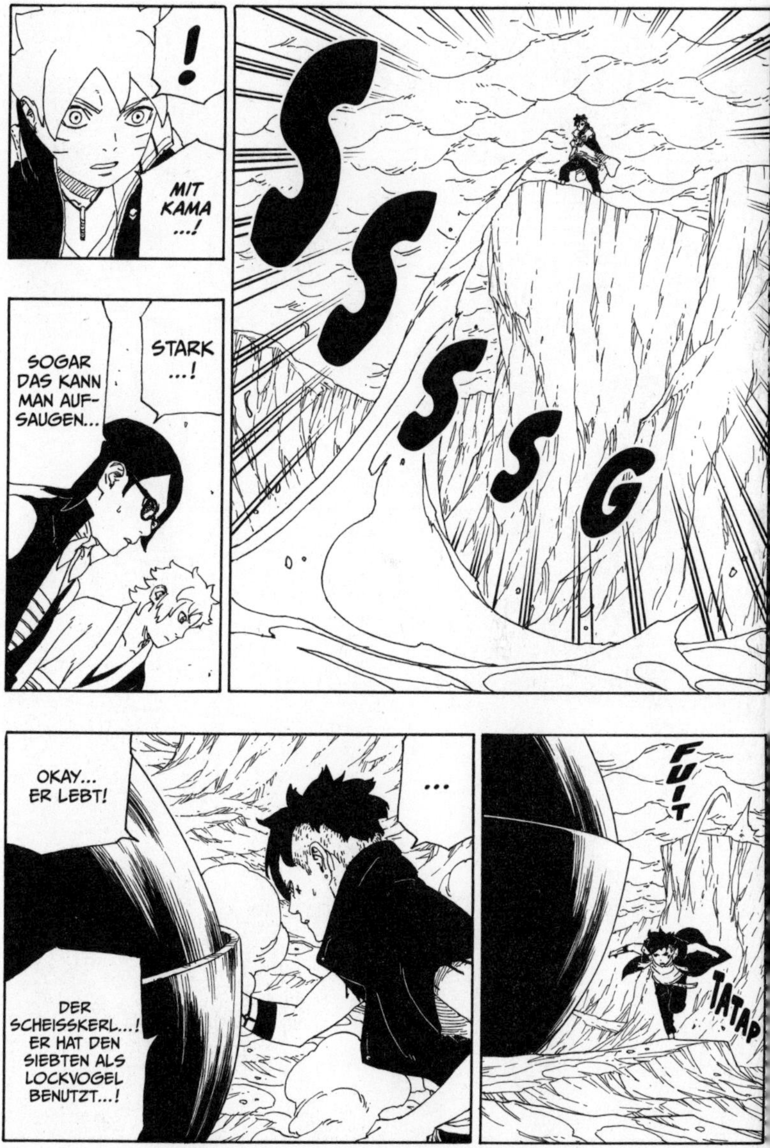
SSSSG
!
MIT KAMA ...!
STARK ...!
SOGAR DAS KANN MAN AUF-SAUGEN...
FUIT
TATAP
...
OKAY... ER LEBT!
DER SCHEISSKERL...! ER HAT DEN SIEBTEN ALS LOCKVOGEL BENUTZT...!

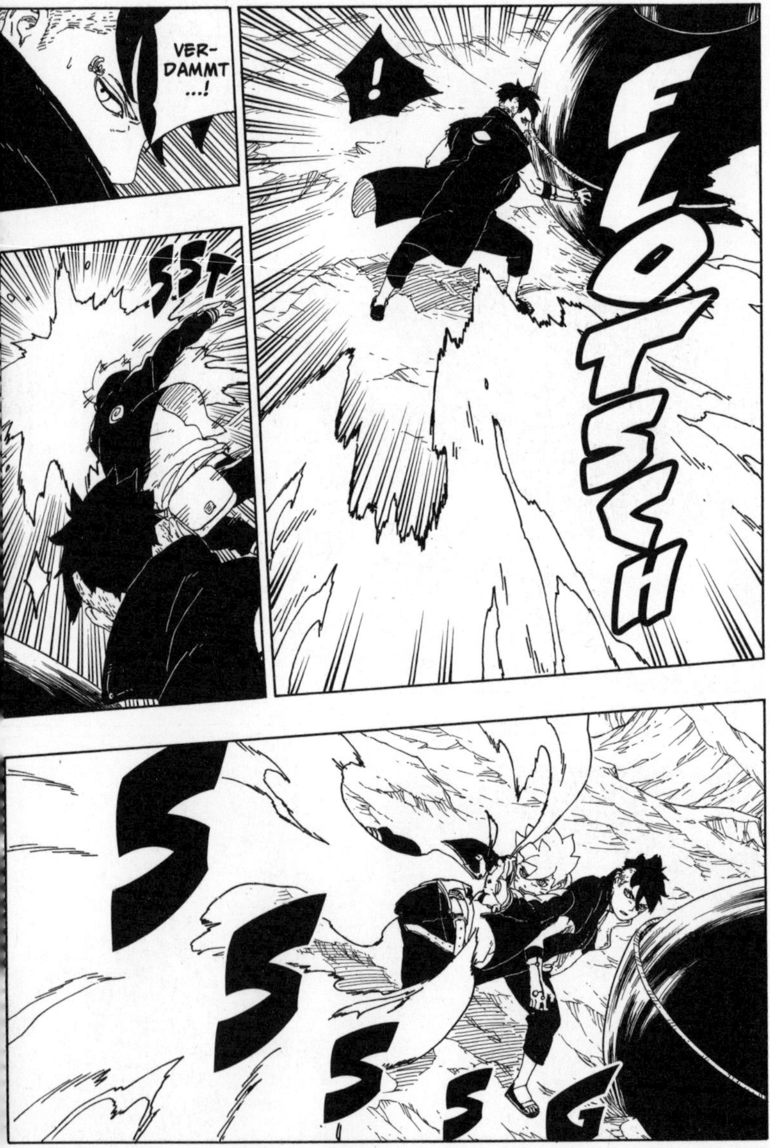
!
FLOTSCH
VER-
DAMMT
...!
SST
SSSSG

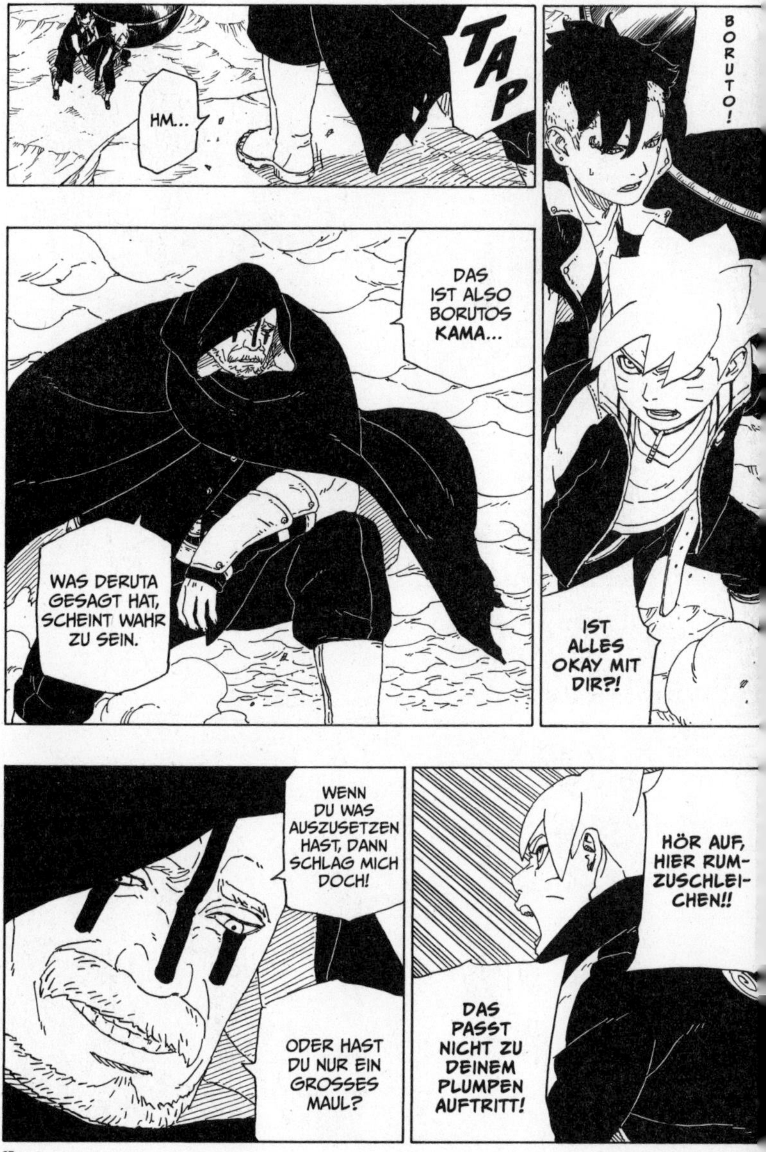

BORUTO!
IST ALLES OKAY MIT DIR?!
TAP
HM...
DAS IST ALSO BORUTOS KAMA...
WAS DERUTA GESAGT HAT, SCHEINT WAHR ZU SEIN.
HÖR AUF, HIER RUMZUSCHLEICHEN!!
DAS PASST NICHT ZU DEINEM PLUMPEN AUFTRITT!
WENN DU WAS AUSZUSETZEN HAST, DANN SCHLAG MICH DOCH!
ODER HAST DU NUR EIN GROSSES MAUL?

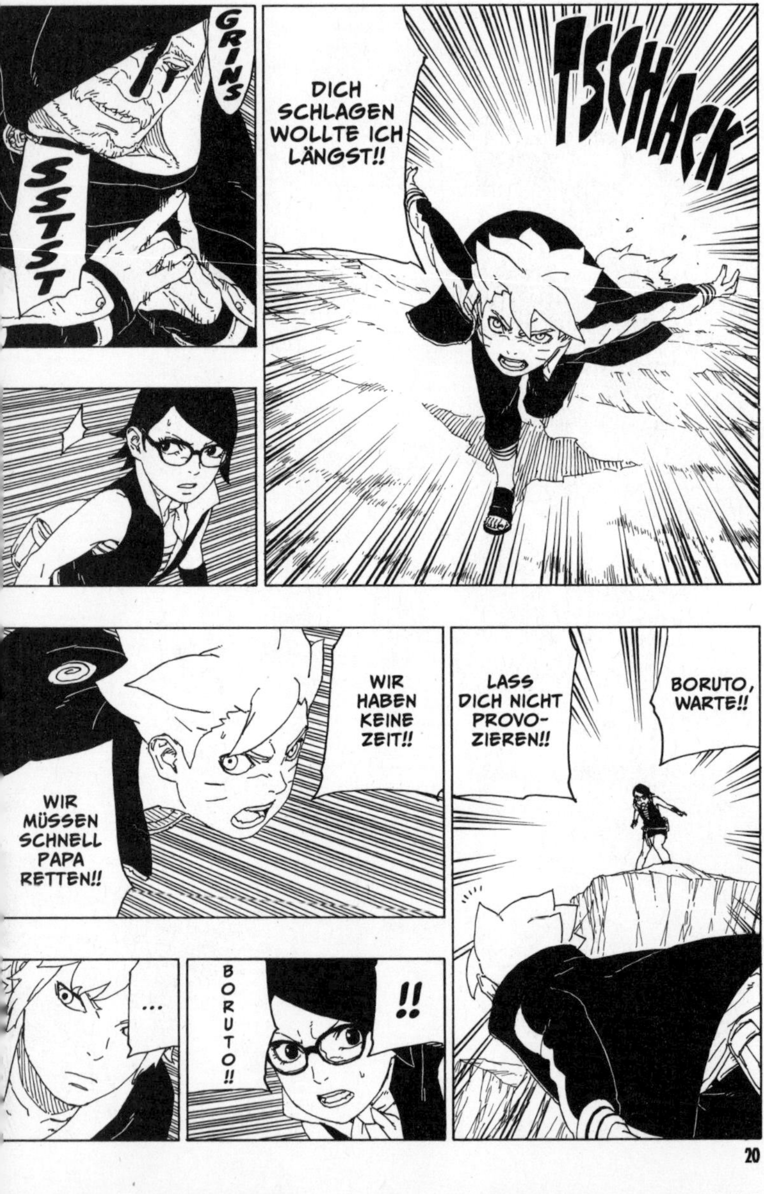
TSCHACK
DICH SCHLAGEN WOLLTE ICH LÄNGST!!
GRINS
SSTST
BORUTO, WARTE!!
LASS DICH NICHT PROVO-ZIEREN!!
WIR HABEN KEINE ZEIT!!
WIR MÜSSEN SCHNELL PAPA RETTEN!!
!!
BORUTO!!
...

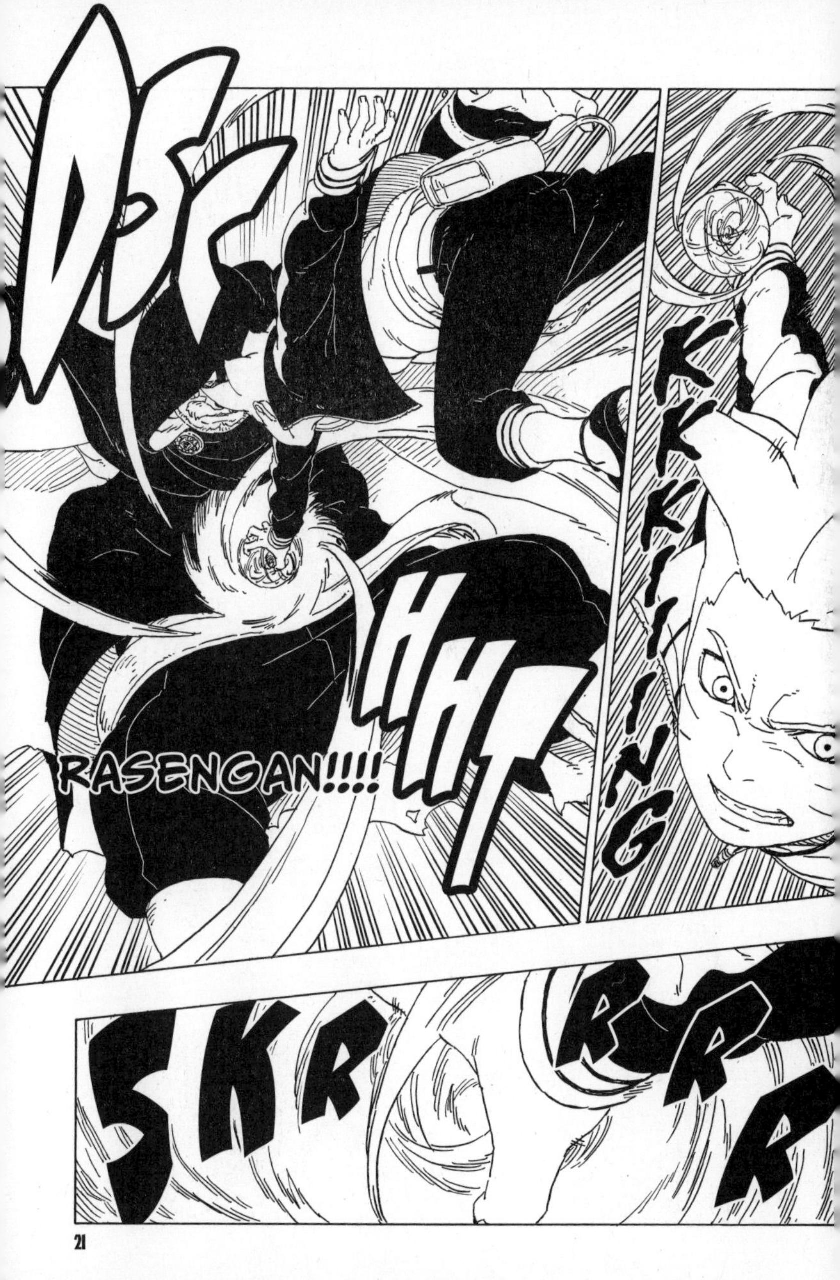

DR
KKKIIIIING
HHT
RASENGAN!!!!
SKR
RRRR

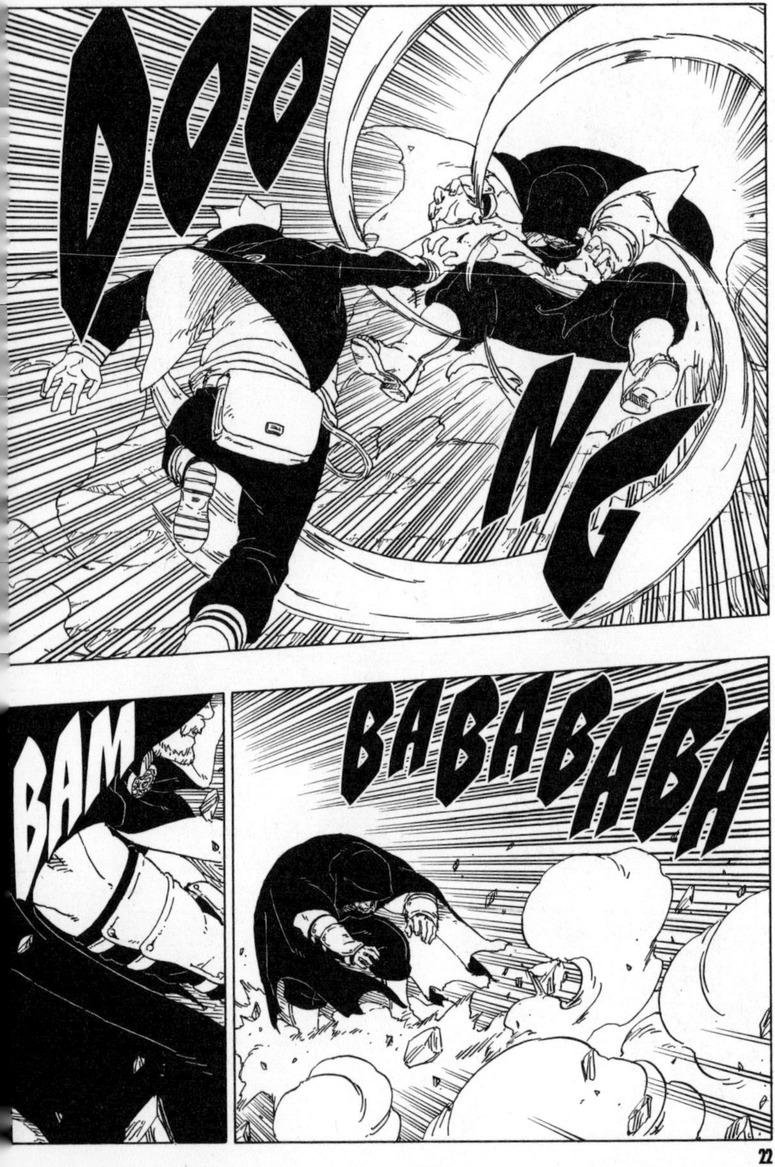
DOOONG
BAM
BABABABA

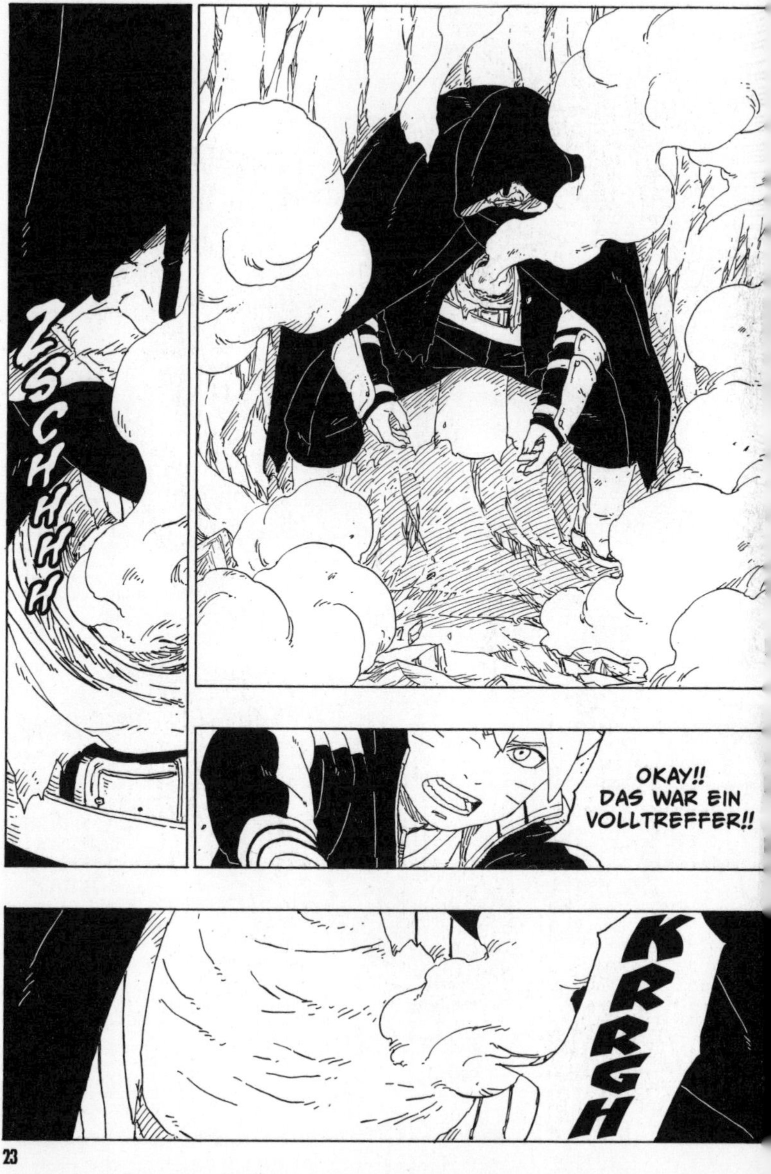
ZSCHHHHH
OKAY!!
DAS WAR EIN
VOLLTREFFER!!
KRRGH

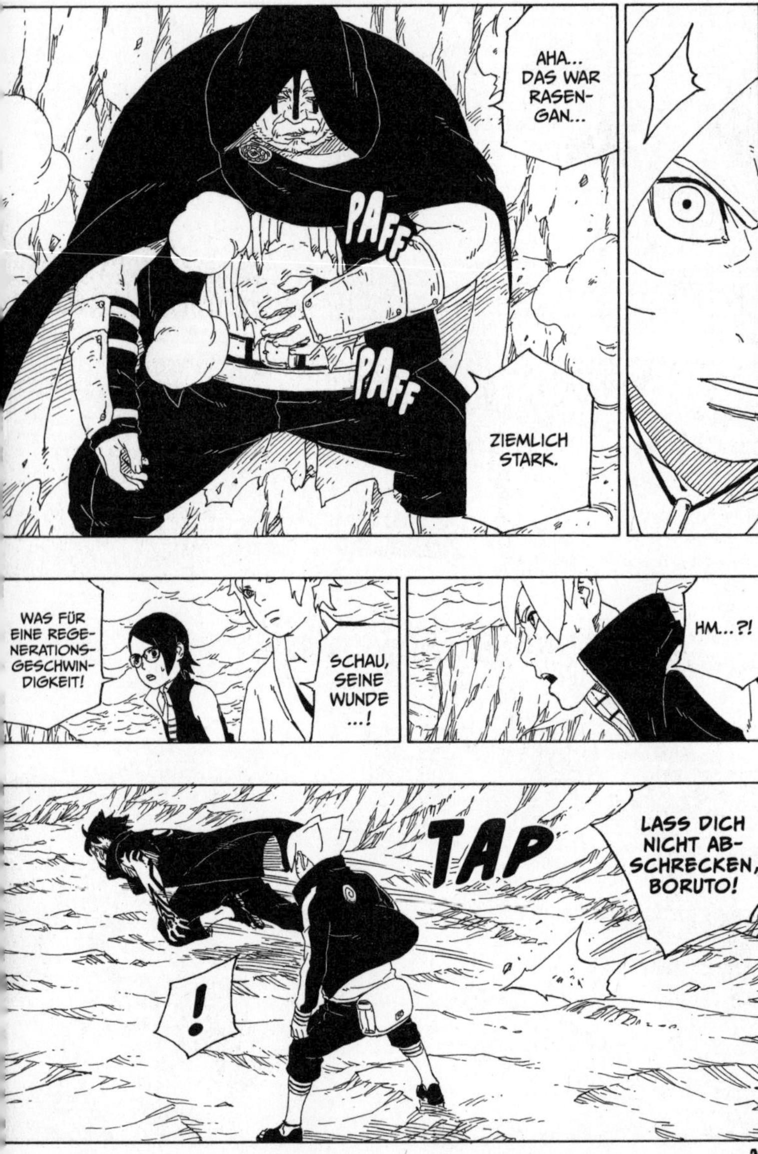
AHA... DAS WAR RASEN-GAN...
PAFF
PAFF
ZIEMLICH STARK.
HM...?!
SCHAU, SEINE WUNDE ...!
WAS FÜR EINE REGE-NERATIONS-GESCHWIN-DIGKEIT!
LASS DICH NICHT AB-SCHRECKEN, BORUTO!
TAP
!

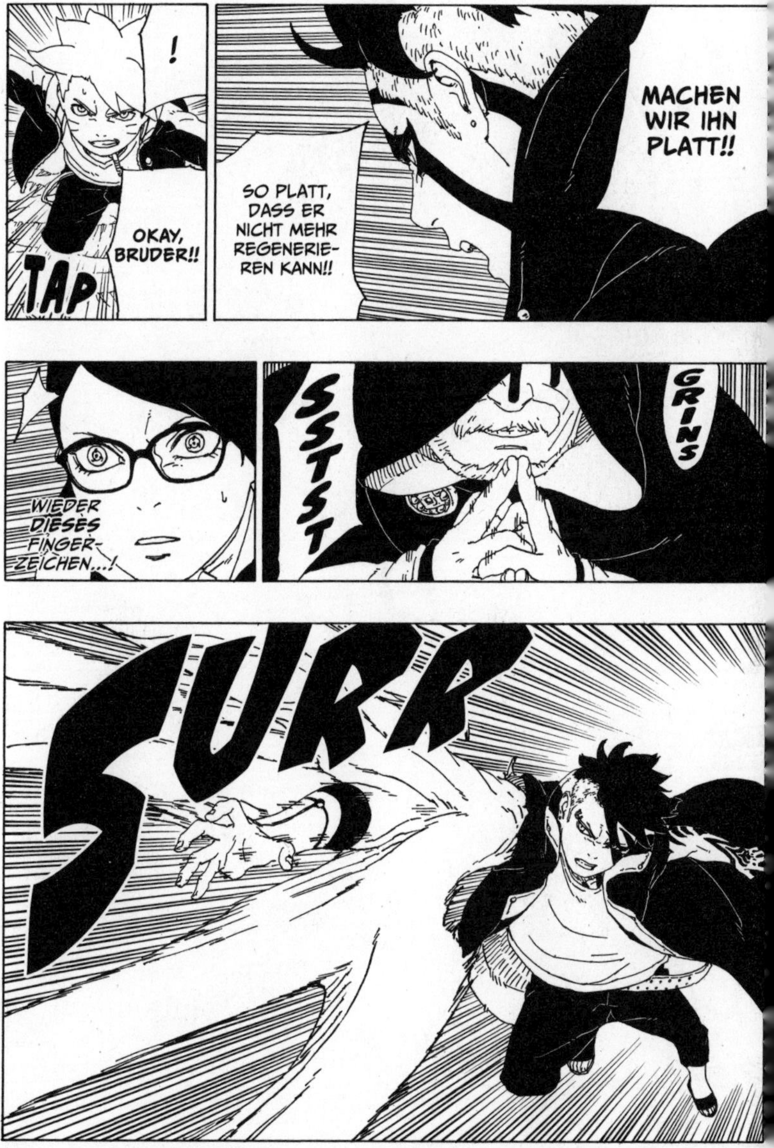
MACHEN WIR IHN PLATT!!
SO PLATT, DASS ER NICHT MEHR REGENERIEREN KANN!!
!
OKAY, BRUDER!!
TAP
GRINS
SSTST
WIEDER DIESES FINGERZEICHEN...!
SURR

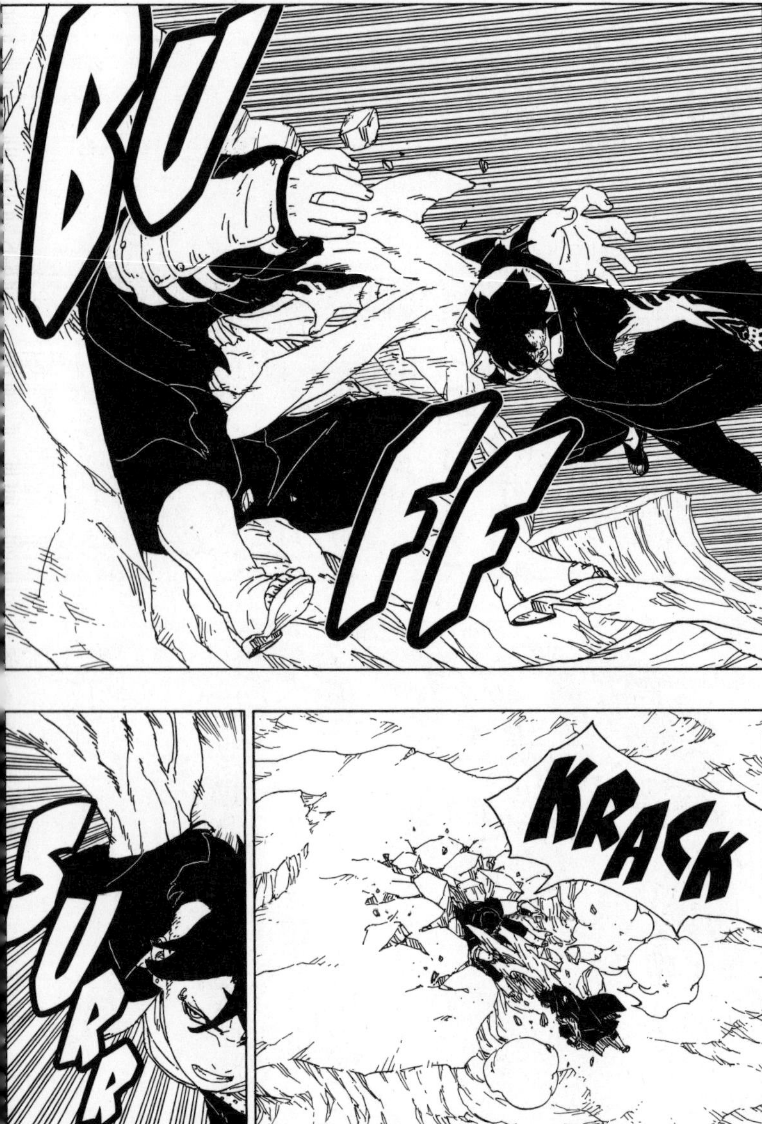
BUFF
KRACK
SURR

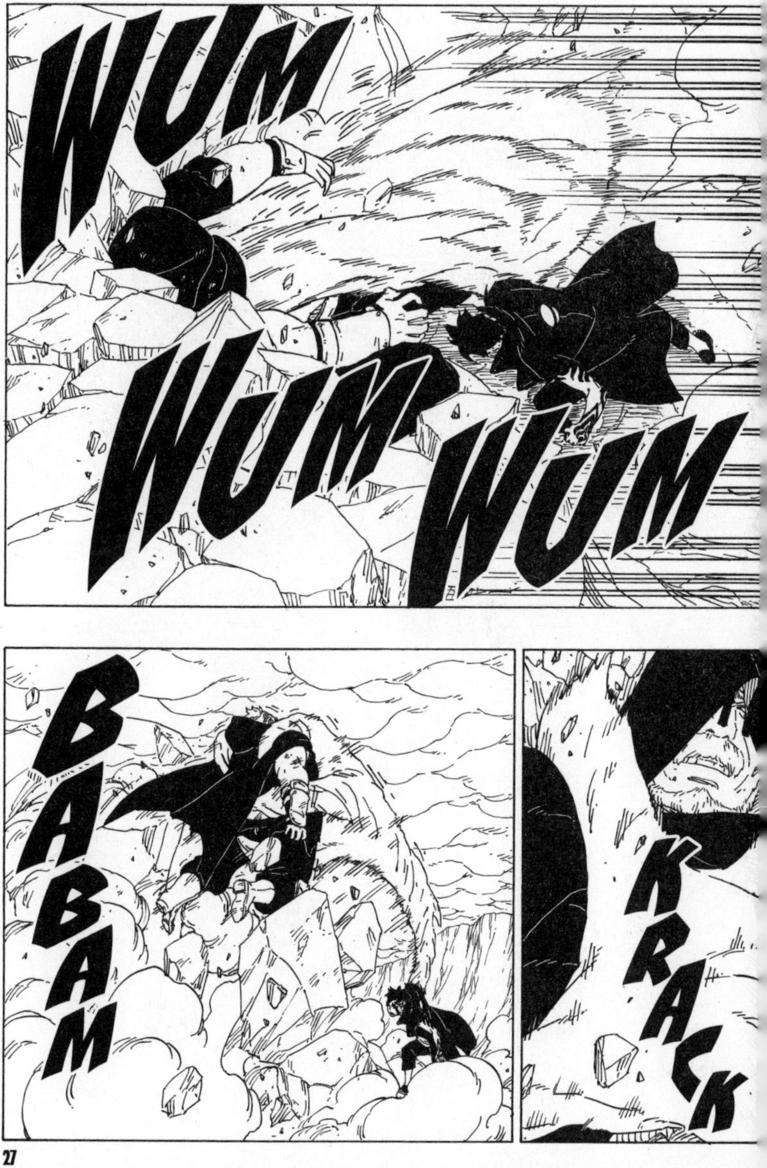
WUM
WUM WUM WUM
BABAM
KRACK

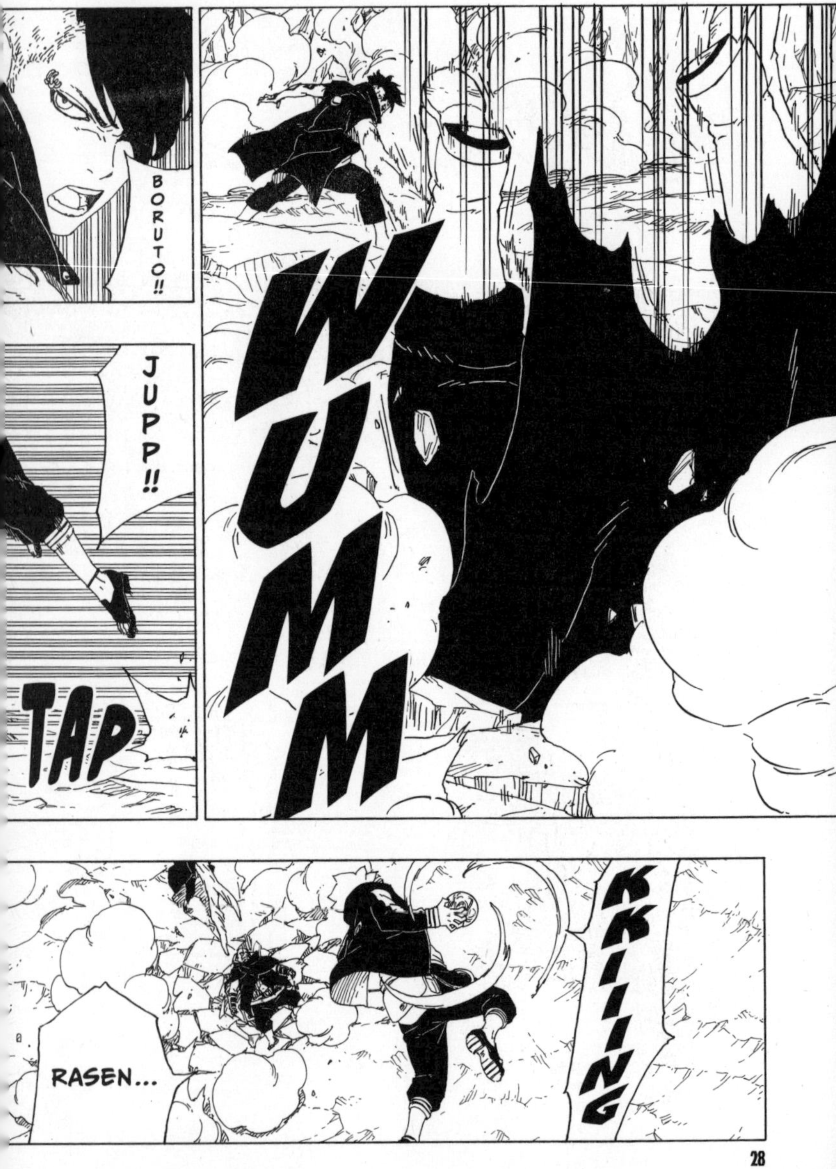
BORUTO!!
JUPP!!
TAP
WUMM
KKIIING
RASEN...

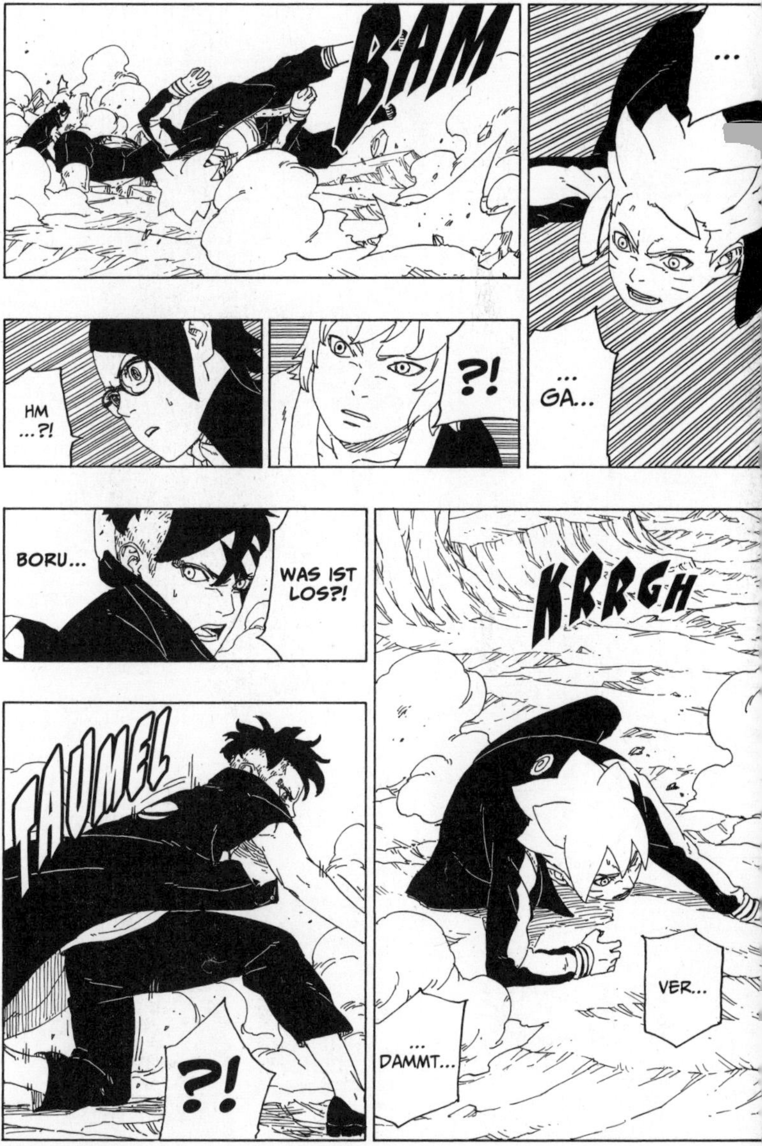
...
... GA...
BAM
?!
HM ...?!
KRRGH
VER...
... DAMMT...
BORU...
WAS IST LOS?!
TAUMEL
?!

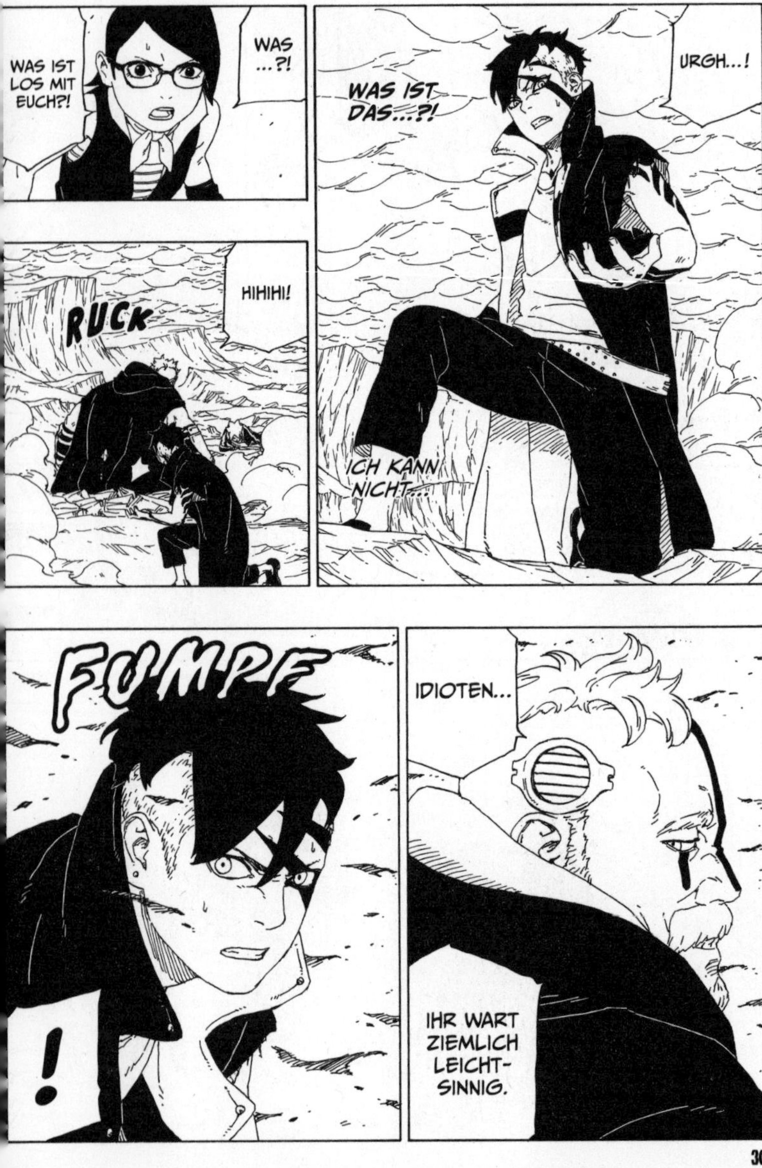
URGH...!
WAS IST DAS...?!
WAS ...?!
WAS IST LOS MIT EUCH?!
ICH KANN NICHT...
HIHIHI!
RUCK
IDIOTEN...
IHR WART ZIEMLICH LEICHT-SINNIG.
FUMPF
!

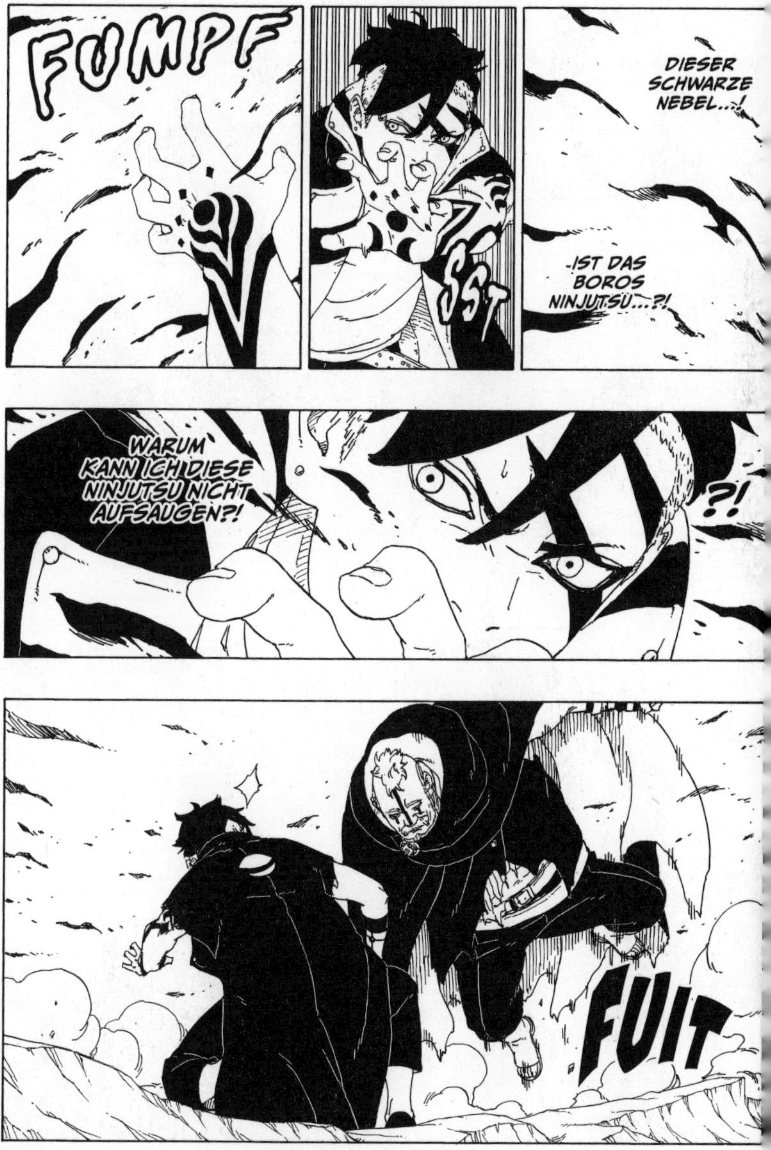
DIESER SCHWARZE NEBEL...!
-IST DAS BOROS NINJUTSU...?!
SST
FUMPF
?!
WARUM KANN ICH DIESE NINJUTSU NICHT AUFSAUGEN?!
FUIT

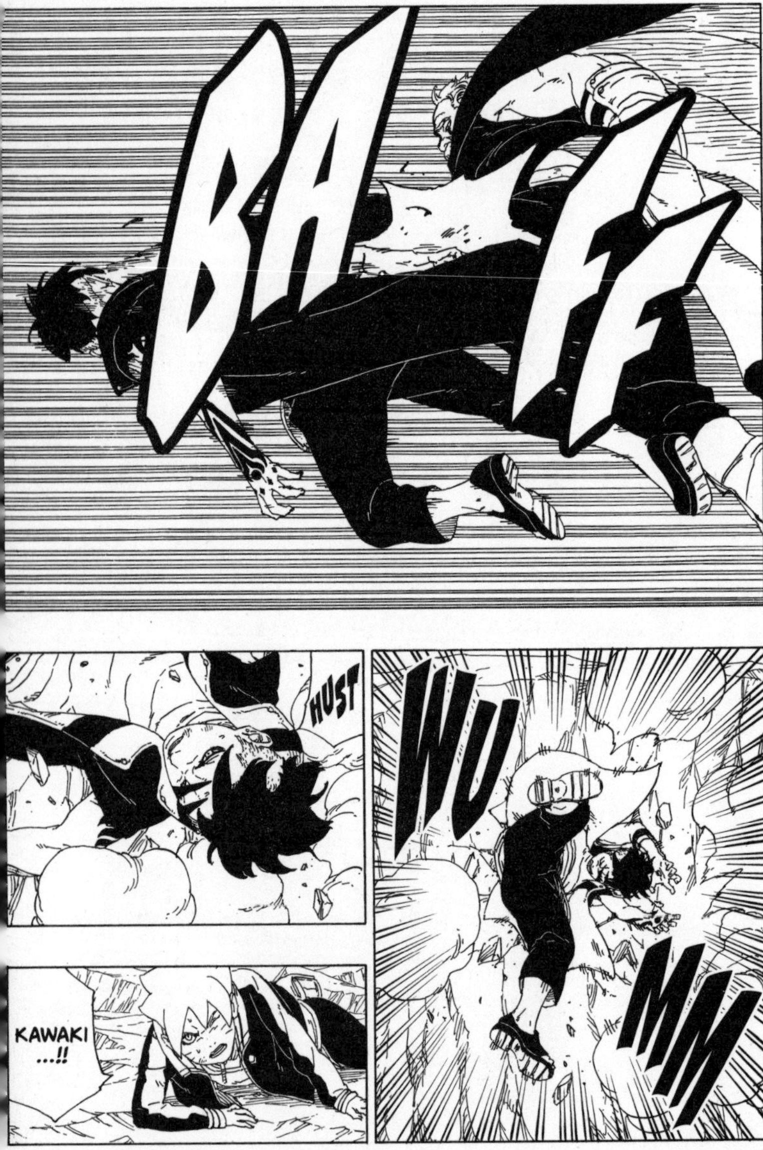
BAFF
WUMM
HUST
KAWAKI ...!!

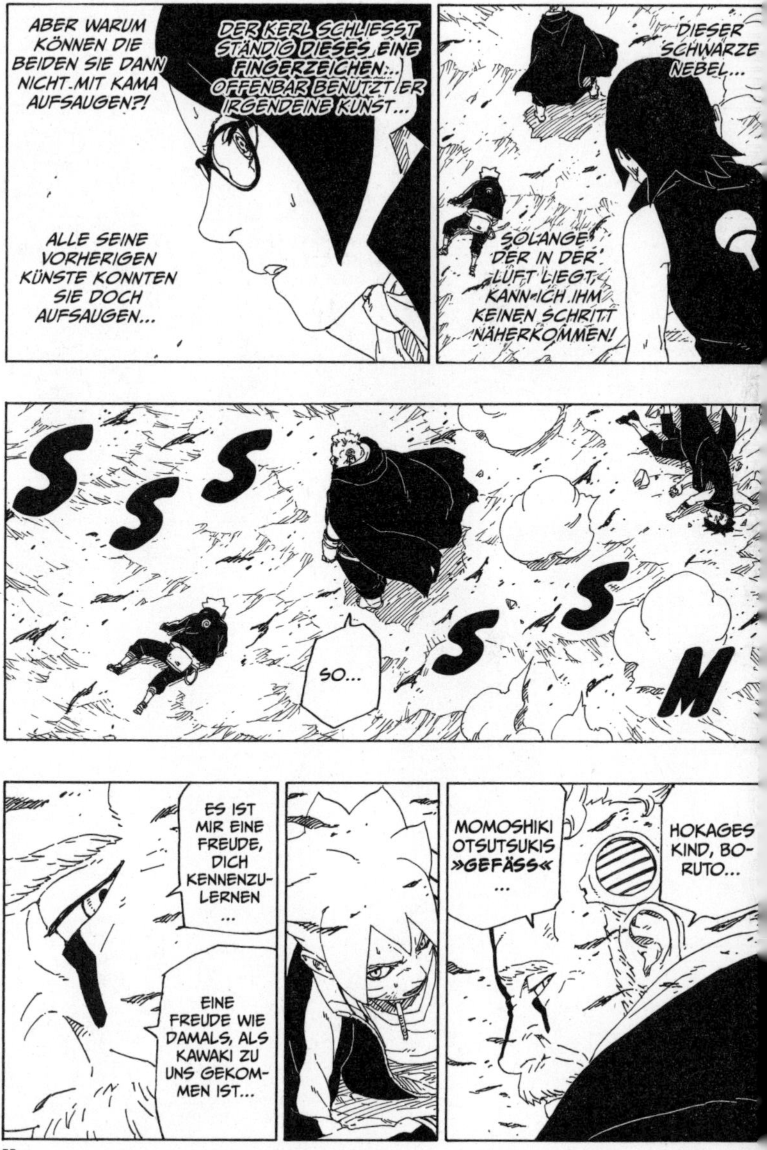
DIESER SCHWARZE NEBEL...
SOLANGE DER IN DER LUFT LIEGT, KANN ICH IHM KEINEN SCHRITT NÄHERKOMMEN!
DER KERL SCHLIESST STÄNDIG DIESES EINE FINGERZEICHEN... OFFENBAR BENUTZT ER IRGENDEINE KUNST...
ABER WARUM KÖNNEN DIE BEIDEN SIE DANN NICHT MIT KAMA AUFSAUGEN?!
ALLE SEINE VORHERIGEN KÜNSTE KONNTEN SIE DOCH AUFSAUGEN...
SSSSSM
SO...
HOKAGES KIND, BORUTO...
MOMOSHIKI OTSUTSUKIS »GEFÄSS«...
ES IST MIR EINE FREUDE, DICH KENNENZULERNEN...
EINE FREUDE WIE DAMALS, ALS KAWAKI ZU UNS GEKOMMEN IST...

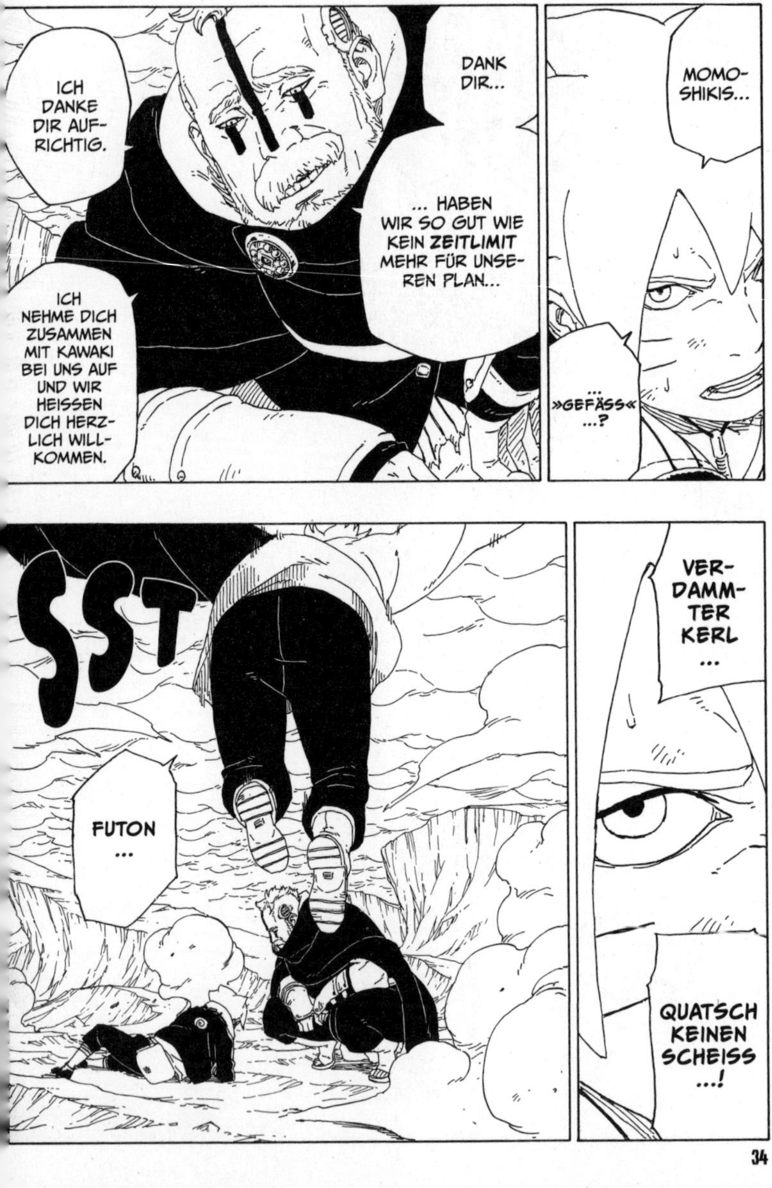
MOMO-SHIKIS...
...»GEFÄSS«...?
DANK DIR...
... HABEN WIR SO GUT WIE KEIN ZEITLIMIT MEHR FÜR UNSEREN PLAN...
ICH DANKE DIR AUFRICHTIG.
ICH NEHME DICH ZUSAMMEN MIT KAWAKI BEI UNS AUF UND WIR HEISSEN DICH HERZLICH WILLKOMMEN.
VER-DAMM-TER KERL...
QUATSCH KEINEN SCHEISS...!
SST
FUTON...

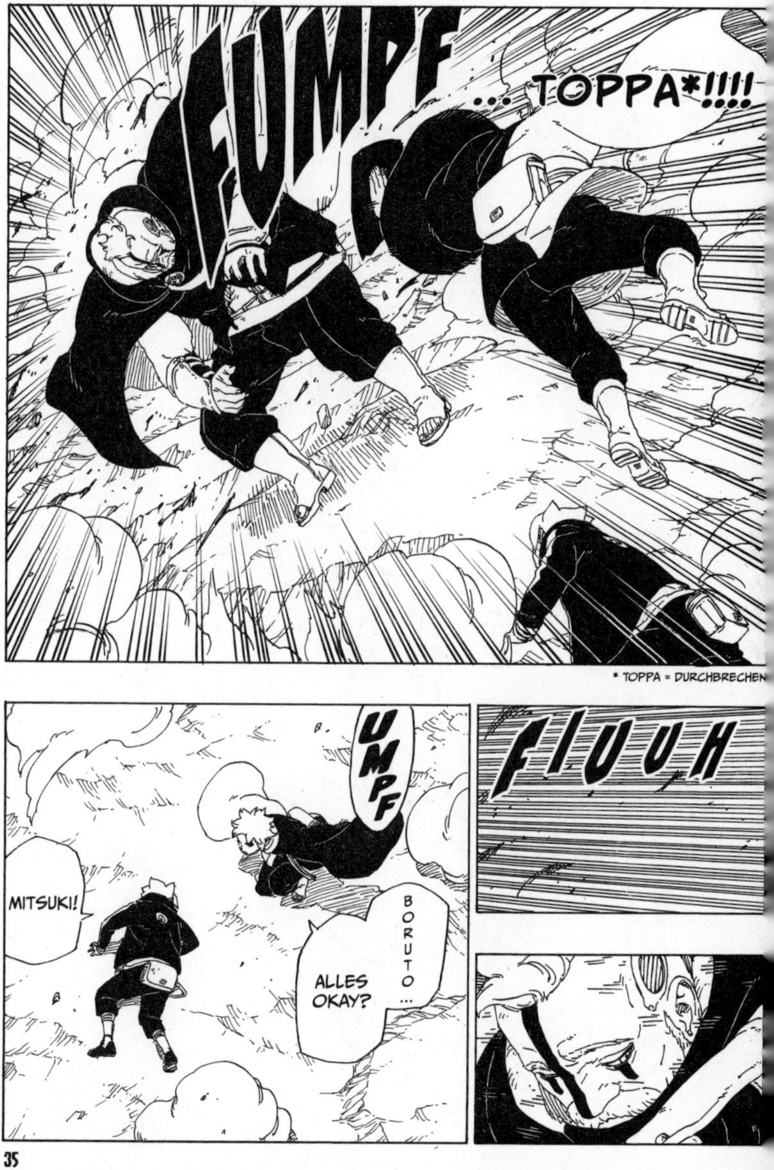
FUMPF
... TOPPA*!!!!
* TOPPA = DURCHBRECHEN
FIUUH
UMPF
MITSUKI!
BORUTO ...
ALLES OKAY?

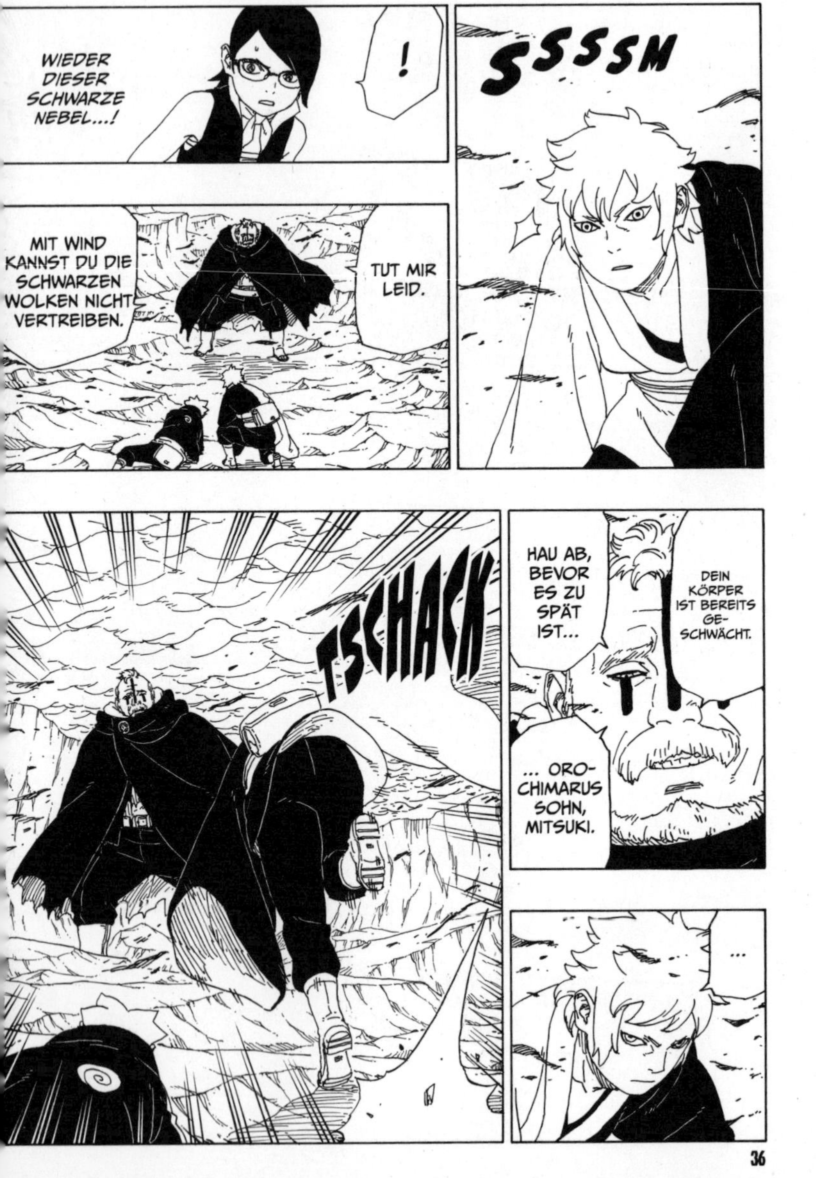
SSSSM
!
WIEDER DIESER SCHWARZE NEBEL...!
TUT MIR LEID.
MIT WIND KANNST DU DIE SCHWARZEN WOLKEN NICHT VERTREIBEN.
DEIN KÖRPER IST BEREITS GE-SCHWÄCHT.
HAU AB, BEVOR ES ZU SPÄT IST...
... ORO-CHIMARUS SOHN, MITSUKI.
TSCHACK
...

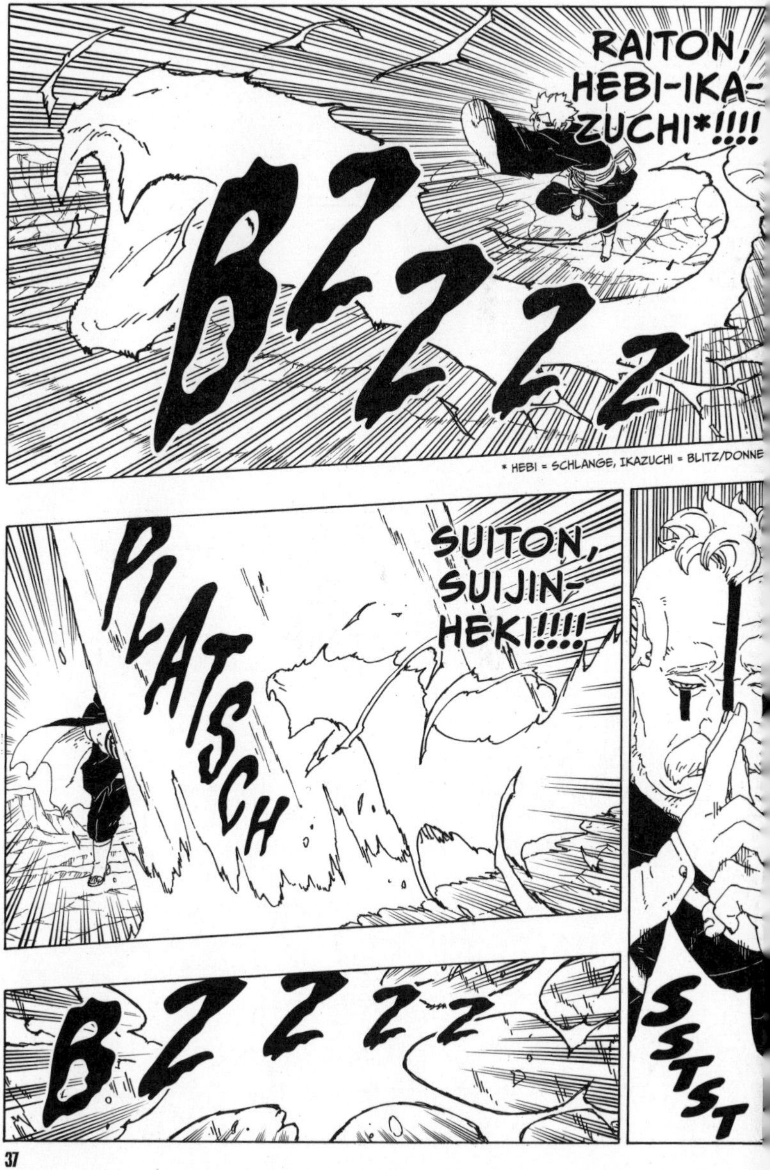
RAITON, HEBI-IKA-ZUCHI*!!!!
BZZZZ
* HEBI = SCHLANGE, IKAZUCHI = BLITZ/DONNE
SUITON, SUIJIN-HEKI!!!!
PLATSCH
SSTST
BZZZZ

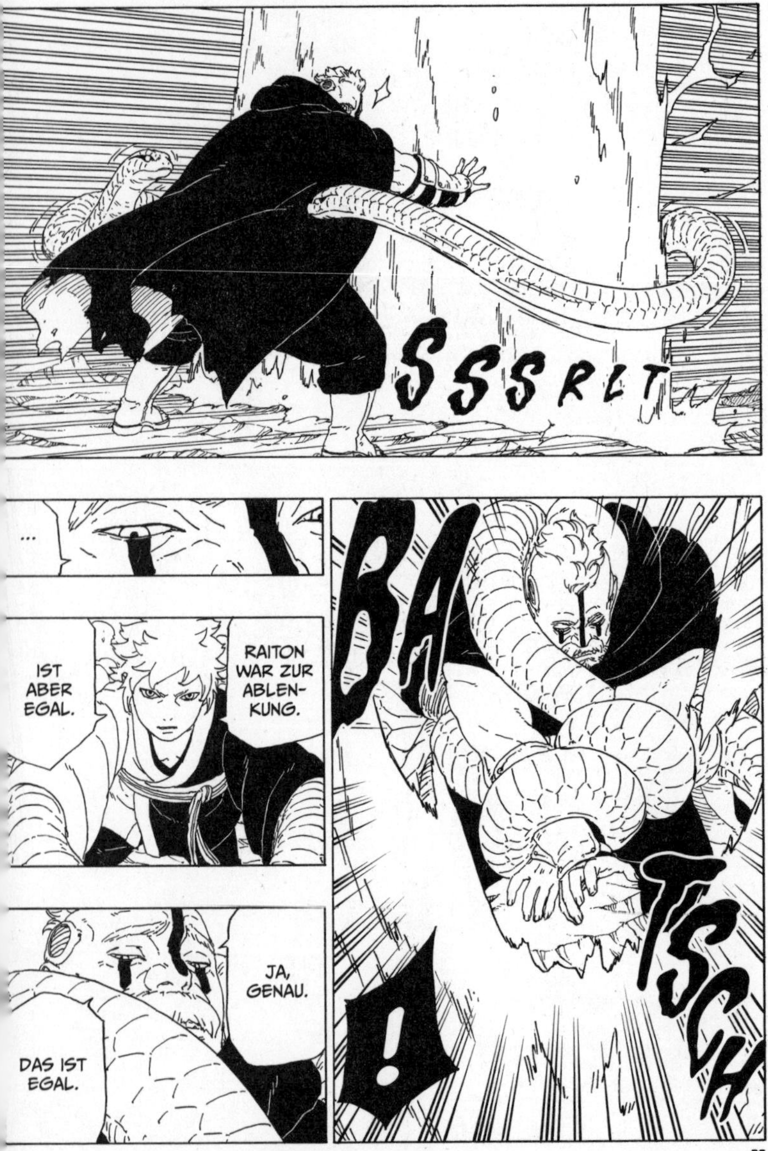
SSSRLT
BATSCH
!
...
RAITON WAR ZUR ABLEN-KUNG.
IST ABER EGAL.
JA, GENAU.
DAS IST EGAL.

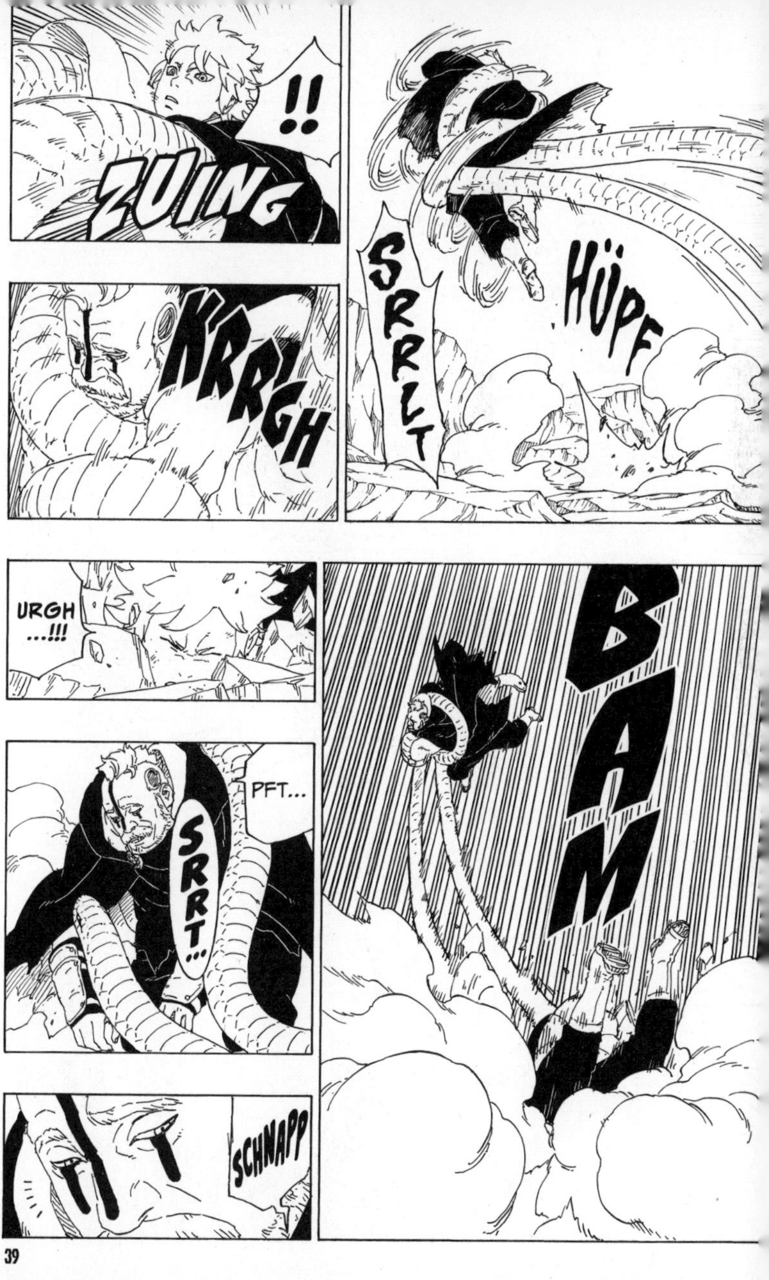

HÜPF
SRRRLT
!!
ZUIING
KRRRGH
BAM
URGH ...!!!
PFT...
SRRT...
SCHNAPP

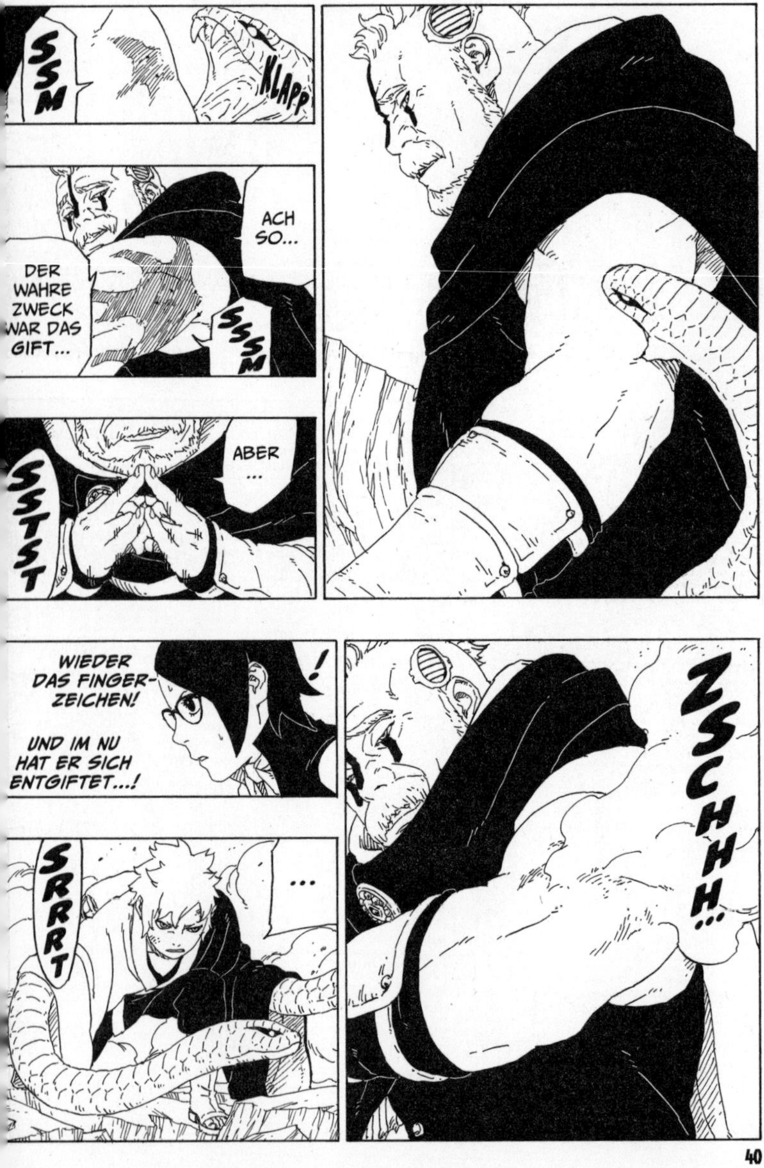
KLAPP
SSM
ACH SO...
DER WAHRE ZWECK WAR DAS GIFT...
SSSM
ABER ...
SSTST
ZSCHHH..
!
WIEDER DAS FINGER-ZEICHEN!
UND IM NU HAT ER SICH ENTGIFTET...!
...
SRRRT

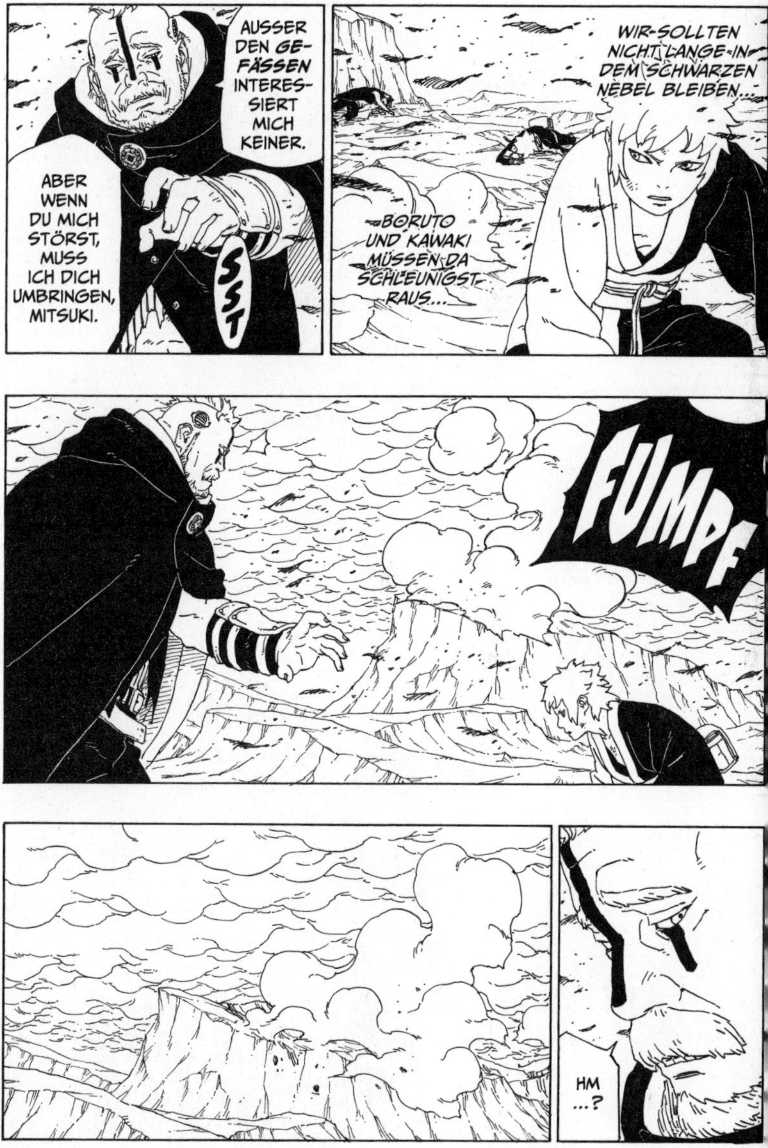
WIR SOLLTEN NICHT LANGE IN DEM SCHWARZEN NEBEL BLEIBEN...
BORUTO UND KAWAKI MÜSSEN DA SCHLEUNIGST RAUS...
AUSSER DEN GEFÄSSEN INTERESSIERT MICH KEINER.
ABER WENN DU MICH STÖRST, MUSS ICH DICH UMBRINGEN, MITSUKI.
SST
FUMPF
HM ...?

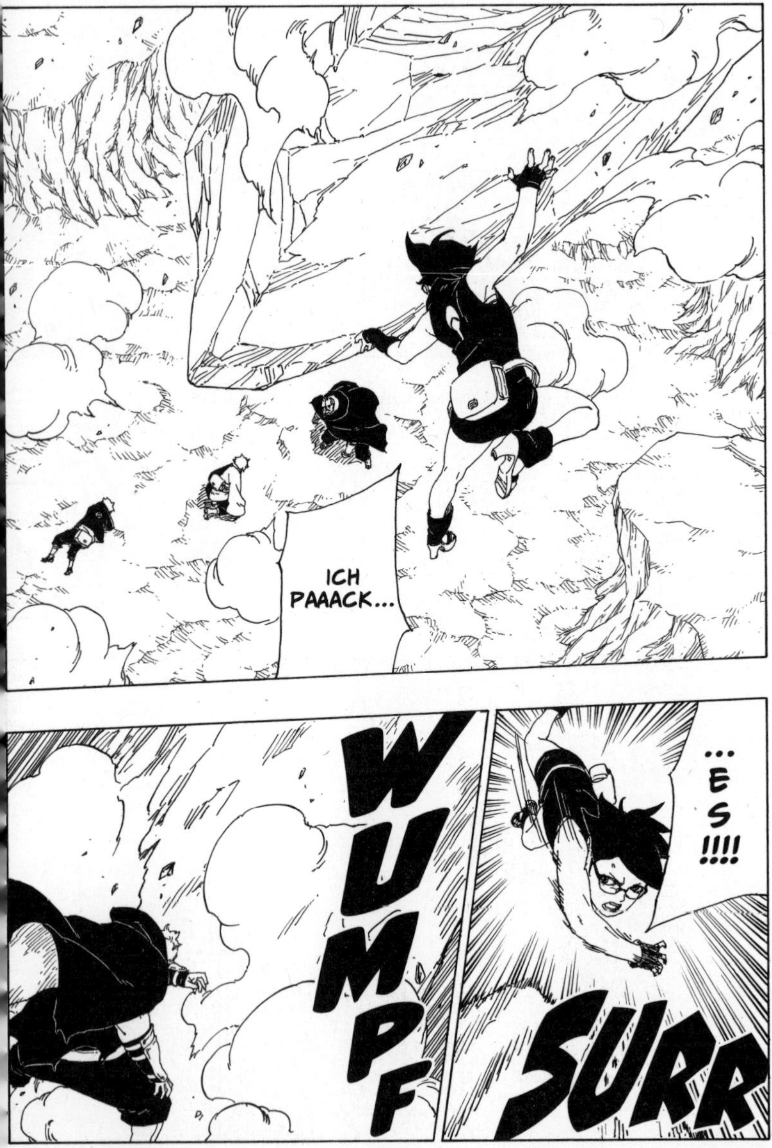
ICH PAAACK...
...ES!!!!
WUMPF
SURR

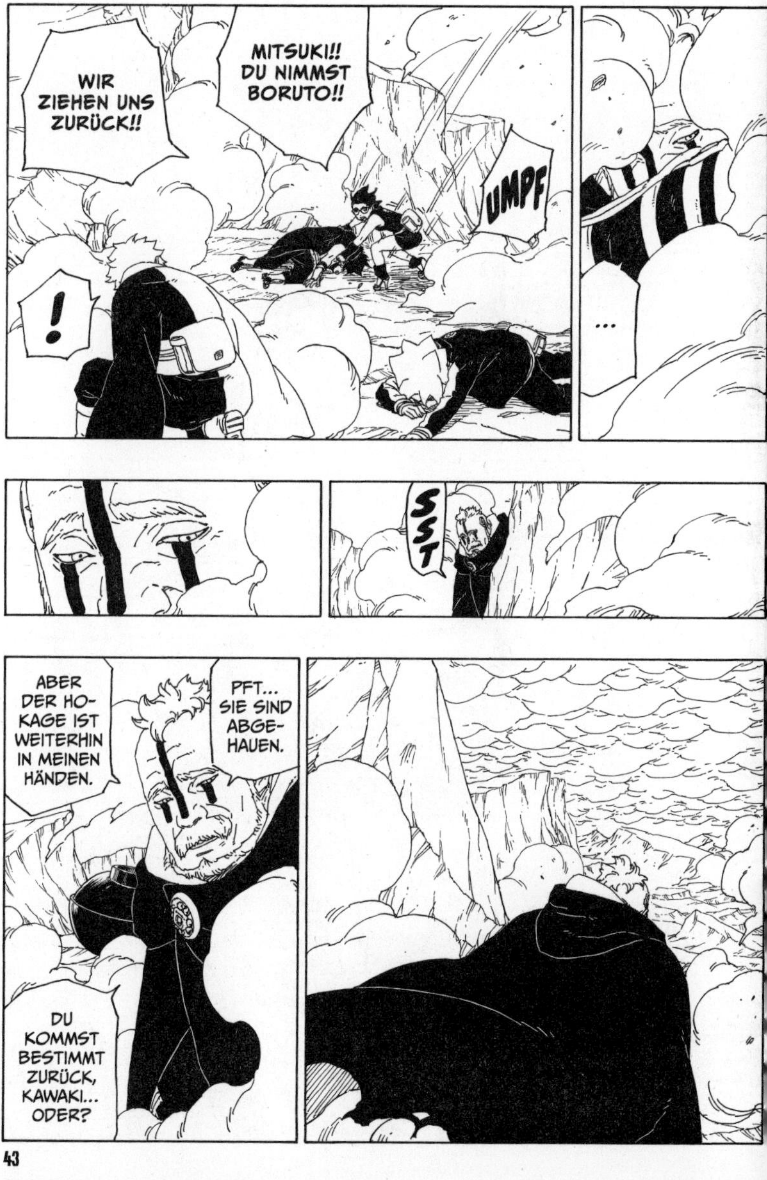
WIR ZIEHEN UNS ZURÜCK!!
MITSUKI!! DU NIMMST BORUTO!!
UMPF
!
...
SST
ABER DER HO-KAGE IST WEITERHIN IN MEINEN HÄNDEN.
PFT... SIE SIND ABGE-HAUEN.
DU KOMMST BESTIMMT ZURÜCK, KAWAKI... ODER?

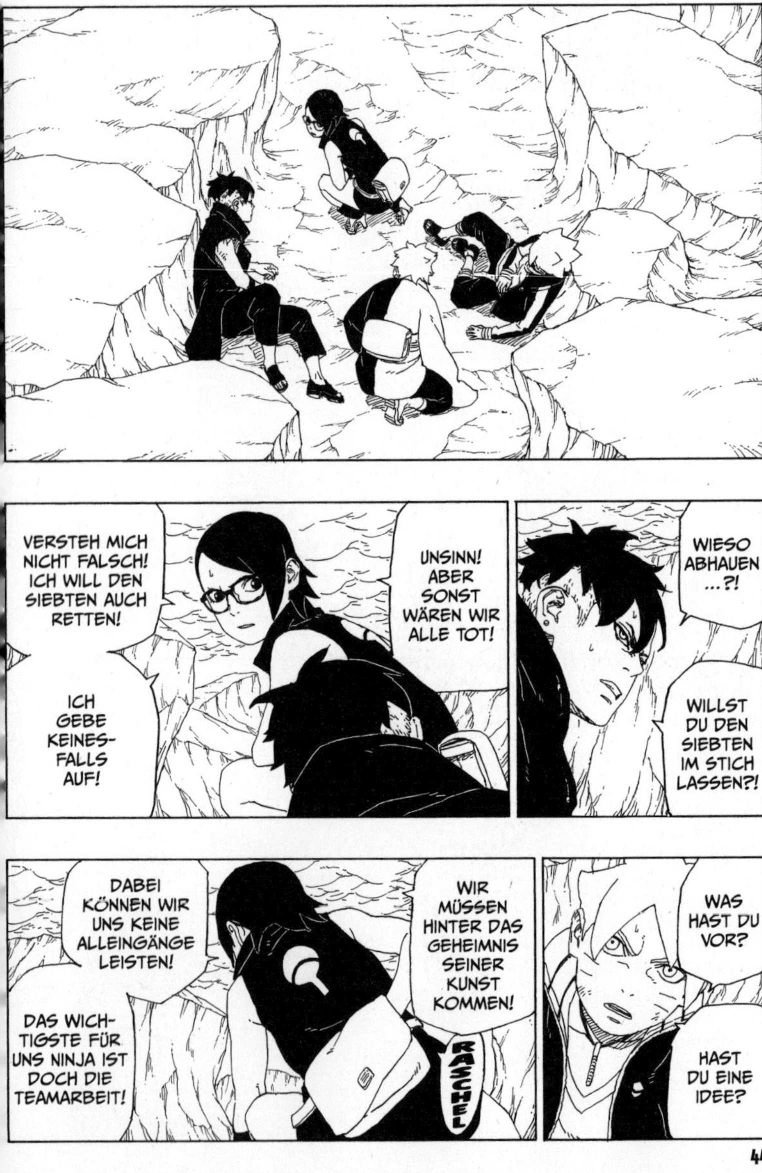
WIESO ABHAUEN ...?!
WILLST DU DEN SIEBTEN IM STICH LASSEN?!
UNSINN! ABER SONST WÄREN WIR ALLE TOT!
VERSTEH MICH NICHT FALSCH! ICH WILL DEN SIEBTEN AUCH RETTEN!
ICH GEBE KEINES-FALLS AUF!
WAS HAST DU VOR?
HAST DU EINE IDEE?
WIR MÜSSEN HINTER DAS GEHEIMNIS SEINER KUNST KOMMEN!
RASCHEL
DABEI KÖNNEN WIR UNS KEINE ALLEINGÄNGE LEISTEN!
DAS WICH-TIGSTE FÜR UNS NINJA IST DOCH DIE TEAMARBEIT!

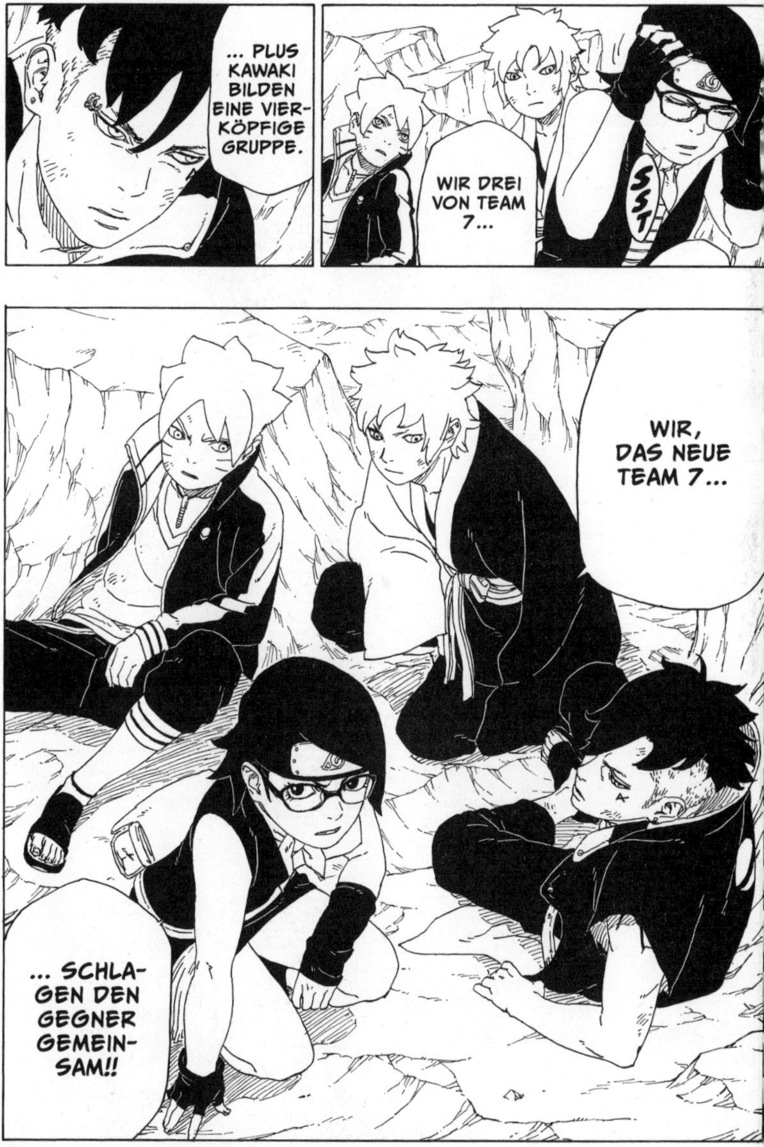
WIR DREI VON TEAM 7...
SST
... PLUS KAWAKI BILDEN EINE VIER-KÖPFIGE GRUPPE.
WIR, DAS NEUE TEAM 7...
... SCHLA-GEN DEN GEGNER GEMEIN-SAM!!

GEHEIMÜBERLIEFERUNG DER NINJA, TEIL 8: UNKONVENTIONELLE WAFFEN

UNKONVENTIONELLE WAFFEN – DAS SIND NINJA-WAFFEN DER NEUESTEN GENERATION, DIE INFOLGE DER ENTSPANNUNG NACH DEM LETZTEN NINJA-WELTKRIEG UND DANK DES RASANTEN TECHNISCHEN FORTSCHRITTS DURCH DEN FREIEN ZUGANG ZU MILITÄRISCHEN TECHNOLOGIEN VON VERSCHIEDENEN NINJADÖRFERN GEMEINSAM ENTWICKELT WURDEN.

GROB UNTERTEILT GIBT ES FOLGENDE VIER WAFFENTYPEN:

1. KONDENSATORWAFFEN

MAN SPEICHERT IN EINEM CHAKRA-KONDENSATOR CHAKRA, DAS FÜR DIE ANWENDUNG EINER KUNST NOTWENDIG IST, LÄDT DIE VERSIEGELTE KUNST AUS EINER MINIATURISIERTEN SCHRIFTROLLE UND LÄSST SIE ABLAUFEN. AUCH WENN MAN KEIN EIGENES CHAKRA HAT UND KEINE KÜNSTE BEHERRSCHT, KANN MAN EINE NINJUTSU WIEDERGEBEN, SOFERN MAN WEISS, WIE MAN DAS GERÄT BEDIENT (SELBSTVERSTÄNDLICH KANN MAN NUR EINE BEGRENZTE MENGE CHAKRA SPEICHERN UND BESTIMMTE KÜNSTE BENUTZEN).

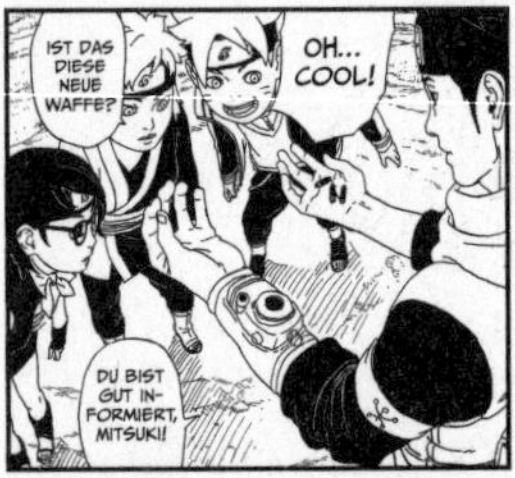

SHINOBI-GOTE – DER HANDPROTEKTOR, DEN BORUTO BEI DER CHU-NIN-PRÜFUNG VERBOTENERWEISE EINGESETZT HAT – IST EIN TYPISCHES BEISPIEL DAFÜR.

2. BIOTECHNOLOGIEWAFFEN

KÜNSTLICHE GLIEDER UND KÜNSTLICHE ORGANE ALS ERWEITERUNG EINES LEBENDEN KÖRPERS, WIE NARUTOS ARMPROTHESE. VERSCHIEDENE HERKÖMMLICHE TECHNIKEN WIE MARIONETTEN-KÜNSTE ODER DIE FÜR HASHIRAMAS KÖRPERZELLEN VERWENDETEN TECHNIKEN WERDEN DAFÜR GENUTZT. DURCH EINE KÜNSTLICHE KEIRAKUKEI KANN MAN DIVERSE NINJUTSU UND TAIJUTSU AUSÜBEN. IHRE ANWENDUNG FUNKTIONIERT GENAUSO GUT WIE MIT DEM EIGENEN KÖRPER.

VON DIESER TECHNOLOGIE MACHEN ALLE NINJA GEBRAUCH, DIE IM KAMPF KÖRPERTEILE VERLOREN HABEN. SIE WIRD IN JEDEM NINJA-DORF EINGESETZT UND SEIT ENDE DES KRIEGES AUCH BEI ZIVILISTEN ANGEWANDT.
KATASUKE IST FORSCHER AUF DIESEM GEBIET UND HAT VIEL DAZU BEIGETRAGEN, DASS KRIEGSVERSEHRTE WIEDER EIN NORMALES LEBEN FÜHREN KÖNNEN.

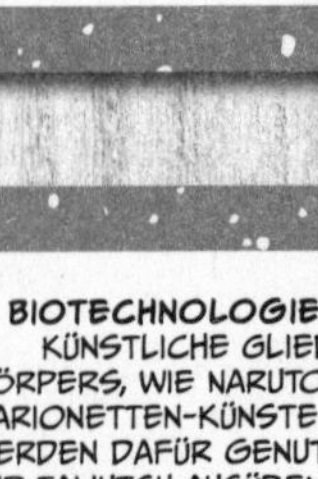

3. VERSTÄRKERWAFFEN

VERSTÄRKERWAFFEN SIND UNKONVENTIONELLE WAFFEN, DIE DAS CHAKRA ODER EINE KUNST DES ANWENDERS VERSTÄRKEN. DIE VON AKITA INUZUKA ENTWICKELTEN HANDSCHUHE, MIT DENEN MAN AN EINER WAND HAFTEN BLEIBT, SIND EIN BEISPIEL DAFÜR. UM SIE IN GANG ZU SETZEN, BRAUCHT MAN EINE KUNST.
ABER DIE PHÄNOMENE, DIE DIE WAFFEN HERVORBRINGEN, FUNKTIONIEREN REIN PHYSISCH (GENAU WIE TAIJUTSU), SODASS SIE VOR DEN NINJUTSU GESCHÜTZT SIND, DIE KÜNSTE AUFSAUGEN ODER WIRKUNGSLOS MACHEN.

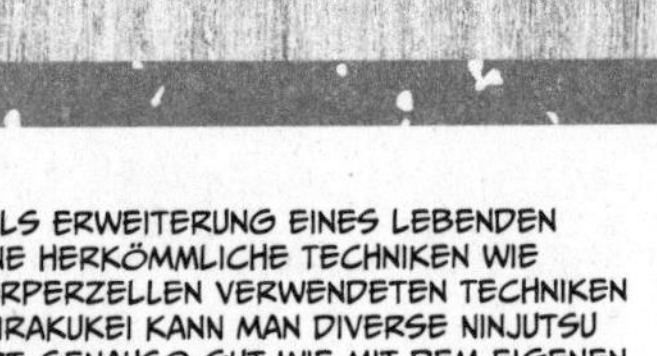

FORTSETZUNG AUF SEITE 130!!

TEXT: UKYO KODACHI

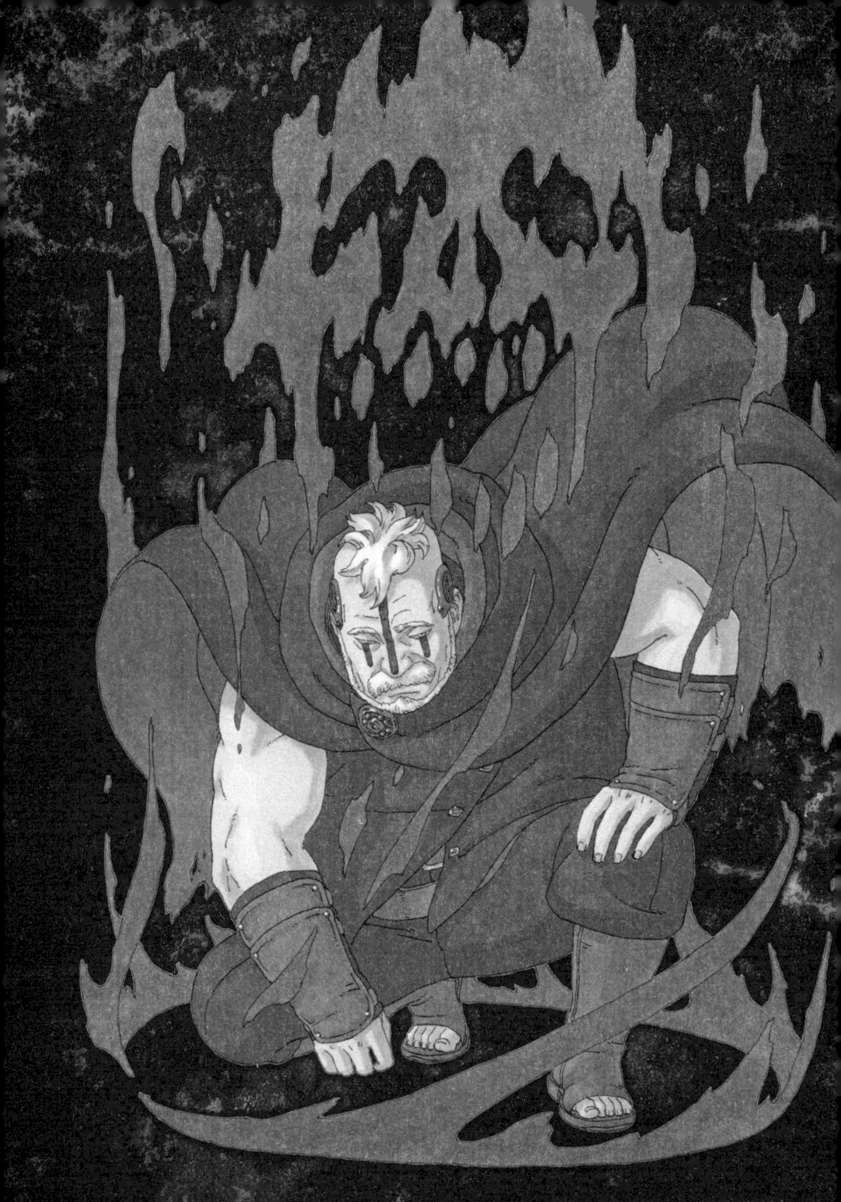

41: DAS NEUE TEAM 7

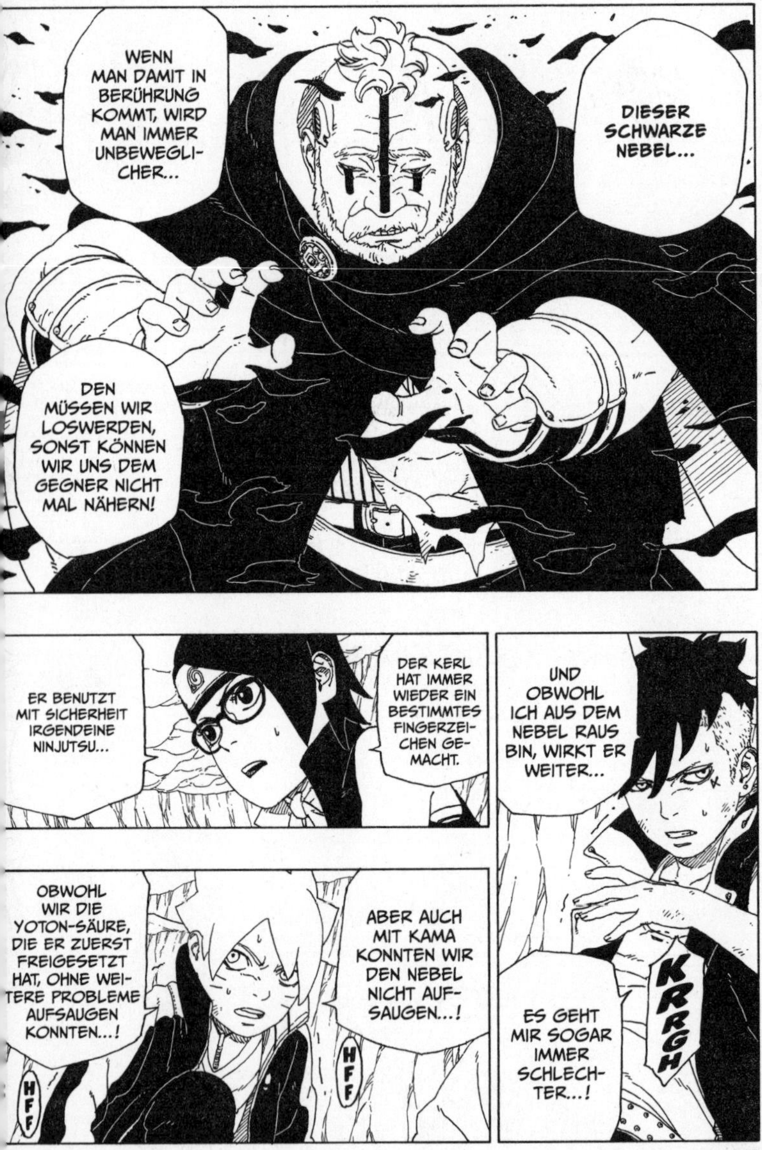
DIESER SCHWARZE NEBEL...
WENN MAN DAMIT IN BERÜHRUNG KOMMT, WIRD MAN IMMER UNBEWEGLICHER...
DEN MÜSSEN WIR LOSWERDEN, SONST KÖNNEN WIR UNS DEM GEGNER NICHT MAL NÄHERN!
UND OBWOHL ICH AUS DEM NEBEL RAUS BIN, WIRKT ER WEITER...
KRRGH
ES GEHT MIR SOGAR IMMER SCHLECHTER...!
DER KERL HAT IMMER WIEDER EIN BESTIMMTES FINGERZEICHEN GEMACHT.
ER BENUTZT MIT SICHERHEIT IRGENDEINE NINJUTSU...
ABER AUCH MIT KAMA KONNTEN WIR DEN NEBEL NICHT AUFSAUGEN...!
HFF
OBWOHL WIR DIE YOTON-SÄURE, DIE ER ZUERST FREIGESETZT HAT, OHNE WEITERE PROBLEME AUFSAUGEN KONNTEN...!
HFF

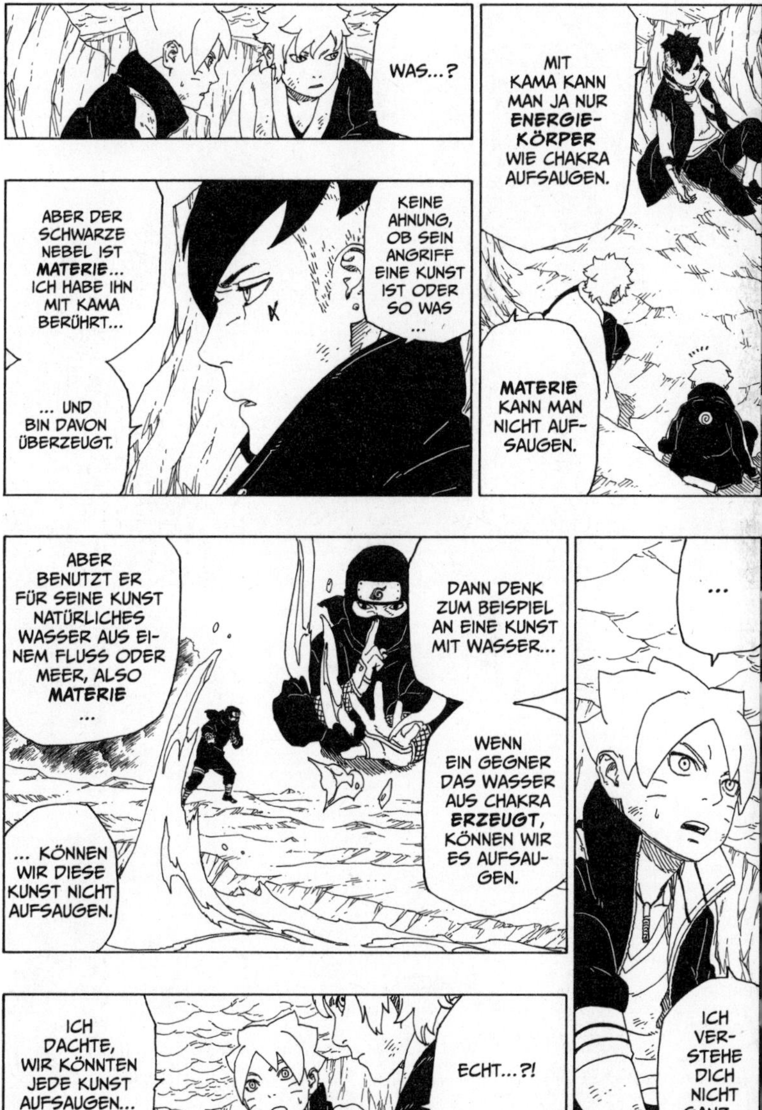
MIT KAMA KANN MAN JA NUR ENERGIEKÖRPER WIE CHAKRA AUFSAUGEN.
MATERIE KANN MAN NICHT AUFSAUGEN.
WAS...?
KEINE AHNUNG, OB SEIN ANGRIFF EINE KUNST IST ODER SO WAS ...
ABER DER SCHWARZE NEBEL IST MATERIE... ICH HABE IHN MIT KAMA BERÜHRT...
... UND BIN DAVON ÜBERZEUGT.
...
ICH VERSTEHE DICH NICHT GANZ...
DANN DENK ZUM BEISPIEL AN EINE KUNST MIT WASSER...
WENN EIN GEGNER DAS WASSER AUS CHAKRA ERZEUGT, KÖNNEN WIR ES AUFSAUGEN.
ABER BENUTZT ER FÜR SEINE KUNST NATÜRLICHES WASSER AUS EINEM FLUSS ODER MEER, ALSO MATERIE ...
... KÖNNEN WIR DIESE KUNST NICHT AUFSAUGEN.
ECHT...?!
ICH DACHTE, WIR KÖNNTEN JEDE KUNST AUFSAUGEN...

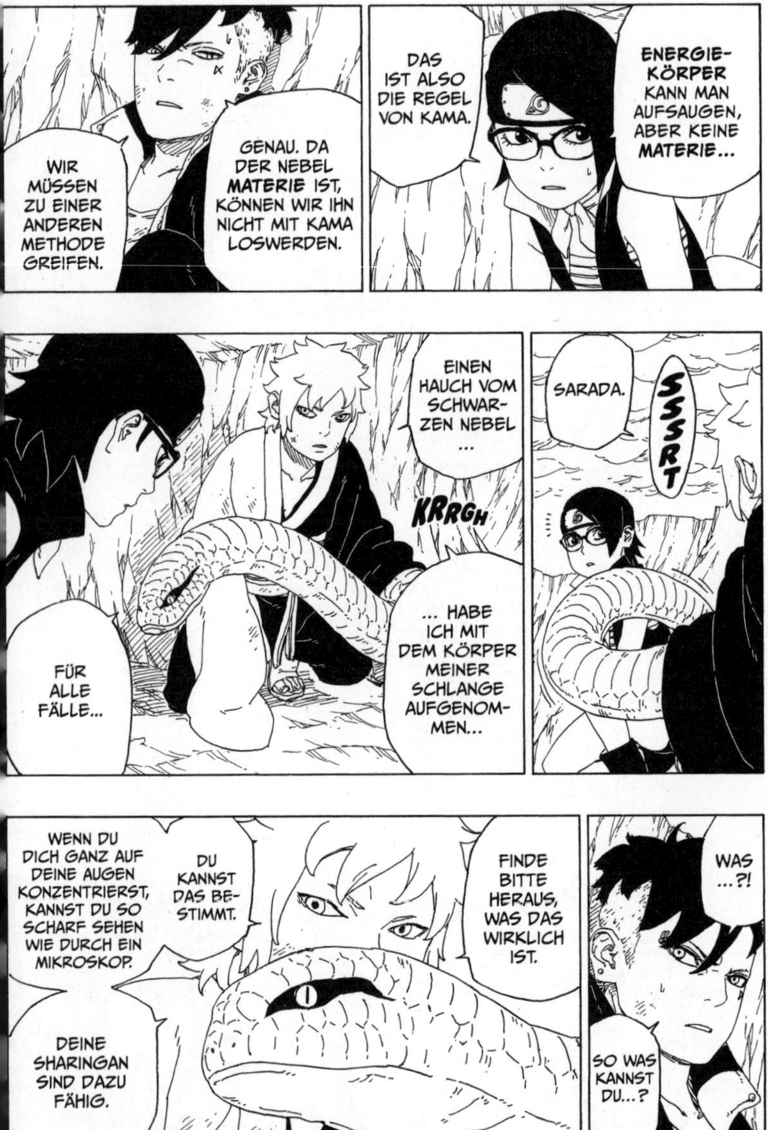
ENERGIEKÖRPER KANN MAN AUFSAUGEN, ABER KEINE MATERIE...
DAS IST ALSO DIE REGEL VON KAMA.
GENAU. DA DER NEBEL MATERIE IST, KÖNNEN WIR IHN NICHT MIT KAMA LOSWERDEN.
WIR MÜSSEN ZU EINER ANDEREN METHODE GREIFEN.
SSSRT
SARADA.
EINEN HAUCH VOM SCHWARZEN NEBEL ...
KRRGH
... HABE ICH MIT DEM KÖRPER MEINER SCHLANGE AUFGENOMMEN...
FÜR ALLE FÄLLE...
WAS ...?!
SO WAS KANNST DU...?
FINDE BITTE HERAUS, WAS DAS WIRKLICH IST.
DU KANNST DAS BESTIMMT.
WENN DU DICH GANZ AUF DEINE AUGEN KONZENTRIERST, KANNST DU SO SCHARF SEHEN WIE DURCH EIN MIKROSKOP.
DEINE SHARINGAN SIND DAZU FÄHIG.

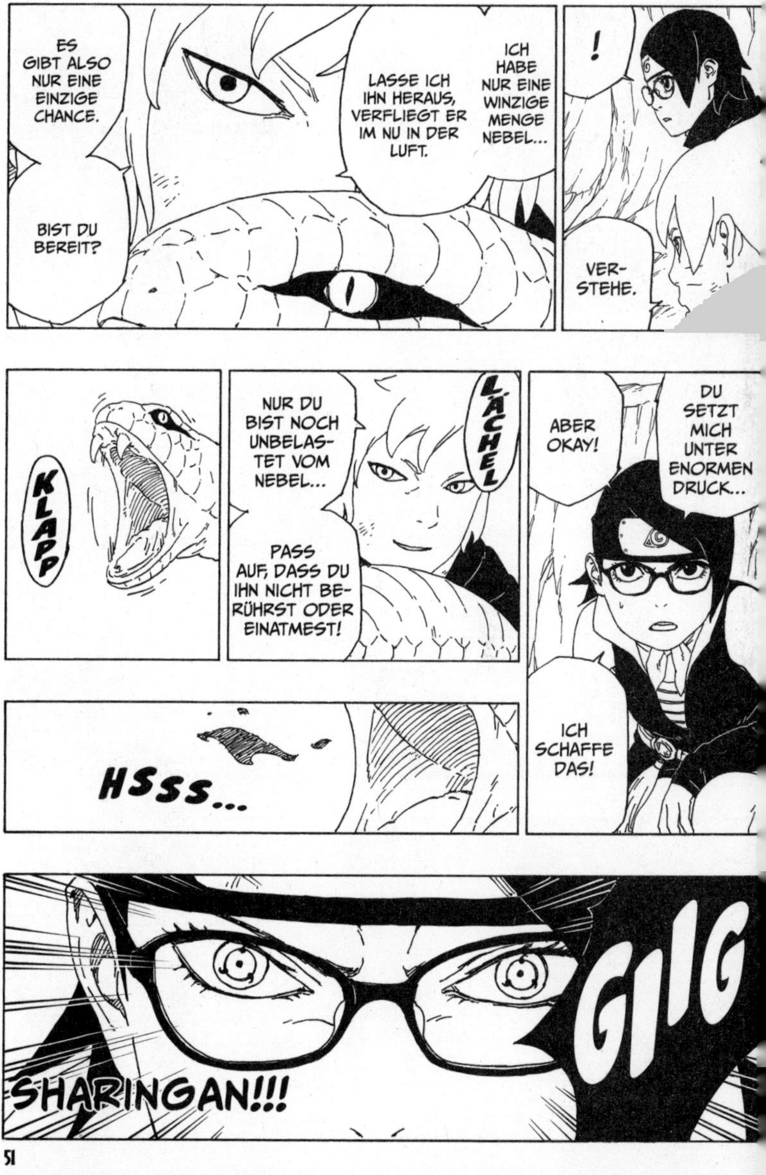
ICH HABE NUR EINE WINZIGE MENGE NEBEL...
LASSE ICH IHN HERAUS, VERFLIEGT ER IM NU IN DER LUFT.
ES GIBT ALSO NUR EINE EINZIGE CHANCE.
BIST DU BEREIT?
!
VER-STEHE.
DU SETZT MICH UNTER ENORMEN DRUCK...
ABER OKAY!
LÄCHEL
NUR DU BIST NOCH UNBELASTET VOM NEBEL...
PASS AUF, DASS DU IHN NICHT BE-RÜHRST ODER EINATMEST!
KLAPP
ICH SCHAFFE DAS!
HSSS...
GIG
SHARINGAN!!!

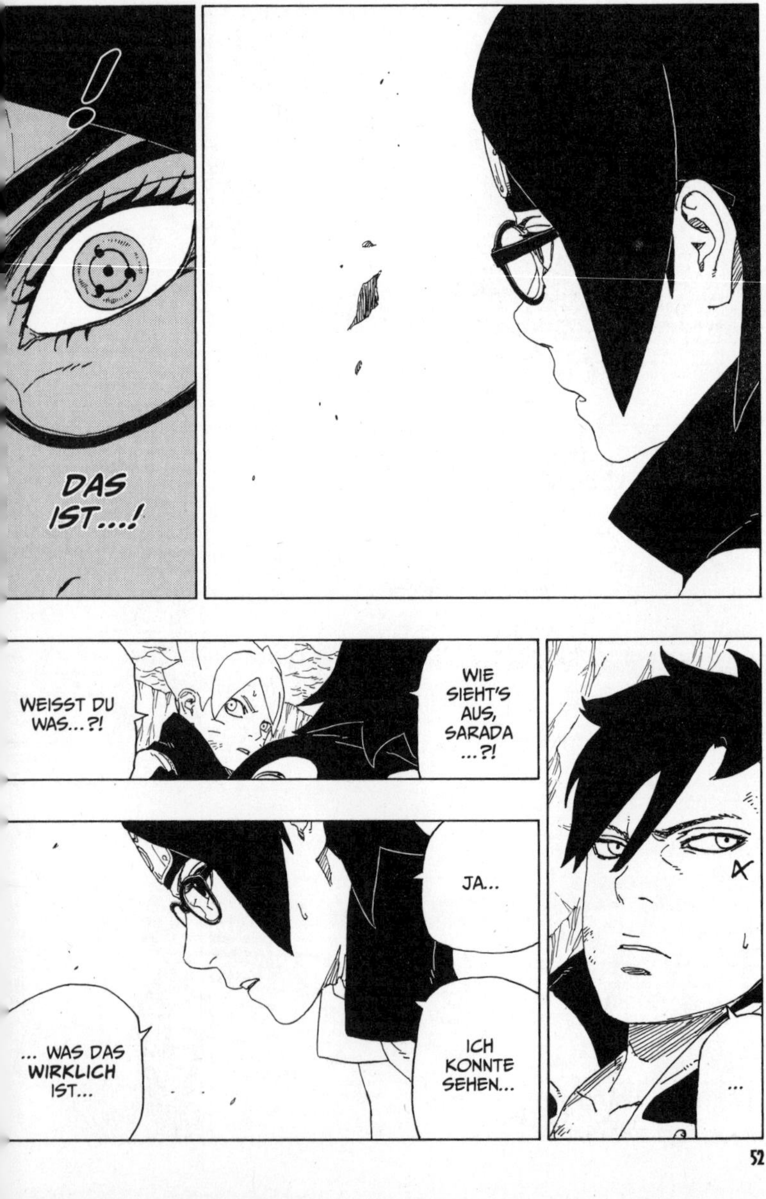
!
DAS IST...!
WIE SIEHT'S AUS, SARADA ...?!
WEISST DU WAS...?!
...
JA...
ICH KONNTE SEHEN...
... WAS DAS WIRKLICH IST...

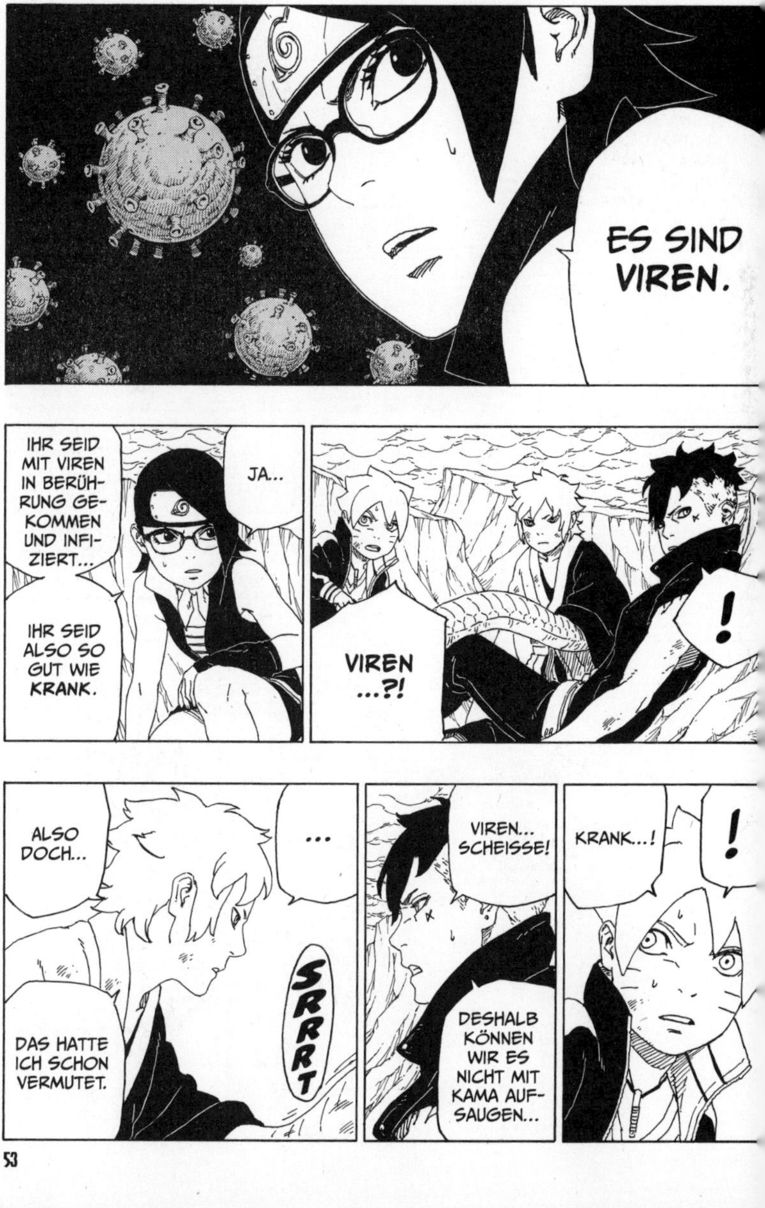
ES SIND VIREN.
JA...
IHR SEID MIT VIREN IN BERÜHRUNG GEKOMMEN UND INFIZIERT...
IHR SEID ALSO SO GUT WIE KRANK.
!
VIREN ...?!
!
KRANK...!
VIREN... SCHEISSE!
DESHALB KÖNNEN WIR ES NICHT MIT KAMA AUFSAUGEN...
...
SRRRT
ALSO DOCH...
DAS HATTE ICH SCHON VERMUTET.

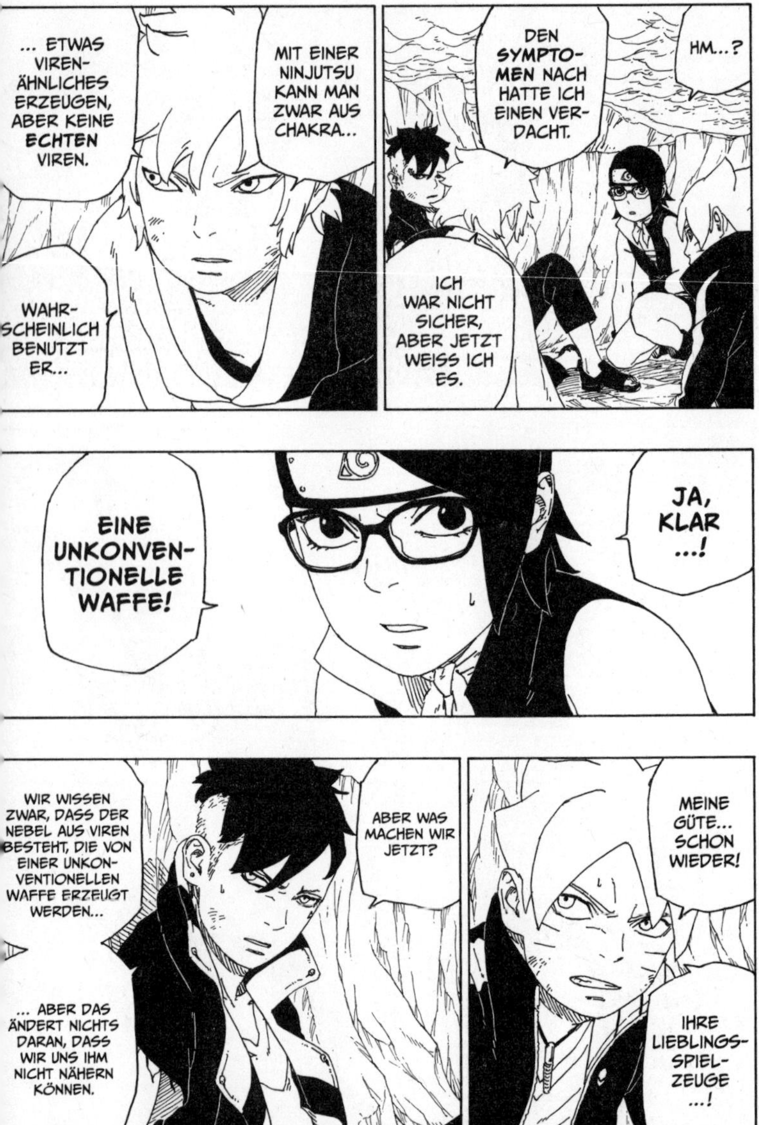
HM...?
DEN SYMPTOMEN NACH HATTE ICH EINEN VERDACHT.
ICH WAR NICHT SICHER, ABER JETZT WEISS ICH ES.
MIT EINER NINJUTSU KANN MAN ZWAR AUS CHAKRA...
... ETWAS VIRENÄHNLICHES ERZEUGEN, ABER KEINE ECHTEN VIREN.
WAHRSCHEINLICH BENUTZT ER...
EINE UNKONVENTIONELLE WAFFE!
JA, KLAR ...!
MEINE GÜTE... SCHON WIEDER!
IHRE LIEBLINGSSPIELZEUGE ...!
ABER WAS MACHEN WIR JETZT?
WIR WISSEN ZWAR, DASS DER NEBEL AUS VIREN BESTEHT, DIE VON EINER UNKONVENTIONELLEN WAFFE ERZEUGT WERDEN...
... ABER DAS ÄNDERT NICHTS DARAN, DASS WIR UNS IHM NICHT NÄHERN KÖNNEN.

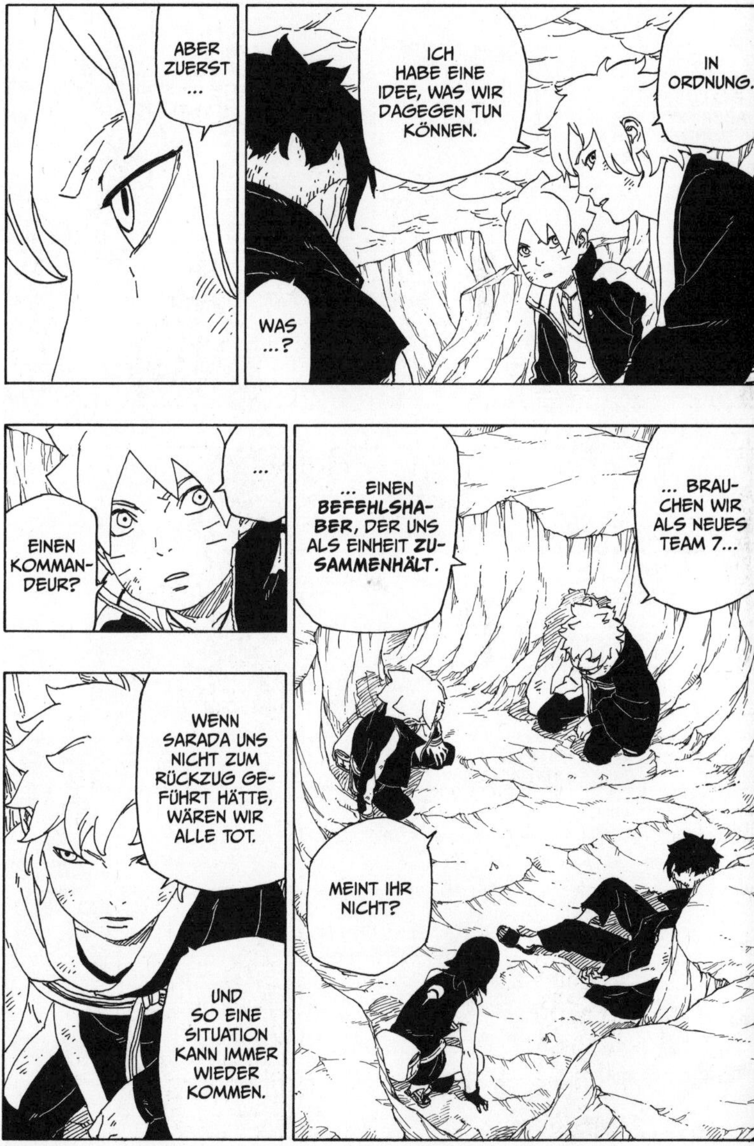
IN ORDNUNG.
ICH HABE EINE IDEE, WAS WIR DAGEGEN TUN KÖNNEN.
WAS ...?
ABER ZUERST ...
... BRAUCHEN WIR ALS NEUES TEAM 7...
... EINEN BEFEHLSHABER, DER UNS ALS EINHEIT ZUSAMMENHÄLT.
...
EINEN KOMMANDEUR?
WENN SARADA UNS NICHT ZUM RÜCKZUG GEFÜHRT HÄTTE, WÄREN WIR ALLE TOT.
UND SO EINE SITUATION KANN IMMER WIEDER KOMMEN.
MEINT IHR NICHT?

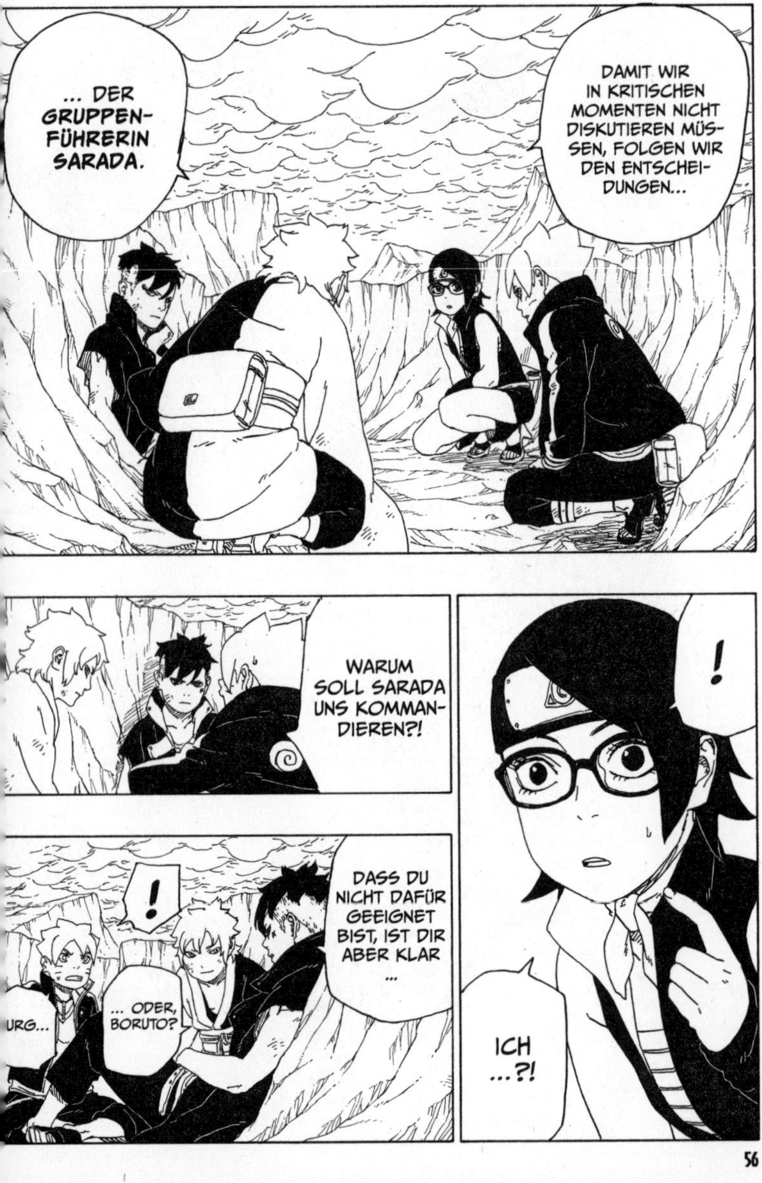
DAMIT WIR IN KRITISCHEN MOMENTEN NICHT DISKUTIEREN MÜS-SEN, FOLGEN WIR DEN ENTSCHEI-DUNGEN...
... DER GRUPPEN-FÜHRERIN SARADA.
WARUM SOLL SARADA UNS KOMMAN-DIEREN?!
!
DASS DU NICHT DAFÜR GEEIGNET BIST, IST DIR ABER KLAR ...
... ODER, BORUTO?
!
URG...
ICH ...?!

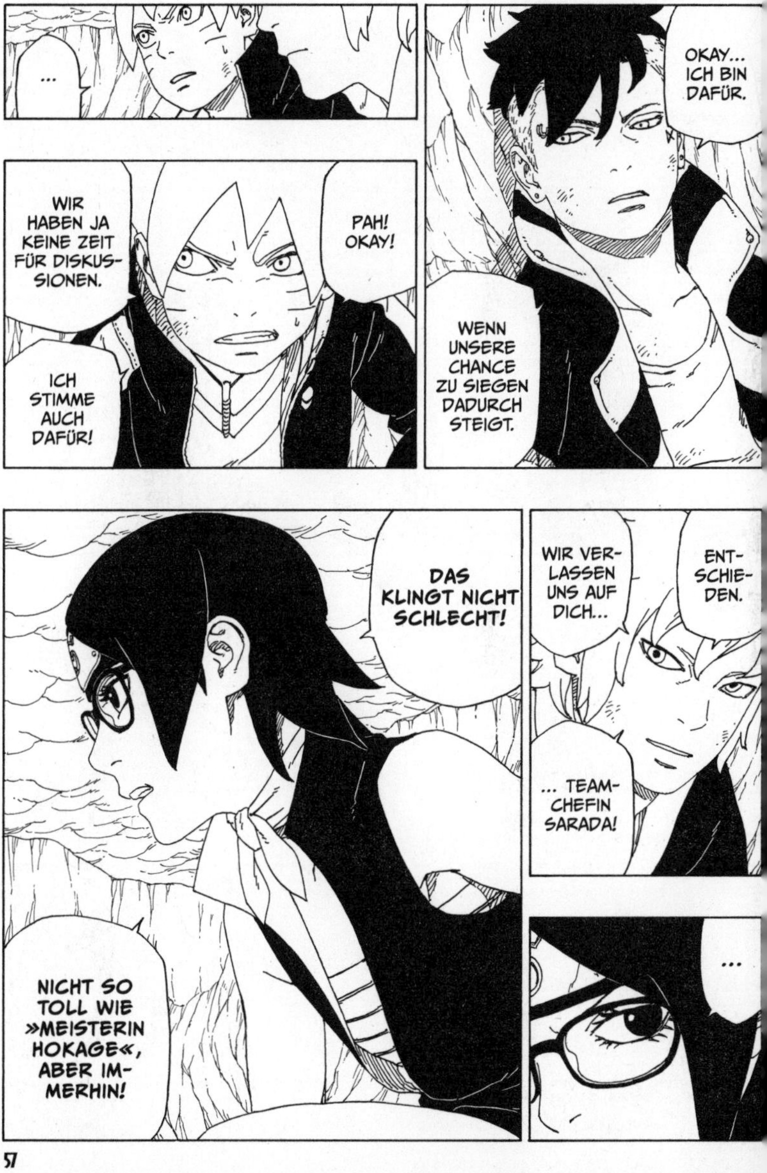
OKAY… ICH BIN DAFÜR.
…
WENN UNSERE CHANCE ZU SIEGEN DADURCH STEIGT.
PAH! OKAY!
WIR HABEN JA KEINE ZEIT FÜR DISKUS-SIONEN.
ICH STIMME AUCH DAFÜR!
ENT-SCHIE-DEN.
WIR VER-LASSEN UNS AUF DICH…
… TEAM-CHEFIN SARADA!
DAS KLINGT NICHT SCHLECHT!
…
NICHT SO TOLL WIE »MEISTERIN HOKAGE«, ABER IM-MERHIN!

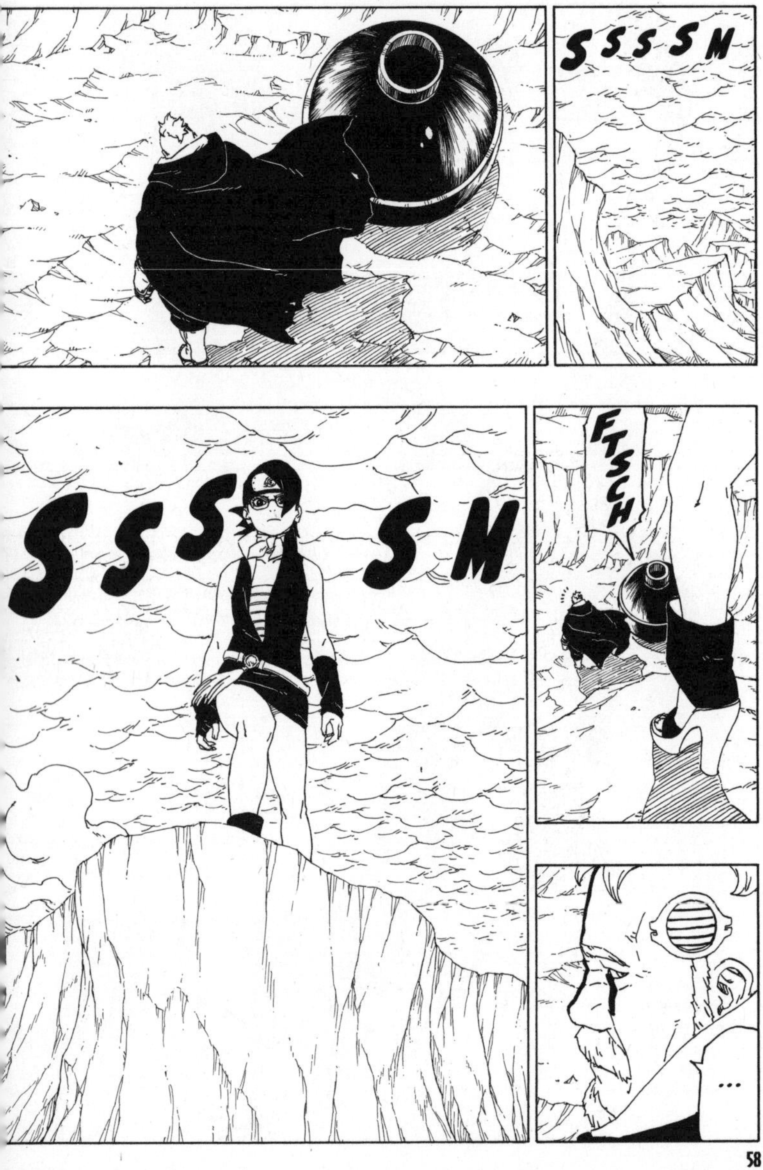
SSSSM
SSSSSM
FTSCH
...

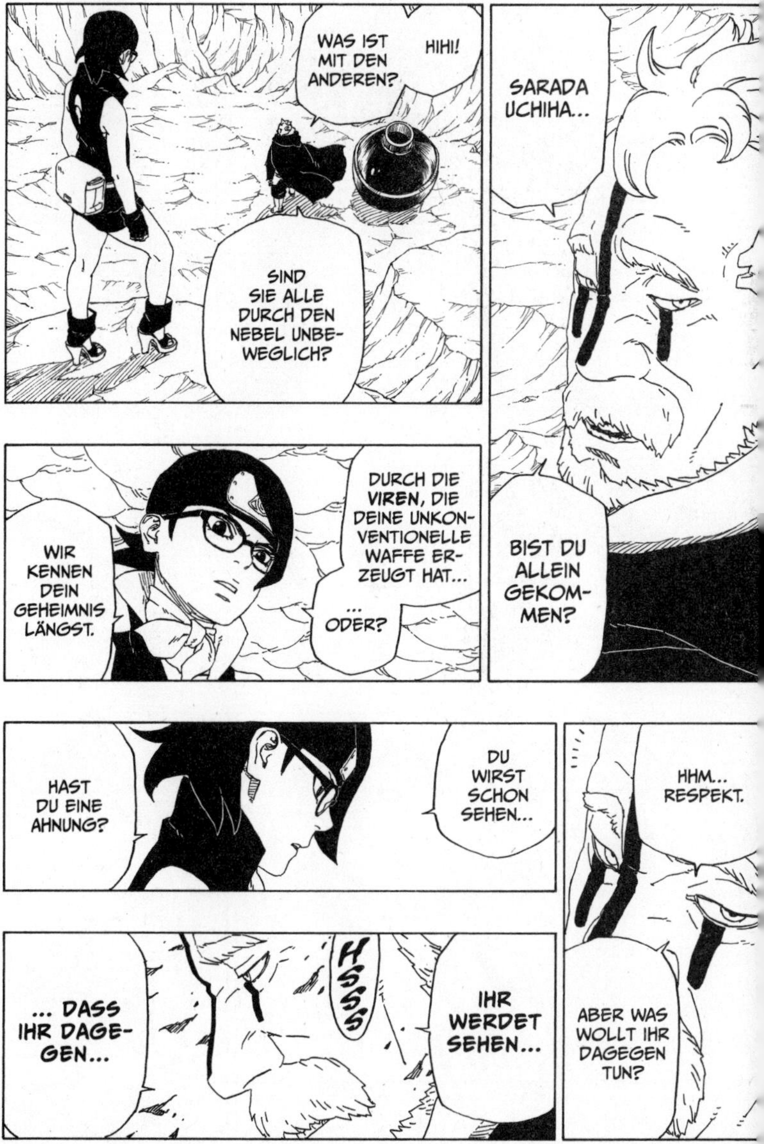

SARADA UCHIHA...
WAS IST MIT DEN ANDEREN?
HIHI!
SIND SIE ALLE DURCH DEN NEBEL UNBEWEGLICH?
BIST DU ALLEIN GEKOMMEN?
DURCH DIE VIREN, DIE DEINE UNKONVENTIONELLE WAFFE ERZEUGT HAT...
... ODER?
WIR KENNEN DEIN GEHEIMNIS LÄNGST.
HHM... RESPEKT.
ABER WAS WOLLT IHR DAGEGEN TUN?
DU WIRST SCHON SEHEN...
HAST DU EINE AHNUNG?
IHR WERDET SEHEN...
HSSS
... DASS IHR DAGEGEN...

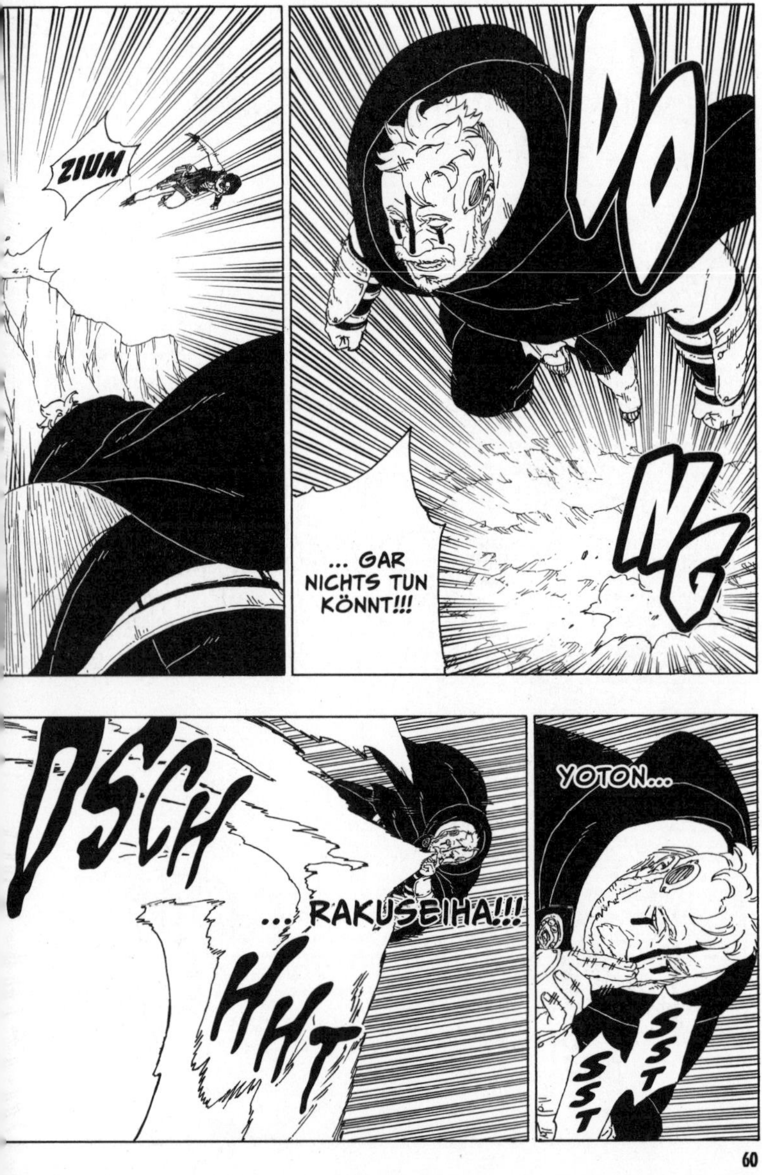
DONG
... GAR NICHTS TUN KÖNNT!!!
ZIUM
YOTON...
SSST
SSST
DSCH
... RAKUSEIHA!!!
HHT

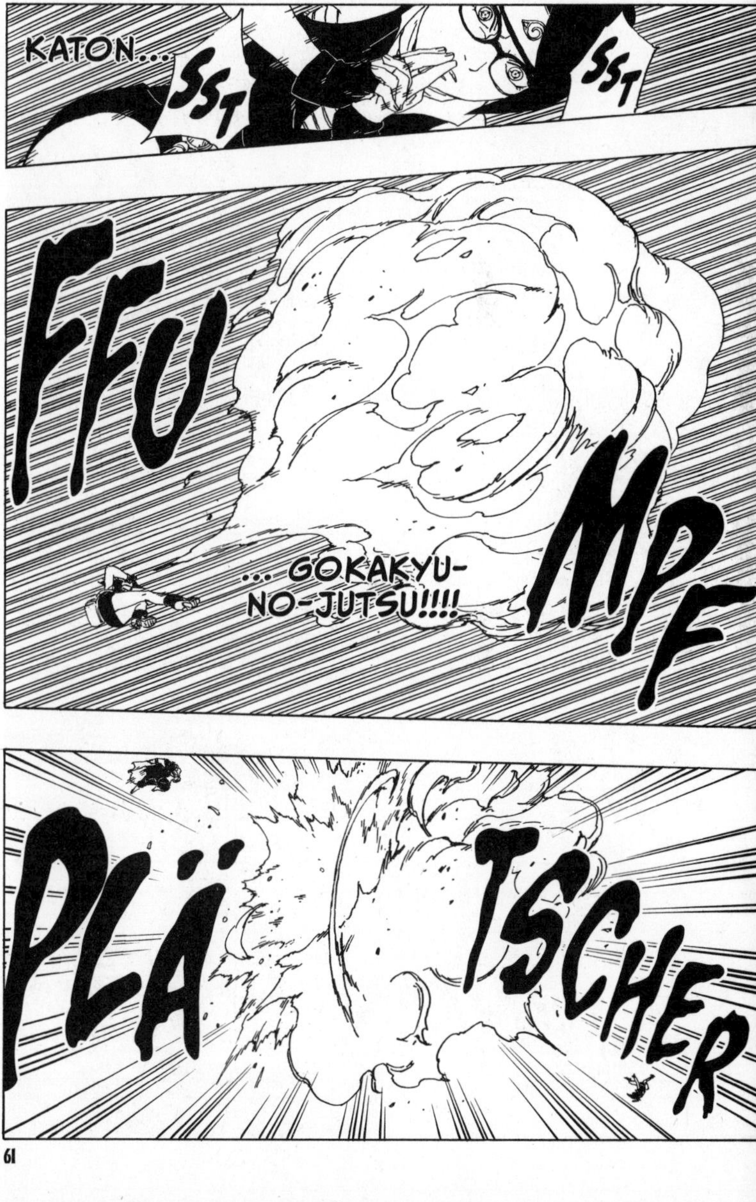
SST
SST
KATON...
MPF
FFU
...GOKAKYU-
NO-JUTSU!!!!
TSCHER
PLÄ

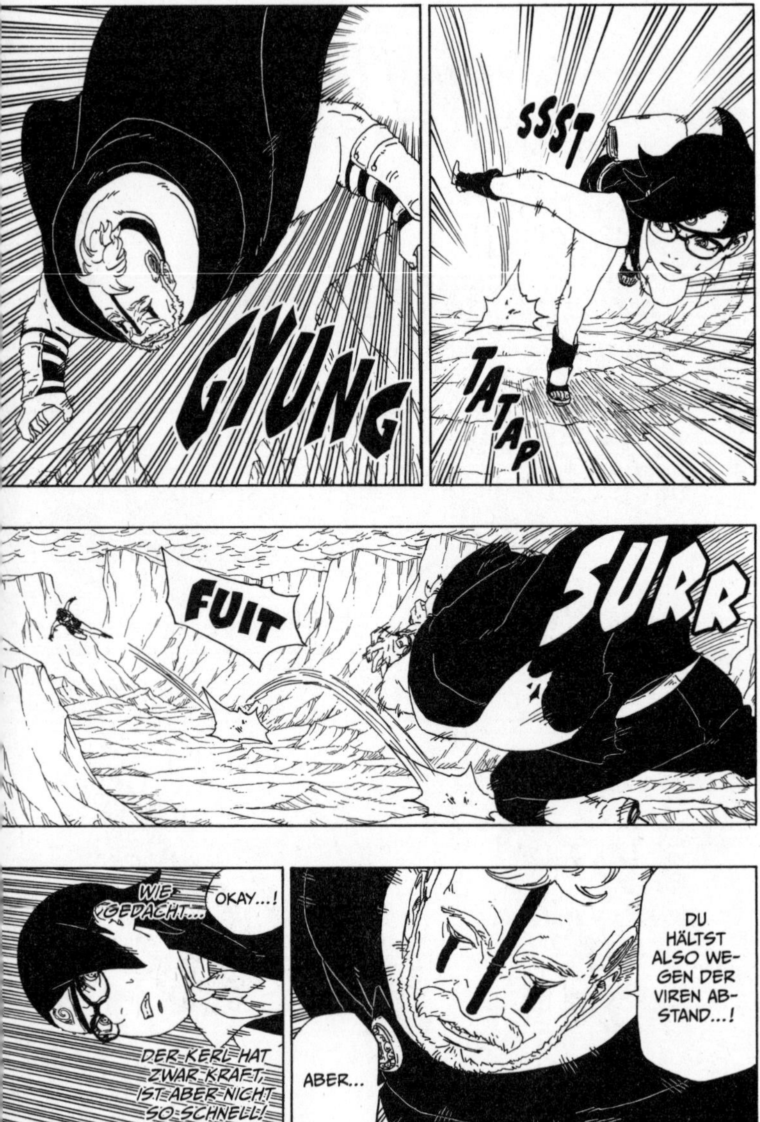
SSST
TATAP
GYUNG
SURR
FUIT
DU HÄLTST ALSO WEGEN DER VIREN ABSTAND…!
ABER…
OKAY…!
WIE GEDACHT…
DER KERL HAT ZWAR KRAFT, IST ABER NICHT SO SCHNELL!

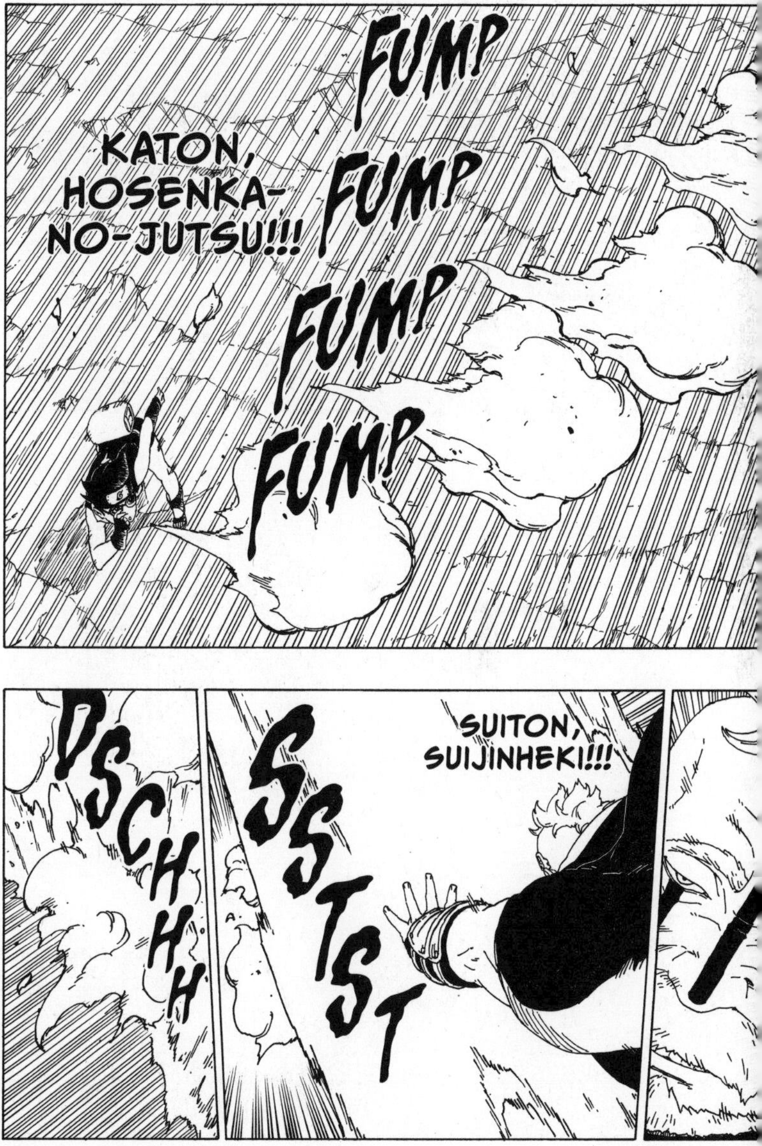

KATON, HOSENKA-NO-JUTSU!!!
FUMP FUMP FUMP FUMP
SUITON, SUIJINHEKI!!!
SSTST
DSCHHH

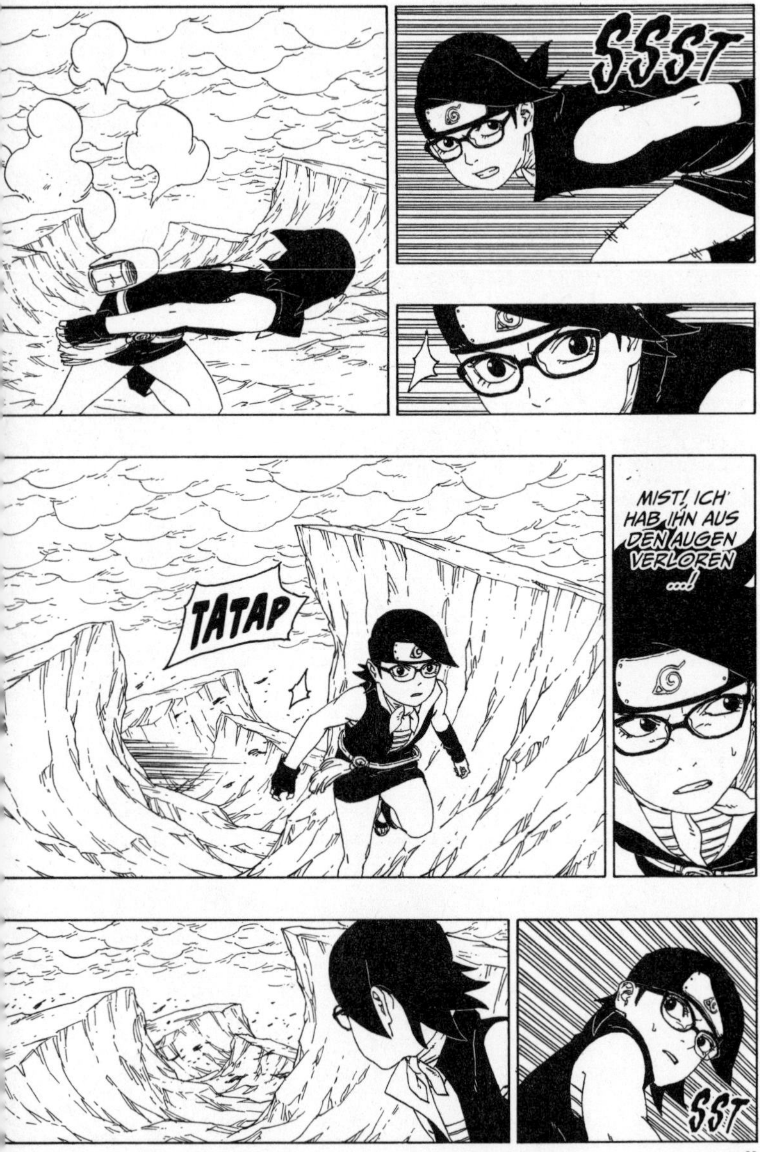
SSST
MIST! ICH HAB IHN AUS DEN AUGEN VERLOREN ...!
TATAP
SST

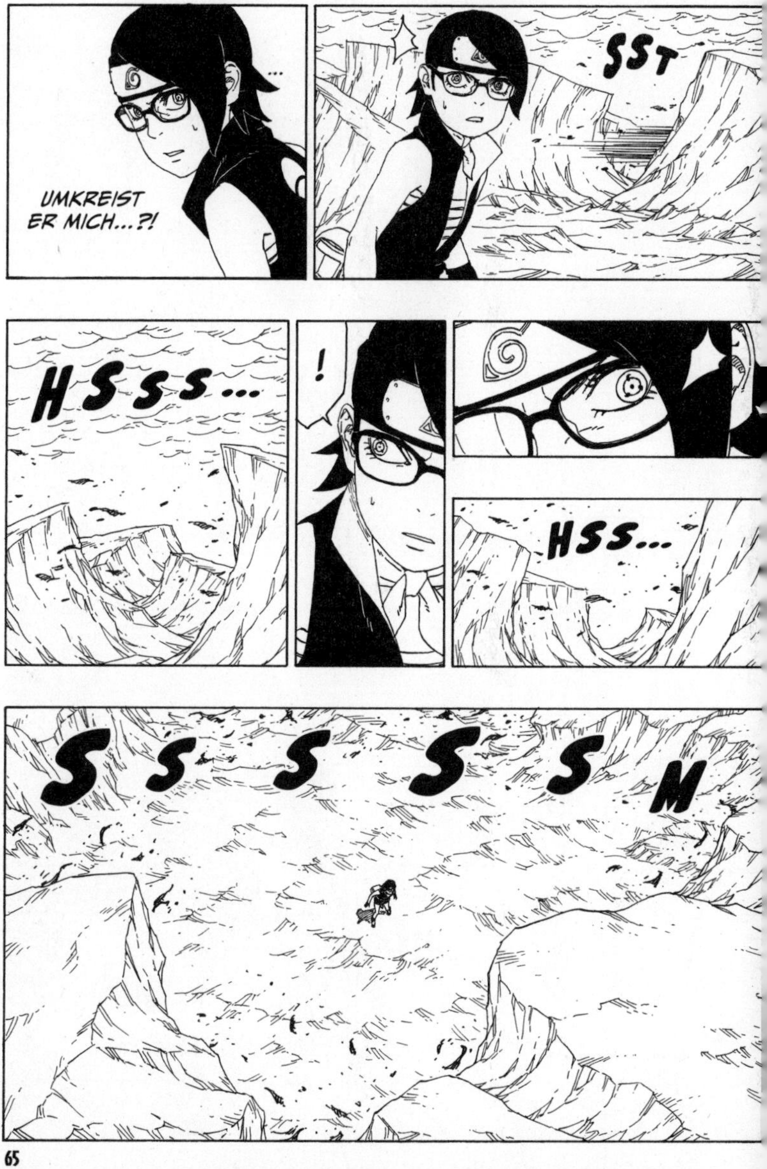
SST
...
UMKREIST ER MICH...?!
!
HSSS...
HSS...
SSSSSM

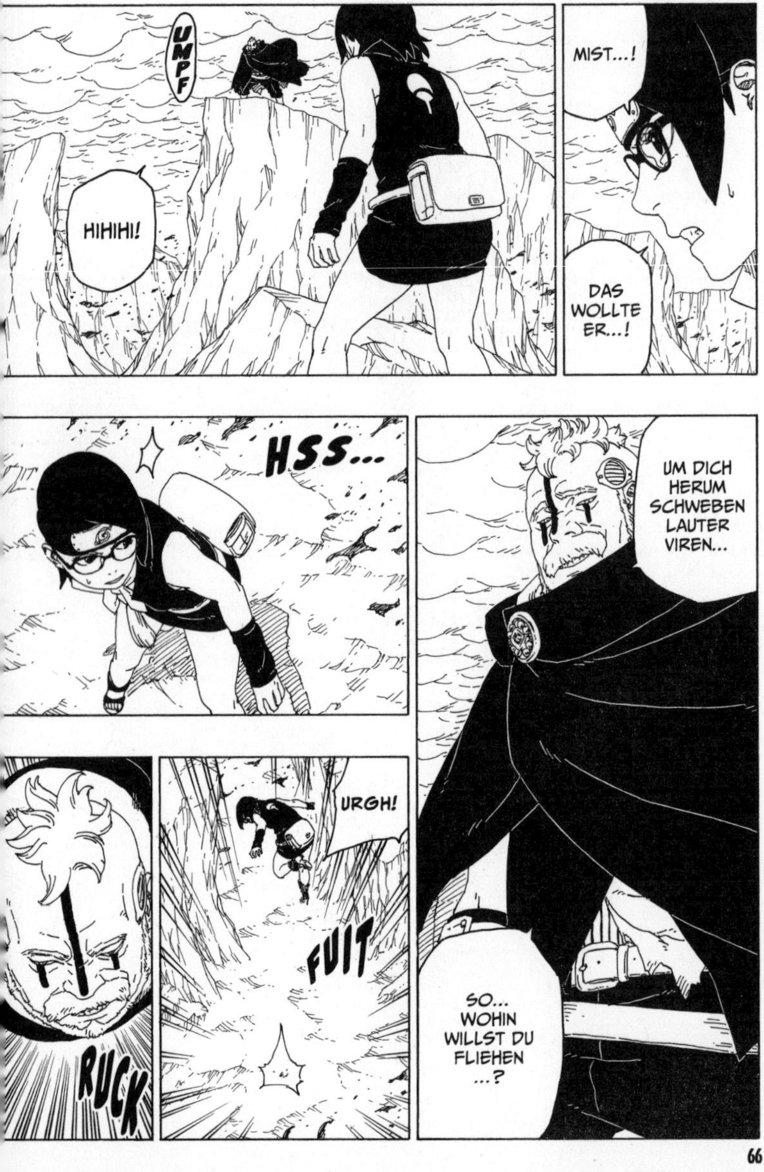
MIST...!
DAS WOLLTE ER...!
UMPF
HIHIHI!
UM DICH HERUM SCHWEBEN LAUTER VIREN...
HSS...
SO... WOHIN WILLST DU FLIEHEN ...?
URGH!
FUIT
RUCK

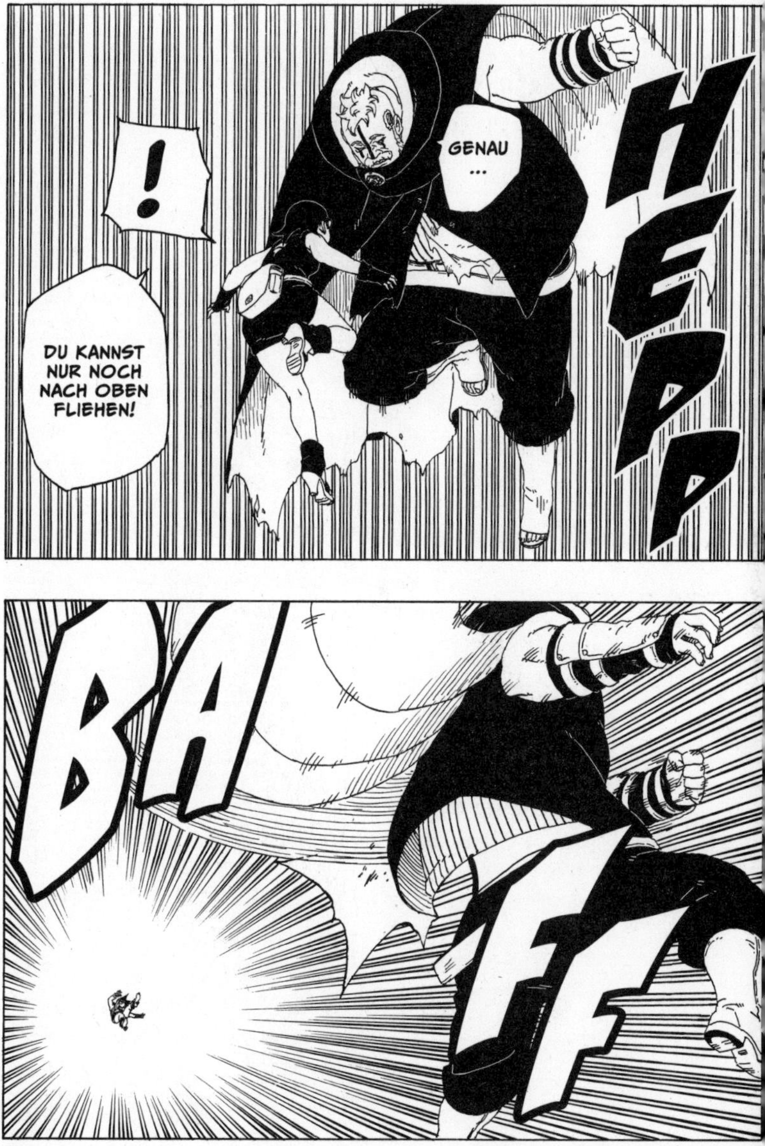
HEPP
GENAU ...
!
DU KANNST NUR NOCH NACH OBEN FLIEHEN!
BAFF

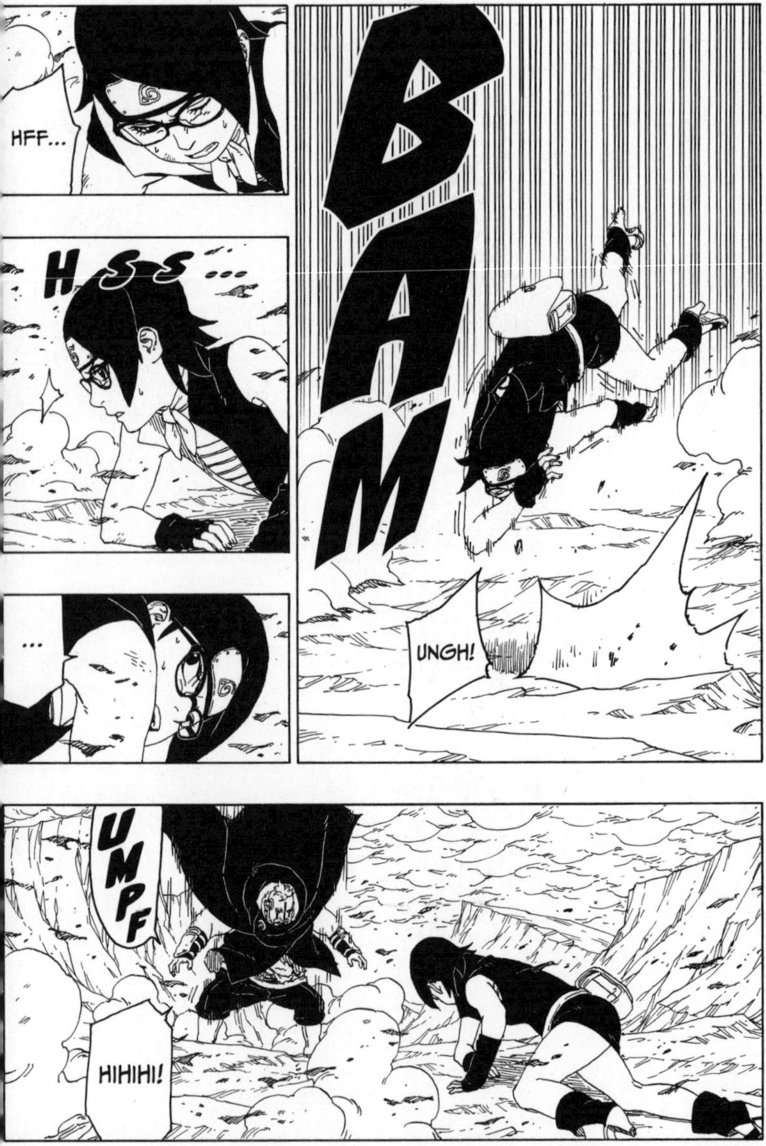
HFF...
BAM
HSS...
...
UNGH!
UMPF
HIHIHI!

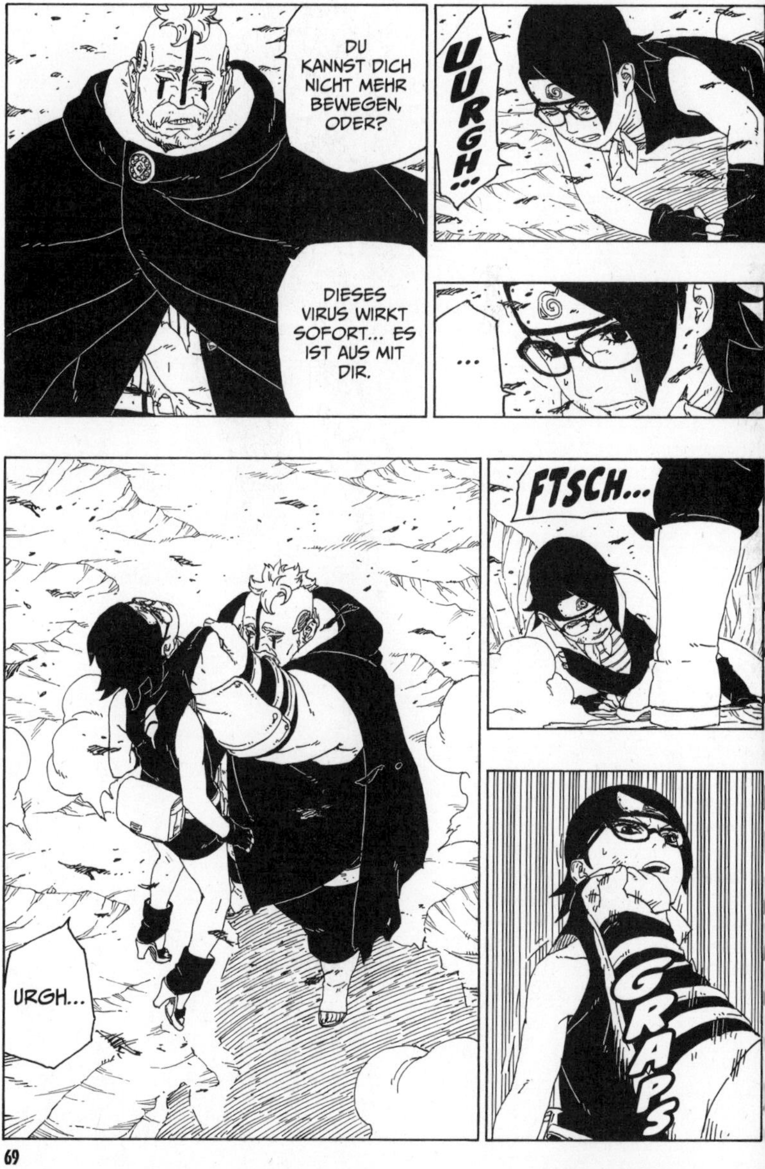
UURGH...
DU KANNST DICH NICHT MEHR BEWEGEN, ODER?
...
DIESES VIRUS WIRKT SOFORT... ES IST AUS MIT DIR.
FTSCH...
URGH...
GRAPS

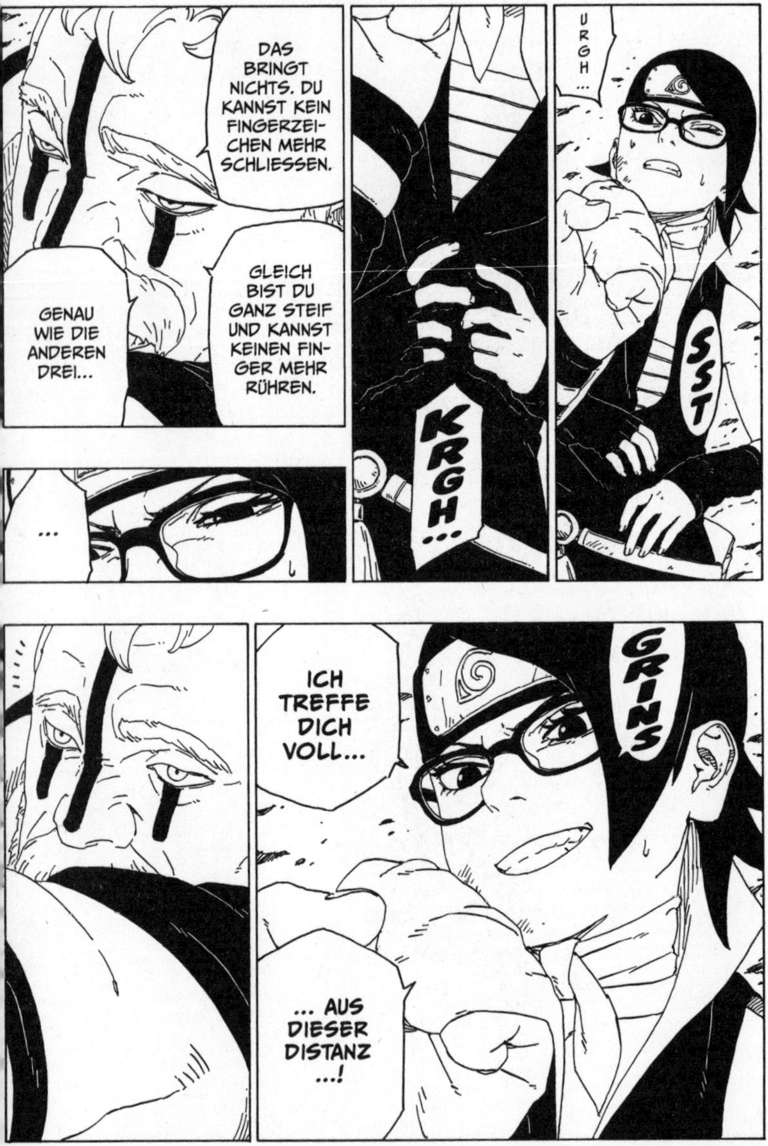
URGH ...
SST
KRGH...
DAS BRINGT NICHTS. DU KANNST KEIN FINGERZEI-CHEN MEHR SCHLIESSEN.
GLEICH BIST DU GANZ STEIF UND KANNST KEINEN FIN-GER MEHR RÜHREN.
GENAU WIE DIE ANDEREN DREI...
...
GRINS
ICH TREFFE DICH VOLL...
... AUS DIESER DISTANZ ...!

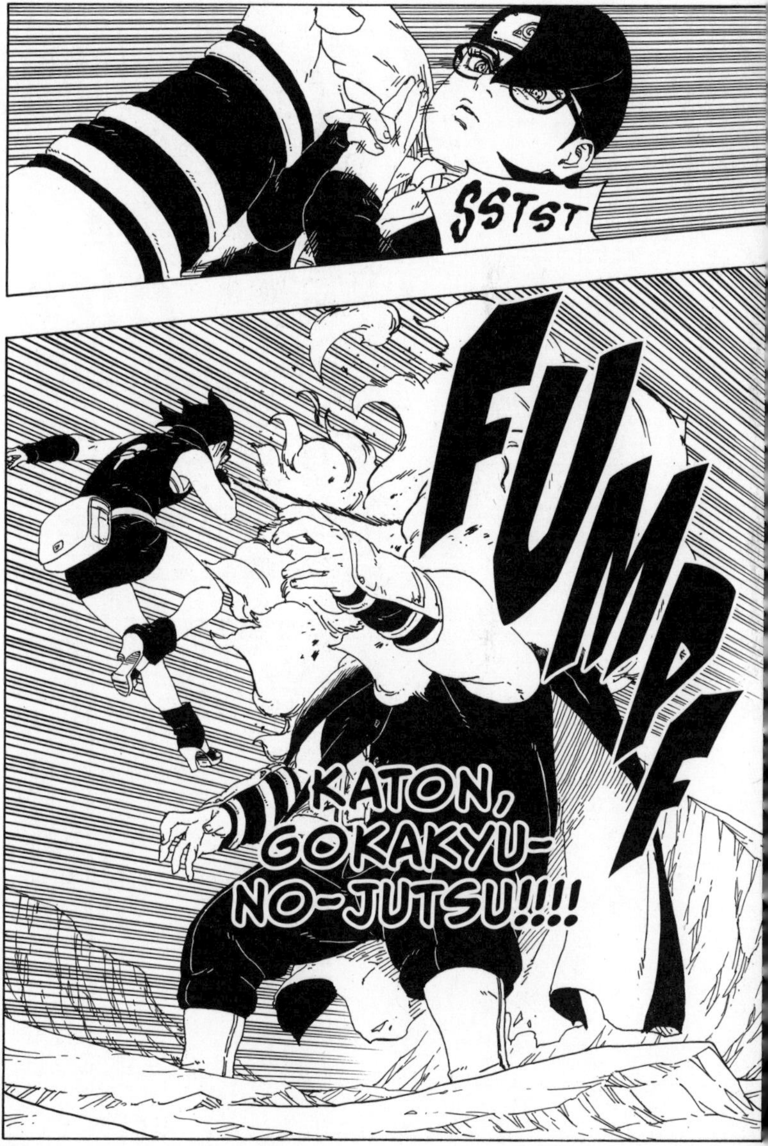
SSTST
FUMP
KATON, GOKAKYU-NO-JUTSU!!!!

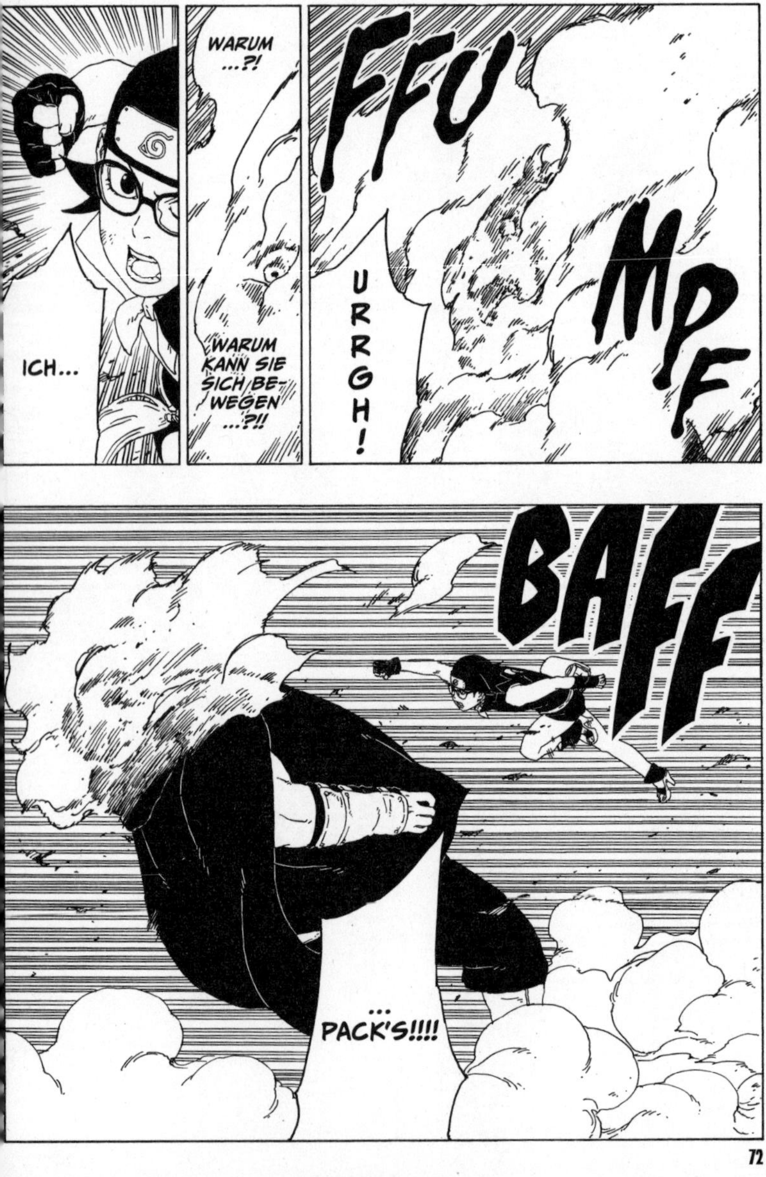
FFUMPF
URRGH!
WARUM ...?!
WARUM KANN SIE SICH BEWEGEN ...?!!
ICH...
BAFF
... PACK'S!!!!

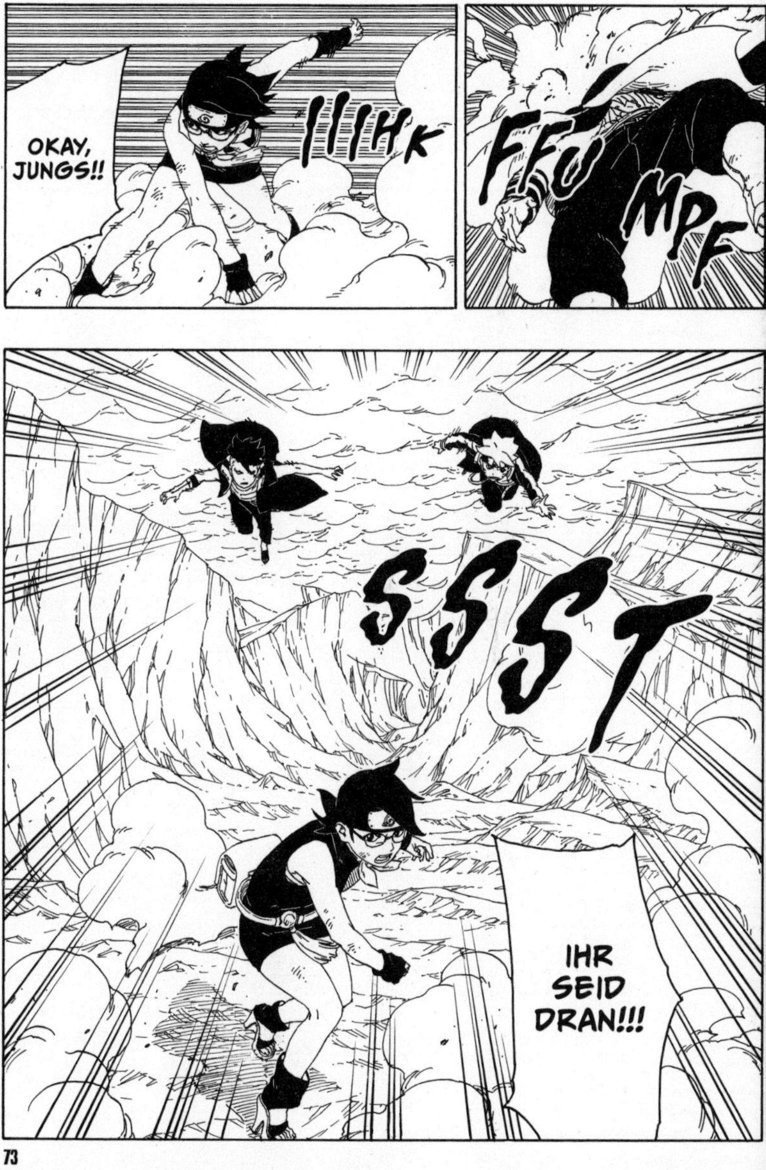
OKAY, JUNGS!!
IIIHK
FFUMPF
SSST
IHR SEID DRAN!!!

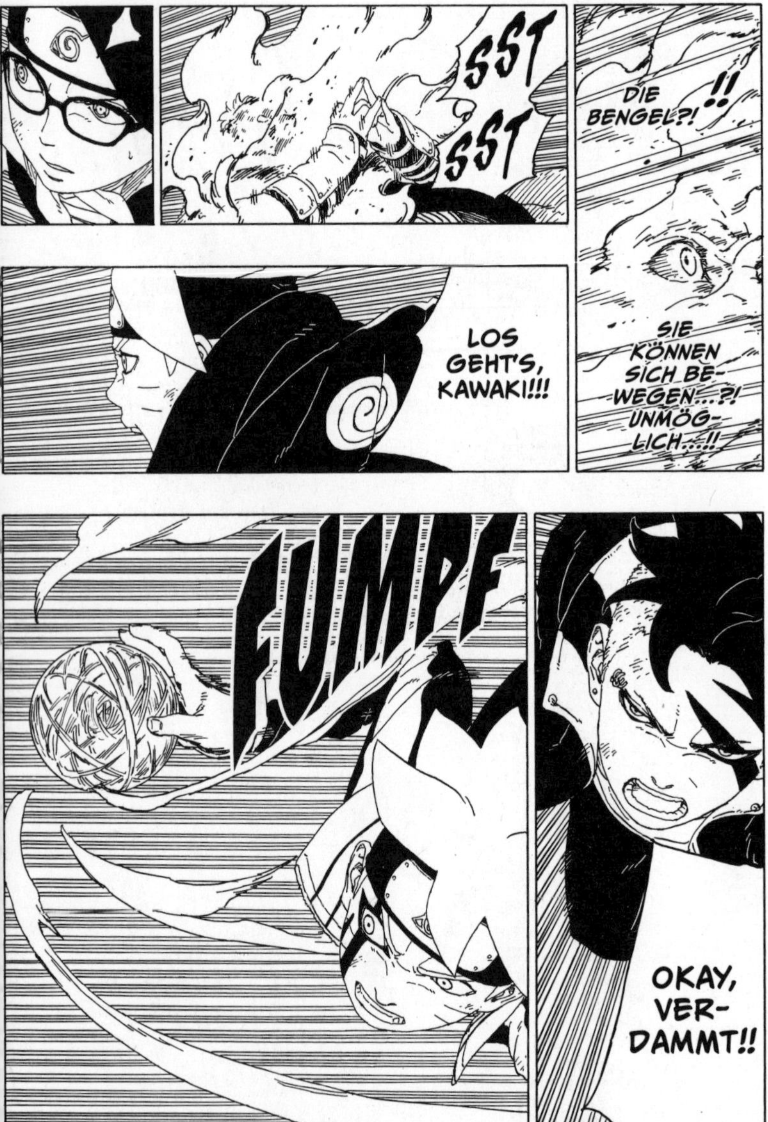
DIE BENGEL?! !!
SIE KÖNNEN SICH BE-WEGEN...?! UNMÖG-LICH...!!
SST SST
LOS GEHT'S, KAWAKI!!!
OKAY, VER-DAMMT!!
FUMPF

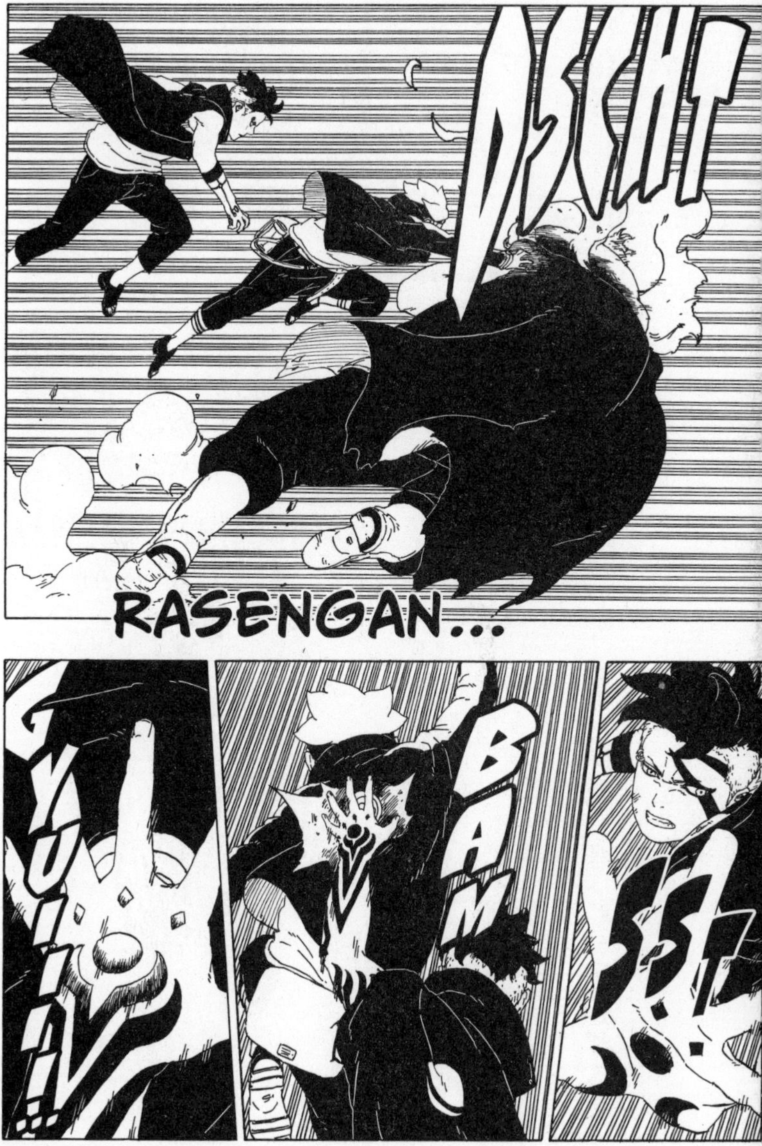
DSCHT
RASENGAN...
SST!
BAM
GYUIIN!

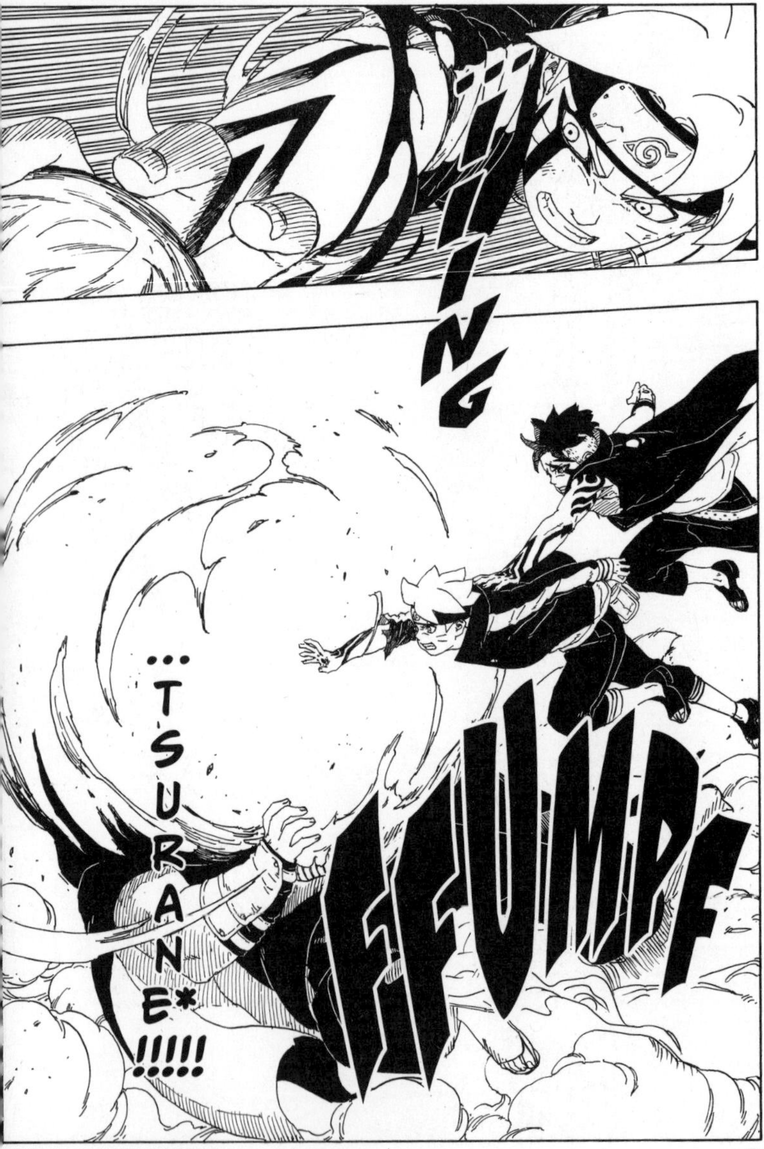

* TSURANE = GEMEINSAMES SPIELEN

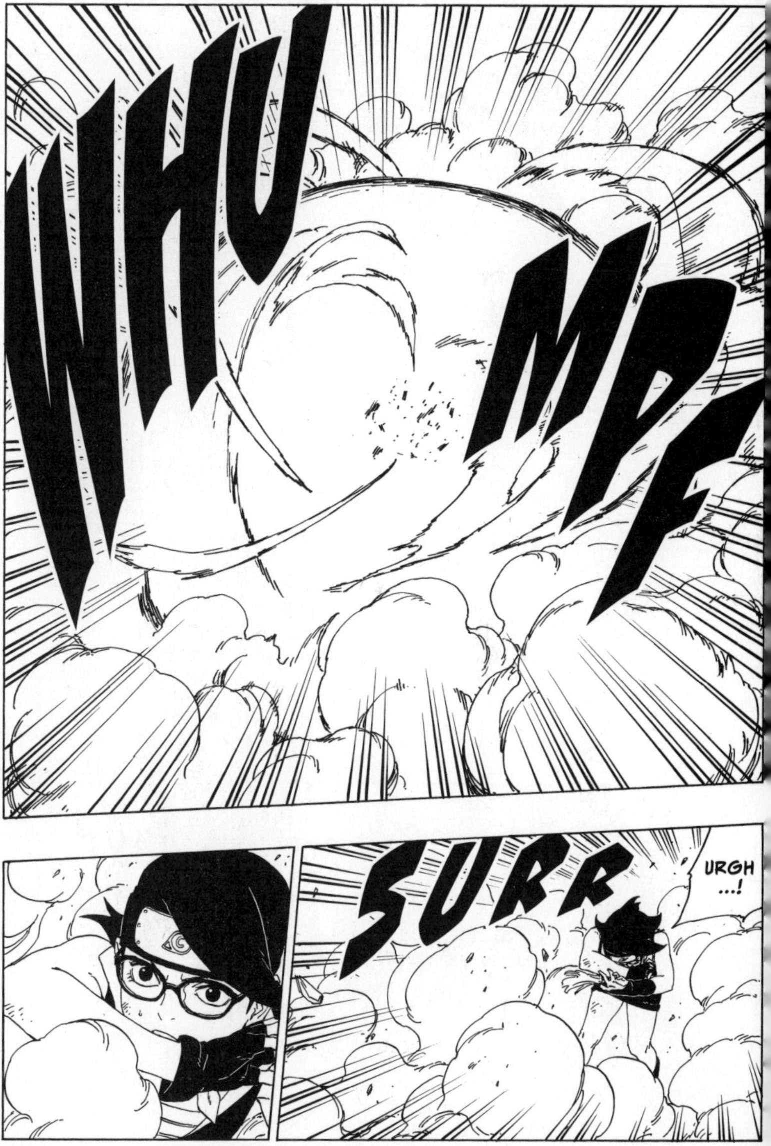
WHUMPF
SURR
URGH ...!

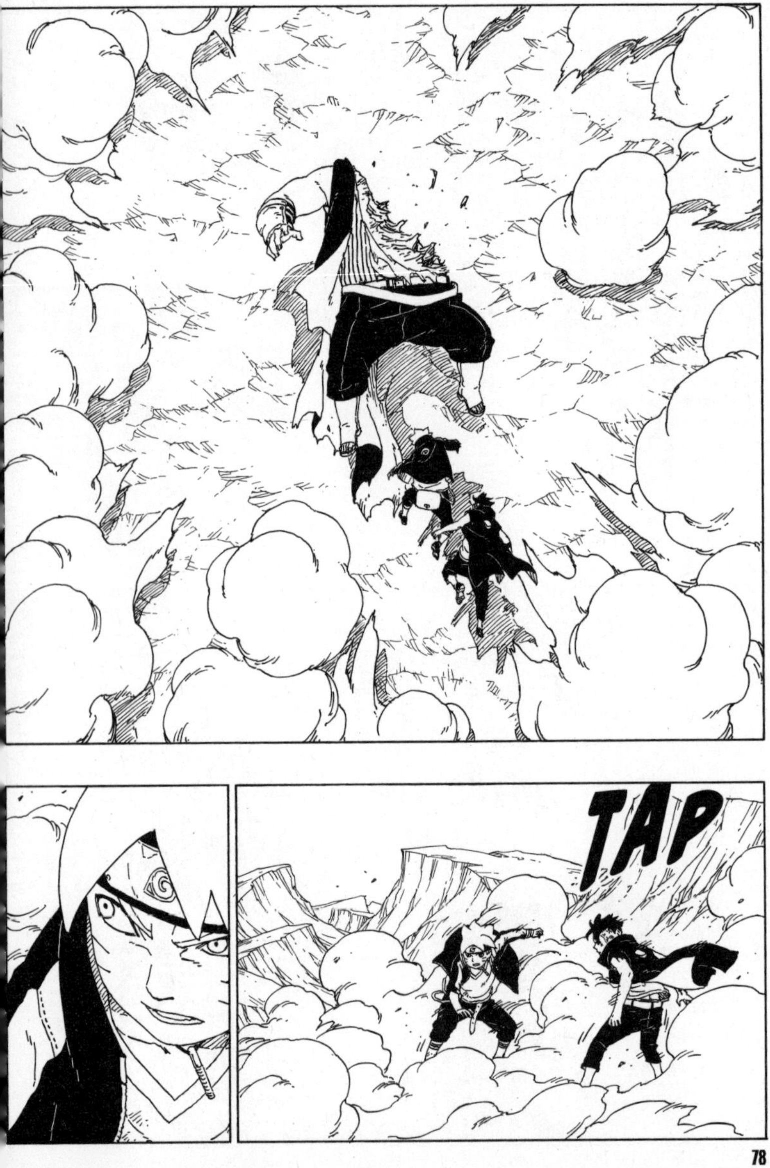
TAP

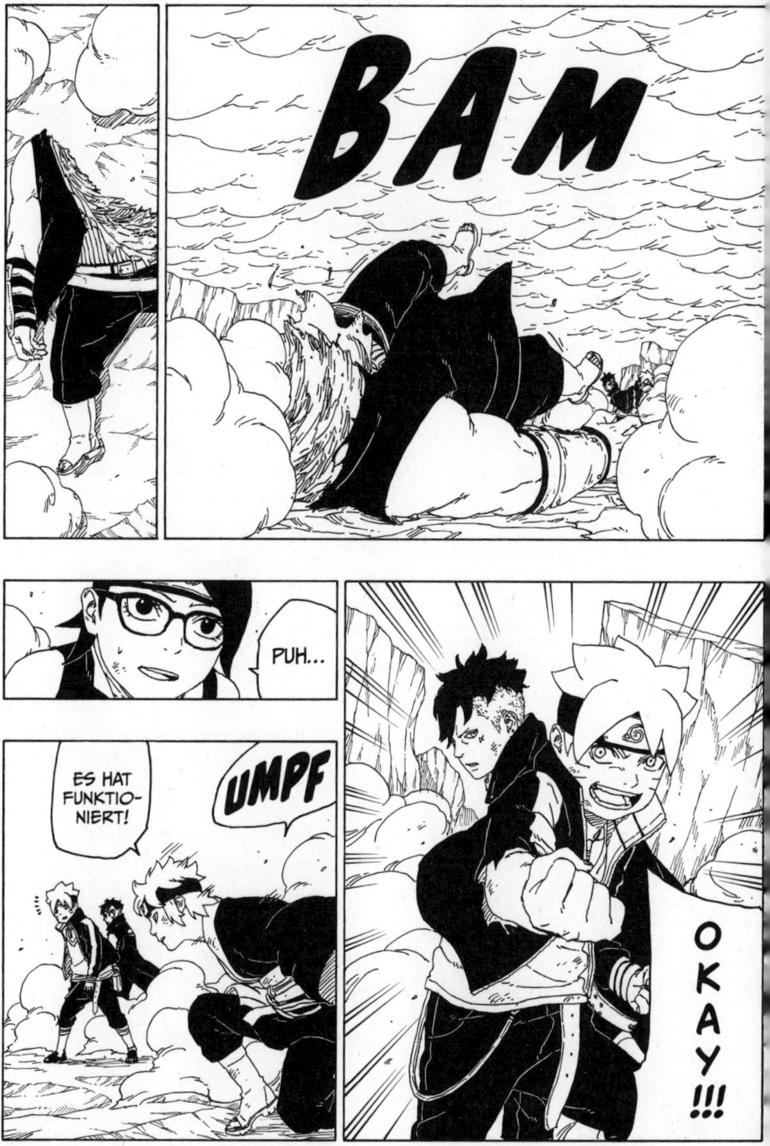
BAM
PUH...
OKAY!!!
UMPF
ES HAT FUNKTIO-NIERT!

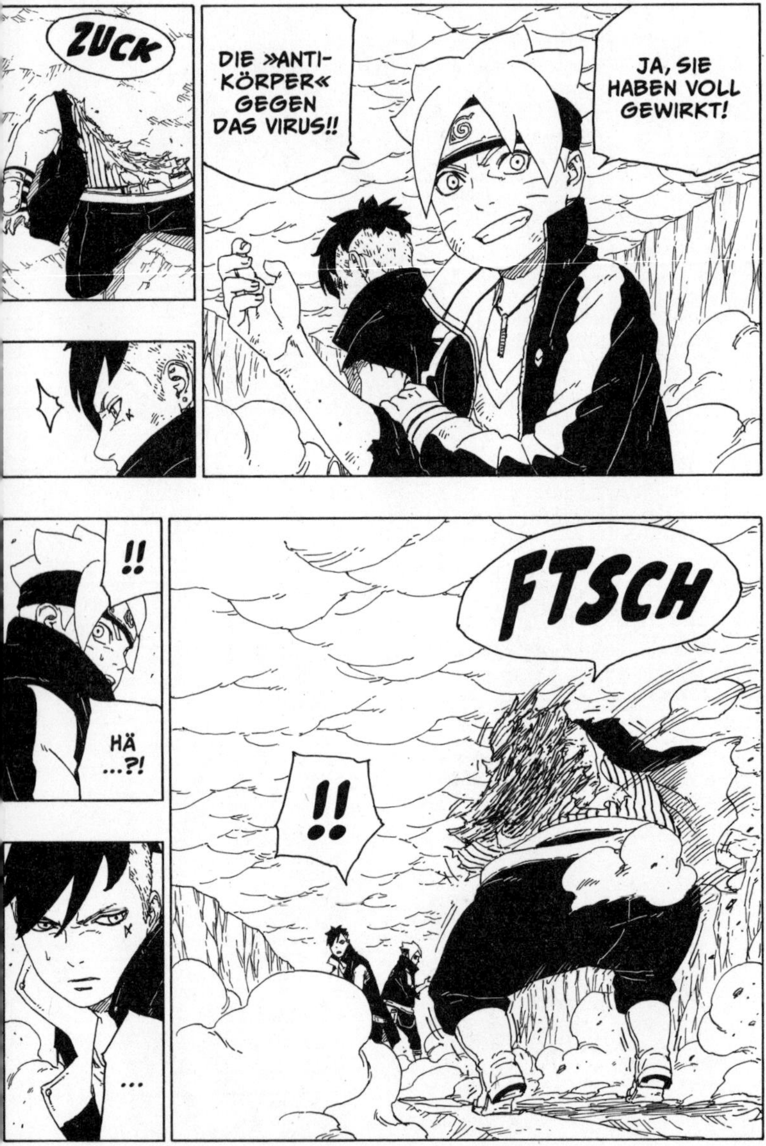
DIE »ANTI-KÖRPER« GEGEN DAS VIRUS!!
JA, SIE HABEN VOLL GEWIRKT!
ZUCK
FTSCH
!!
!!
HÄ ...?!
...

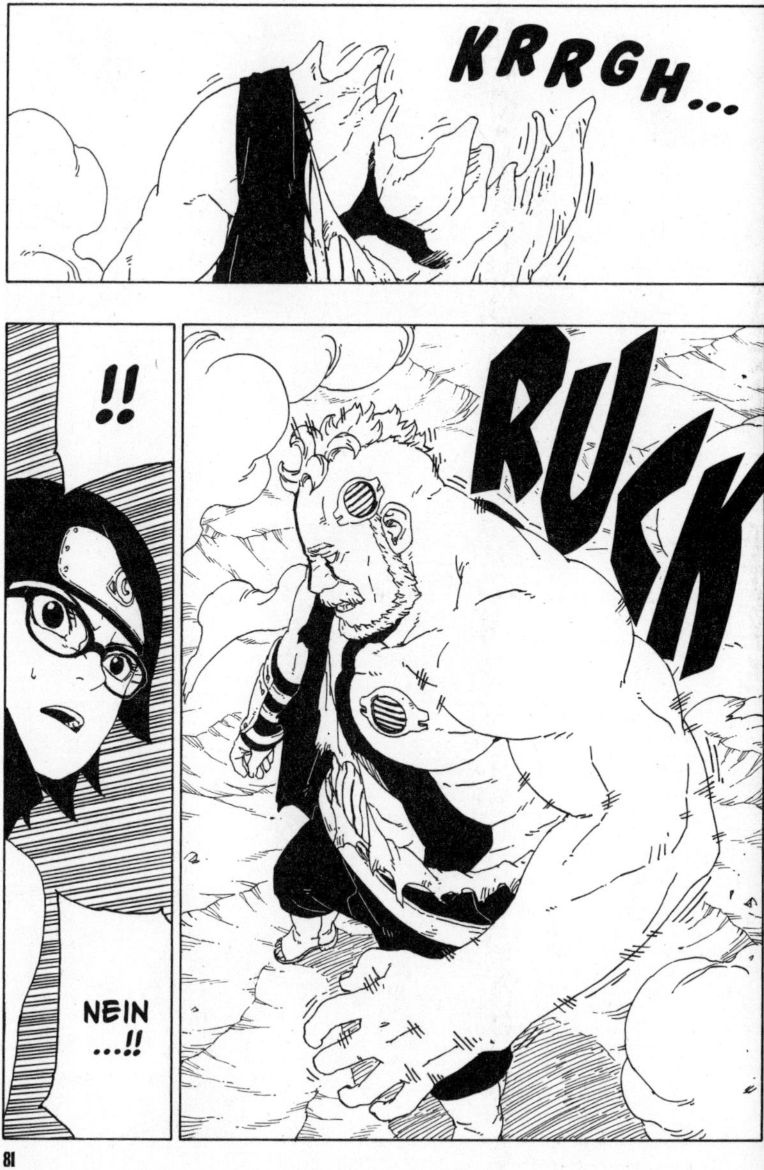
KRRGH...
RUCK
!!
NEIN
...!!

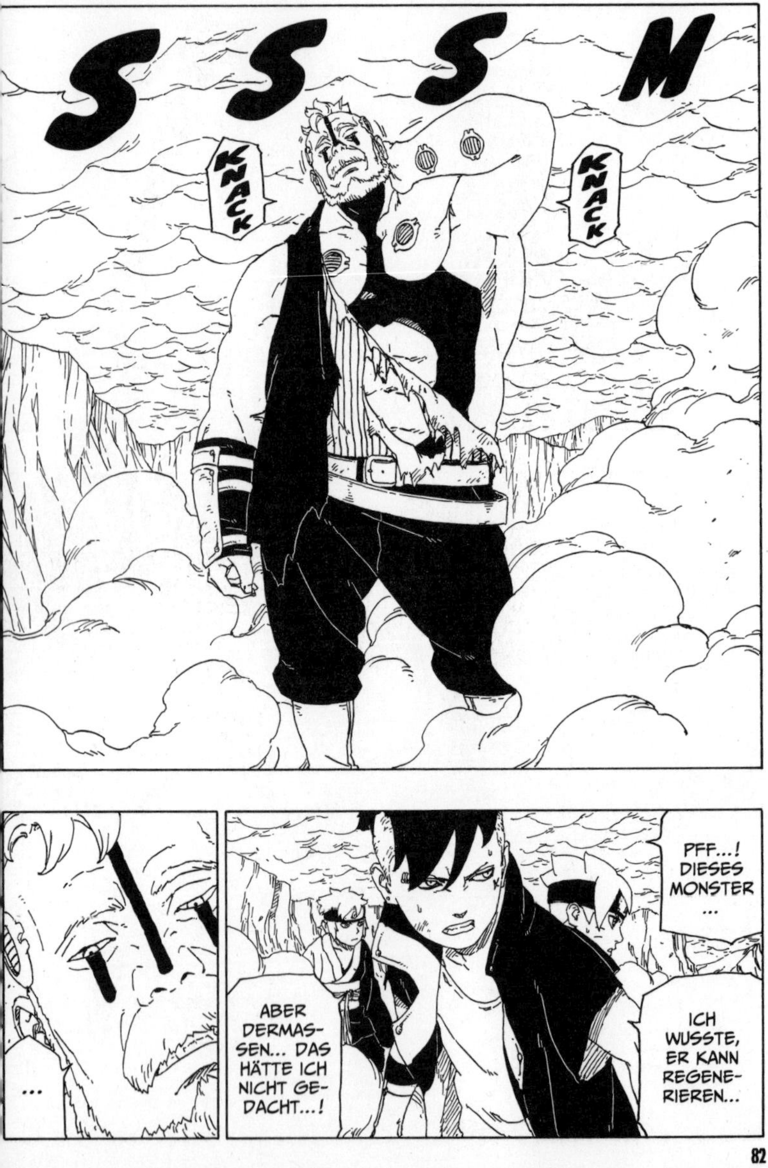
SSSM
KNACK
KNACK
PFF...! DIESES MONSTER ...
ICH WUSSTE, ER KANN REGENE-RIEREN...
ABER DERMAS-SEN... DAS HÄTTE ICH NICHT GE-DACHT...!
...

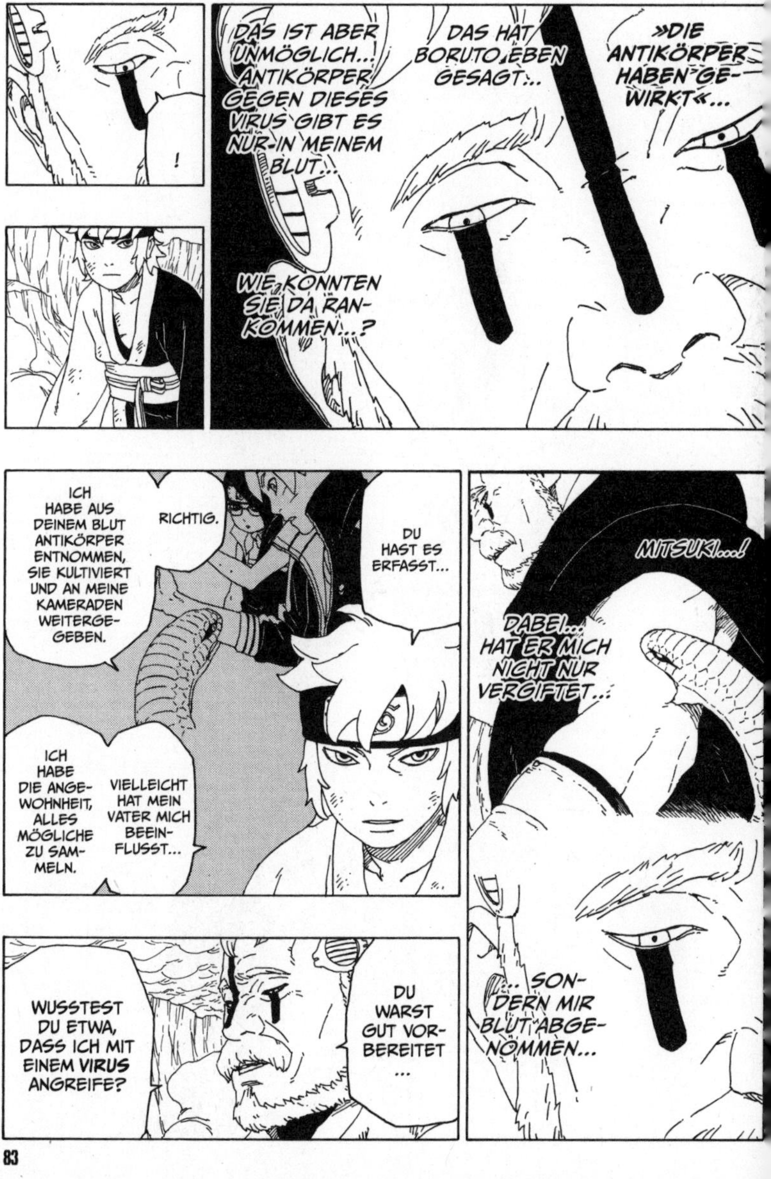
»DIE ANTIKÖRPER HABEN GE- WIRKT«...
DAS HAT BORUTO EBEN GESAGT...
DAS IST ABER UNMÖGLICH... ANTIKÖRPER GEGEN DIESES VIRUS GIBT ES NUR IN MEINEM BLUT...
WIE KONNTEN SIE DA RAN- KOMMEN...?
!
MITSUKI...!
DABEI... HAT ER MICH NICHT NUR VERGIFTET...
... SON- DERN MIR BLUT ABGE- NOMMEN...
DU HAST ES ERFASST...
RICHTIG.
ICH HABE AUS DEINEM BLUT ANTIKÖRPER ENTNOMMEN, SIE KULTIVIERT UND AN MEINE KAMERADEN WEITERGE- GEBEN.
VIELLEICHT HAT MEIN VATER MICH BEEIN- FLUSST...
ICH HABE DIE ANGE- WOHNHEIT, ALLES MÖGLICHE ZU SAM- MELN.
DU WARST GUT VOR- BEREITET ...
WUSSTEST DU ETWA, DASS ICH MIT EINEM VIRUS ANGREIFE?

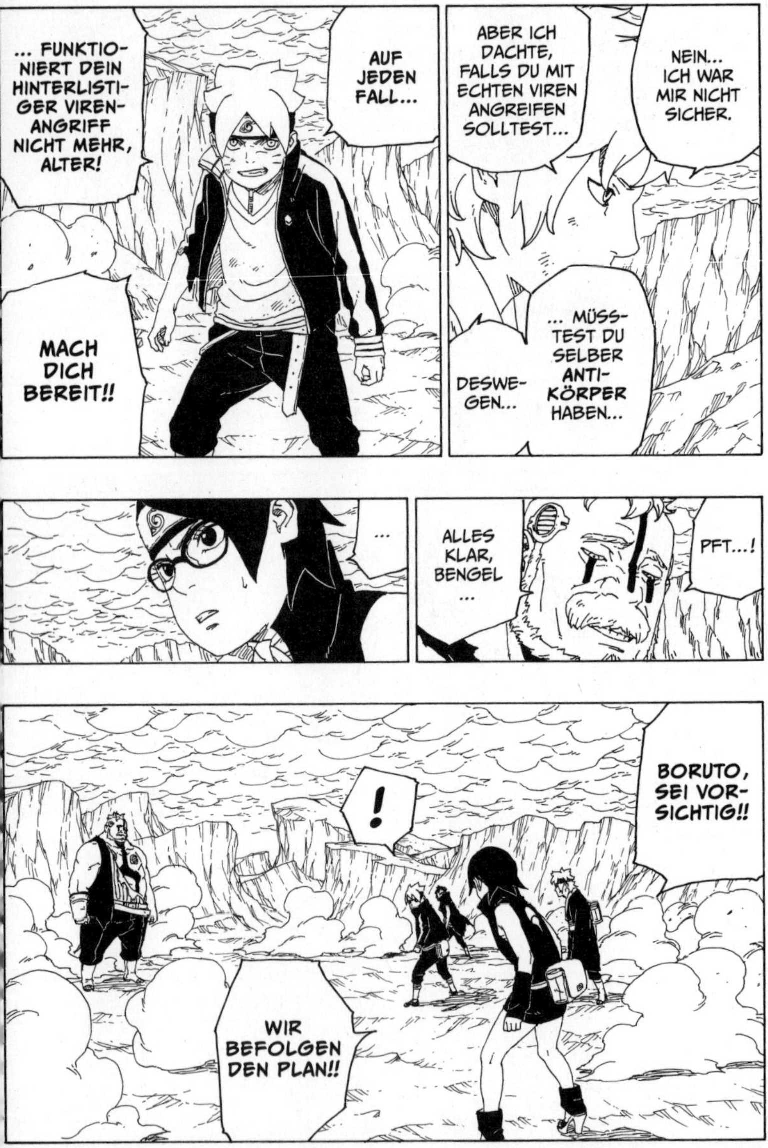
NEIN... ICH WAR MIR NICHT SICHER.
ABER ICH DACHTE, FALLS DU MIT ECHTEN VIREN ANGREIFEN SOLLTEST...
DESWE-GEN...
... MÜSS-TEST DU SELBER ANTI-KÖRPER HABEN...
AUF JEDEN FALL...
... FUNKTIO-NIERT DEIN HINTERLISTI-GER VIREN-ANGRIFF NICHT MEHR, ALTER!
MACH DICH BEREIT!!
PFT...!
ALLES KLAR, BENGEL ...
...
BORUTO, SEI VOR-SICHTIG!!
!
WIR BEFOLGEN DEN PLAN!!

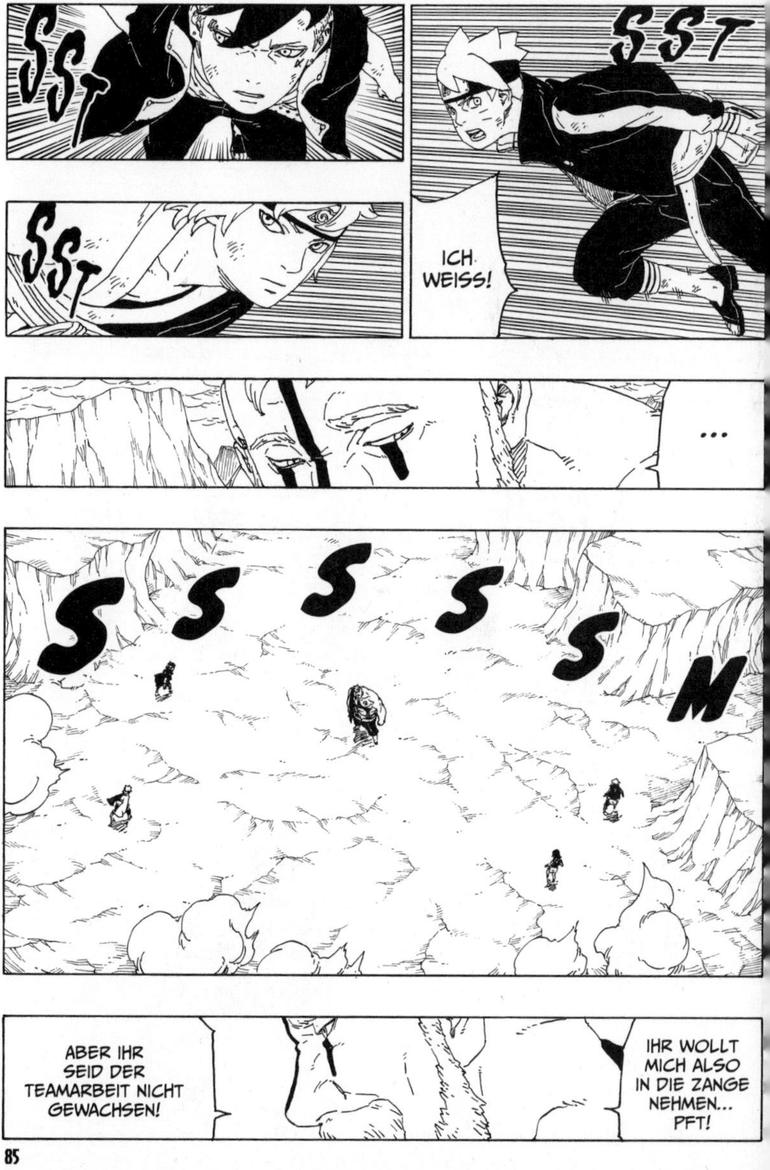
SST
SST
ICH WEISS!
SST
...
SSSSSM
IHR WOLLT MICH ALSO IN DIE ZANGE NEHMEN... PFT!
ABER IHR SEID DER TEAMARBEIT NICHT GEWACHSEN!

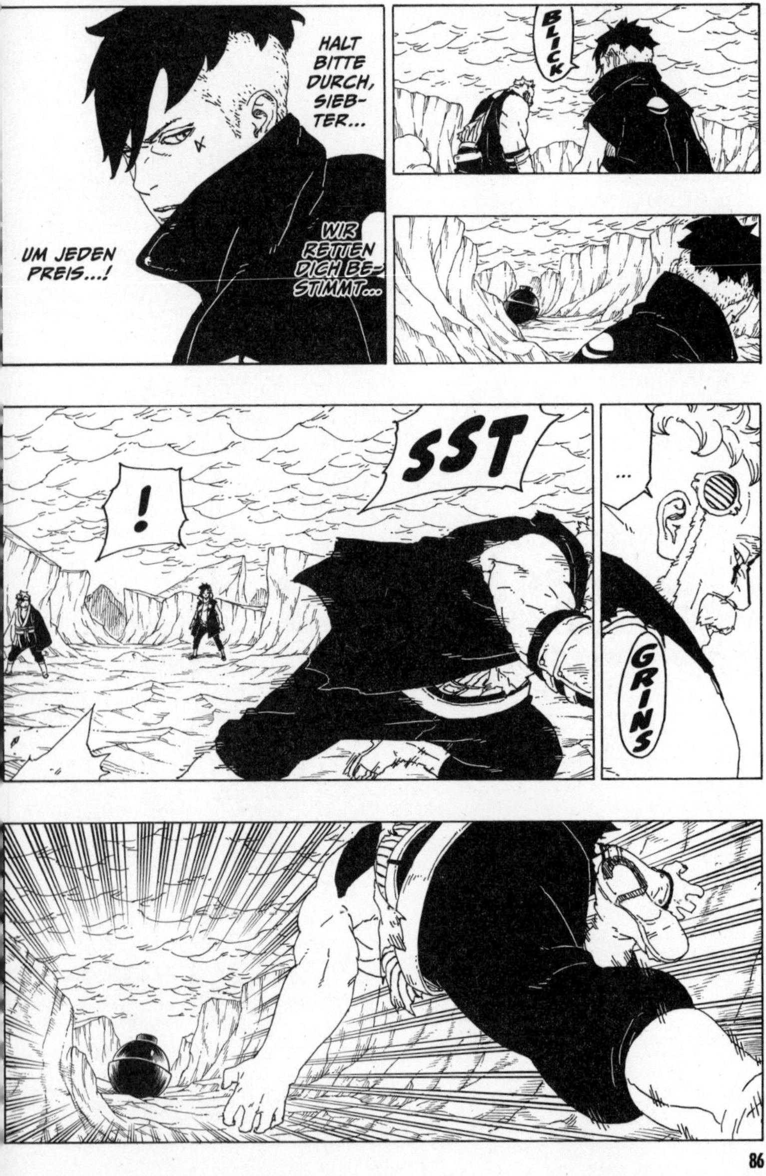
BLICK
HALT BITTE DURCH, SIEB-TER...
WIR RETTEN DICH BE-STIMMT...
UM JEDEN PREIS...!
...
GRINS
SST
!

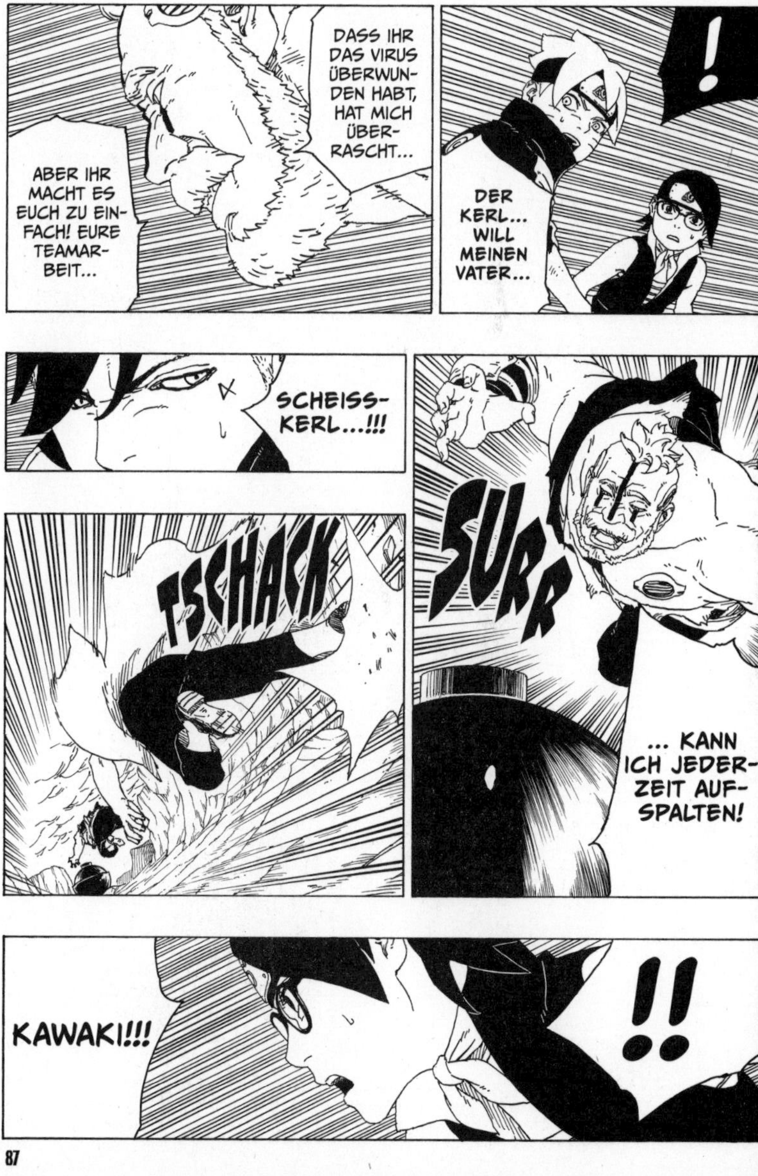
!
DER KERL... WILL MEINEN VATER...
DASS IHR DAS VIRUS ÜBERWUNDEN HABT, HAT MICH ÜBERRASCHT...
ABER IHR MACHT ES EUCH ZU EINFACH! EURE TEAMARBEIT...
SURR
... KANN ICH JEDERZEIT AUFSPALTEN!
SCHEISSKERL...!!!
TSCHACK
!!
KAWAKI!!!

42: REGENERATION

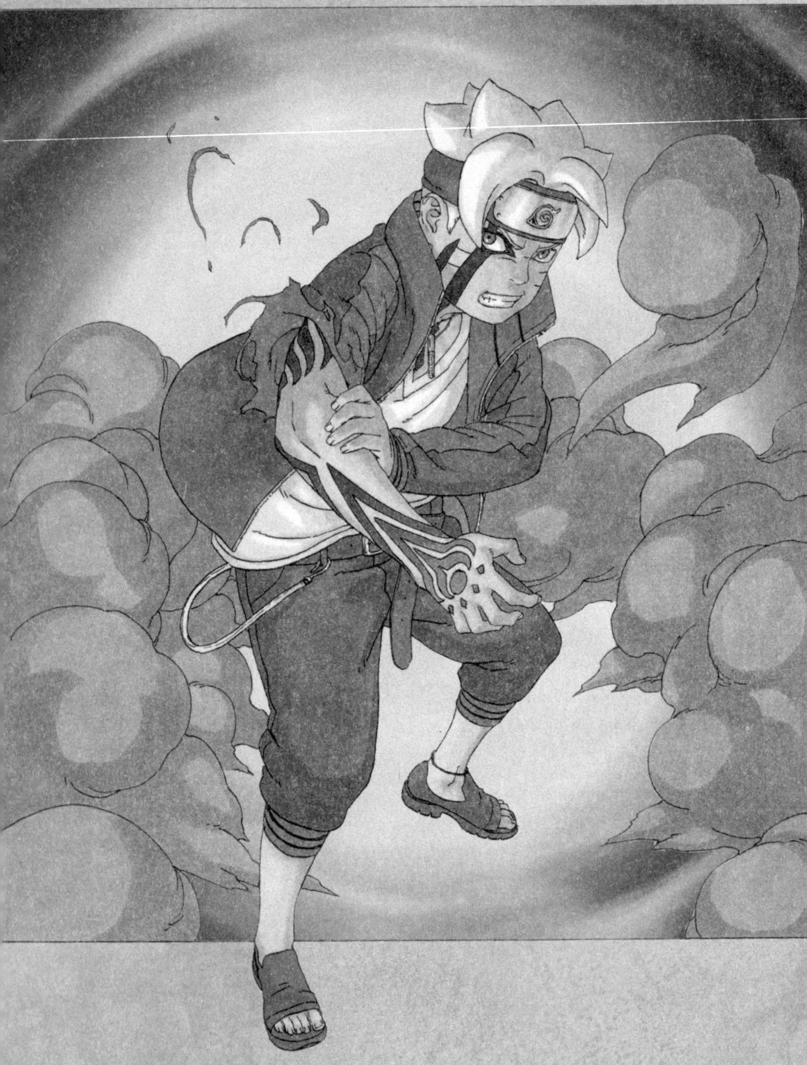

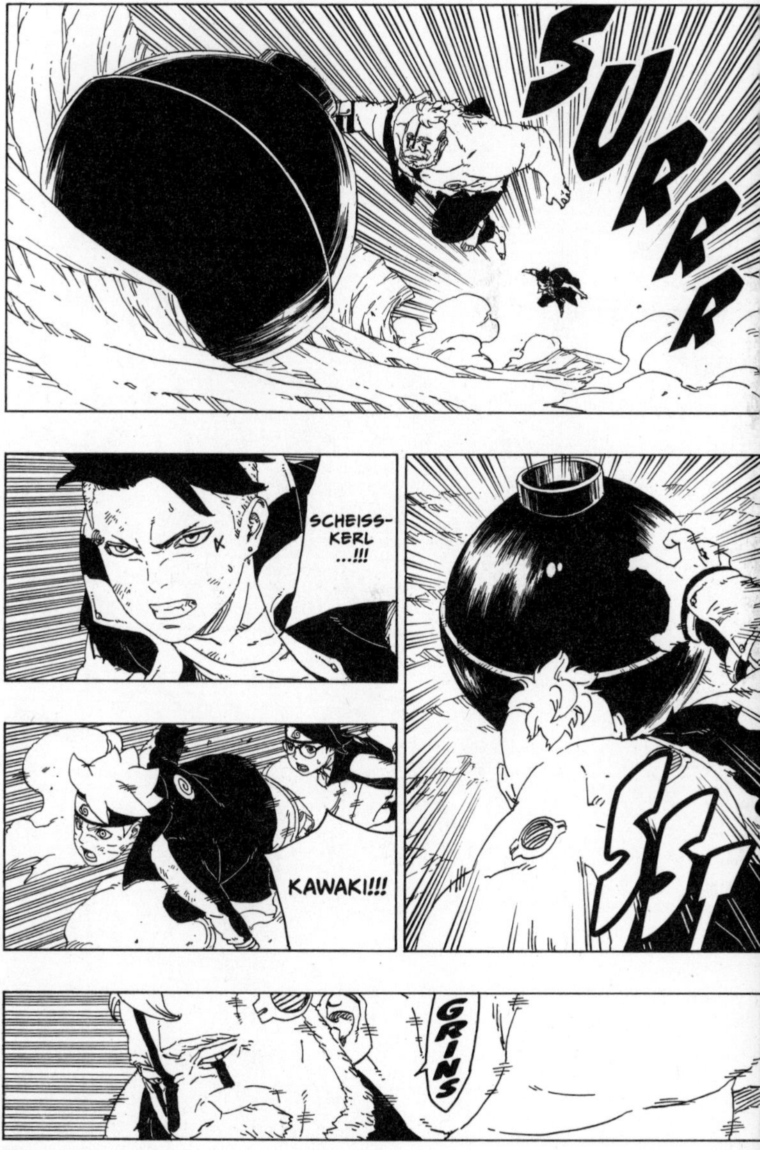
SURRR
SSST
SCHEISS-
KERL
...!!!
KAWAKI!!!
GRINS

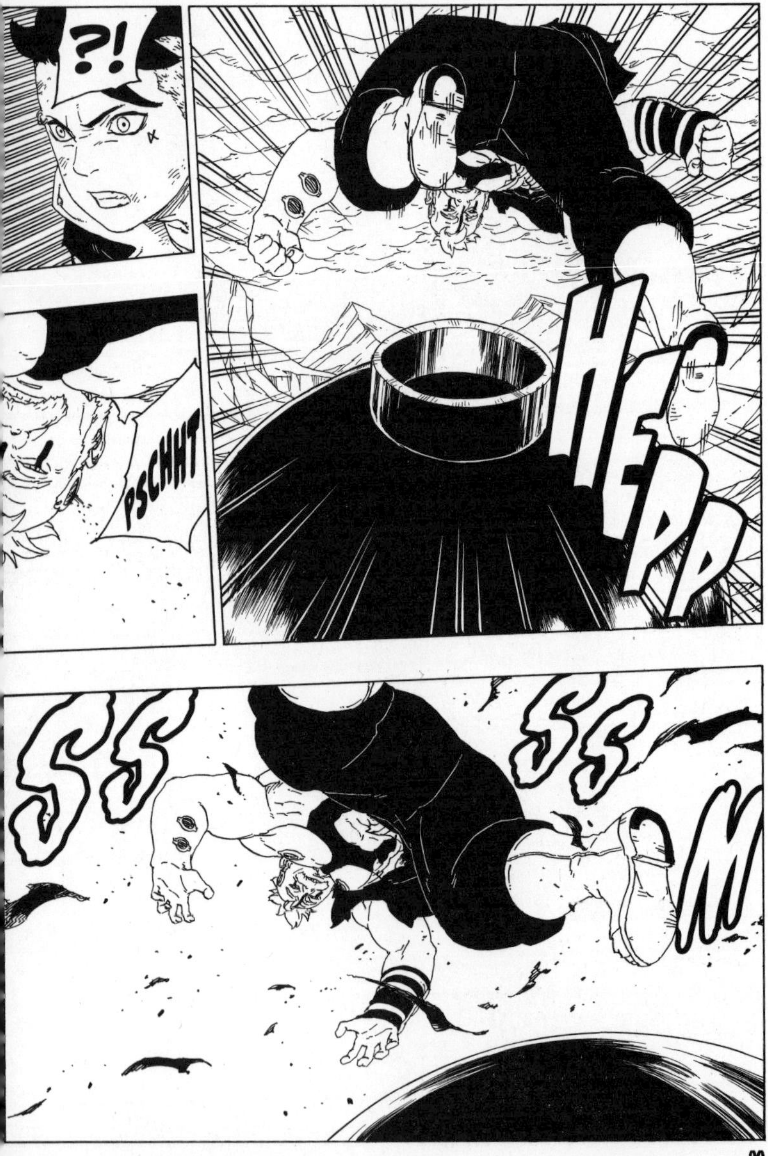
HEPP
?!
PSCHHT
SSM
SS

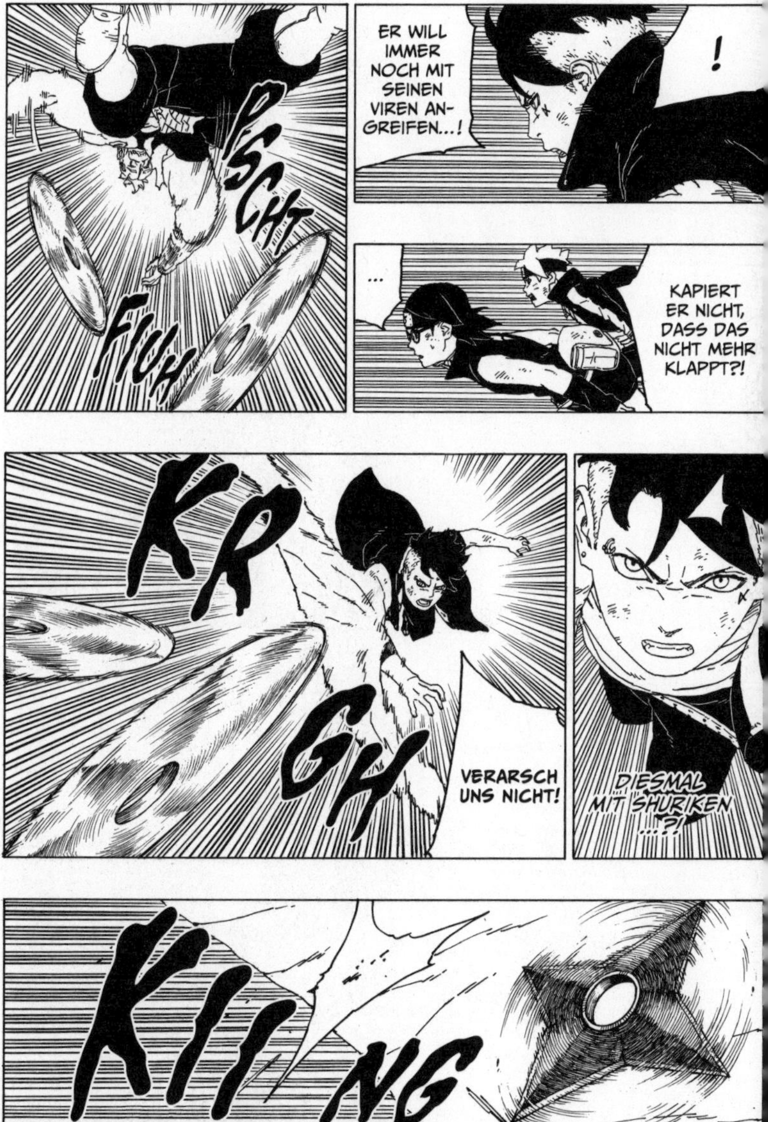
!
ER WILL IMMER NOCH MIT SEINEN VIREN ANGREIFEN...!
KAPIERT ER NICHT, DASS DAS NICHT MEHR KLAPPT?!
...
PISCHT
FIUH
DIESMAL MIT SHURIKEN ...?!
VERARSCH UNS NICHT!
KRGH
KIIING

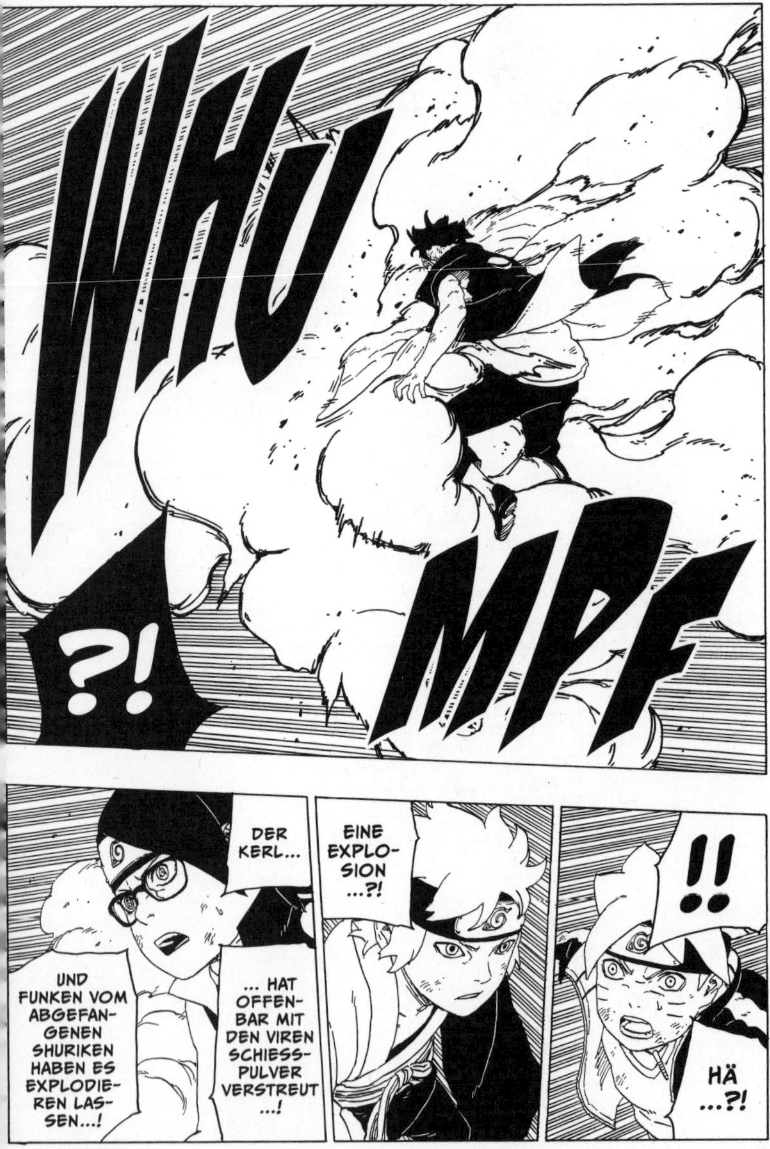
WHUMPF
?!
!!
HÄ ...?!
EINE EXPLOSION ...?!
DER KERL...
... HAT OFFENBAR MIT DEN VIREN SCHIESSPULVER VERSTREUT ...!
UND FUNKEN VOM ABGEFANGENEN SHURIKEN HABEN ES EXPLODIEREN LASSEN...!

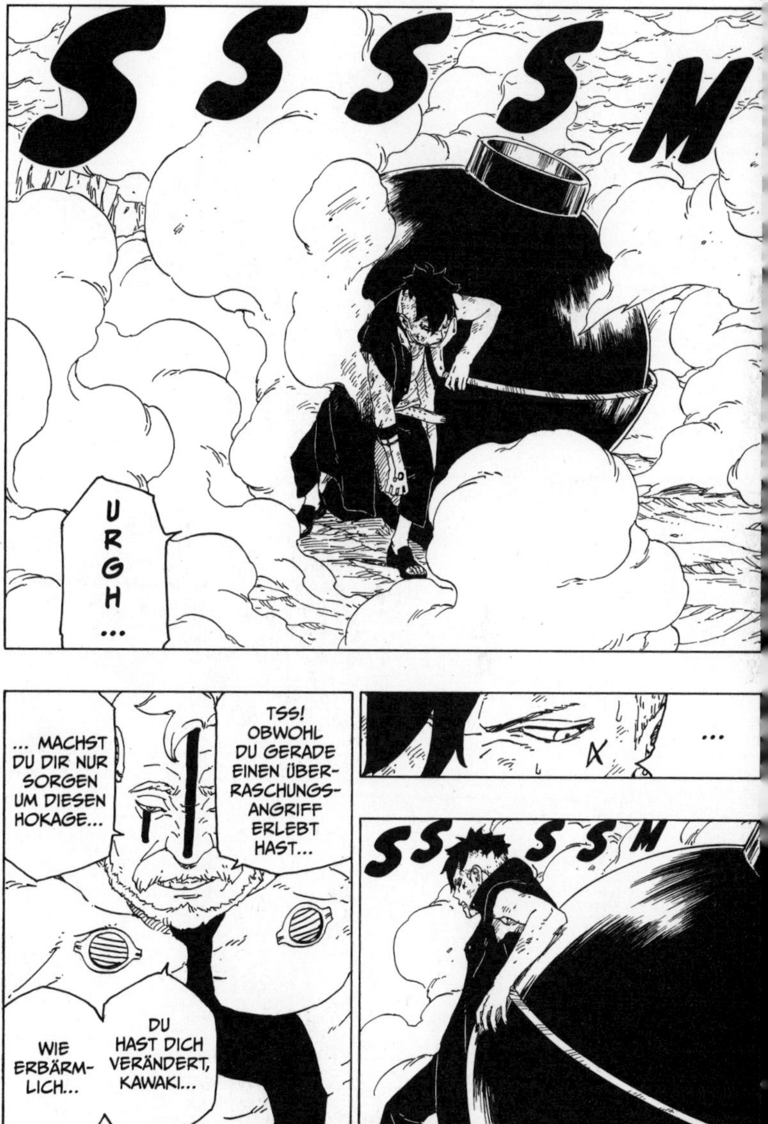
SSSSM
URGH...
...
SSSSM
TSS! OBWOHL DU GERADE EINEN ÜBERRASCHUNGS-ANGRIFF ERLEBT HAST...
... MACHST DU DIR NUR SORGEN UM DIESEN HOKAGE...
DU HAST DICH VERÄNDERT, KAWAKI...
WIE ERBÄRMLICH...

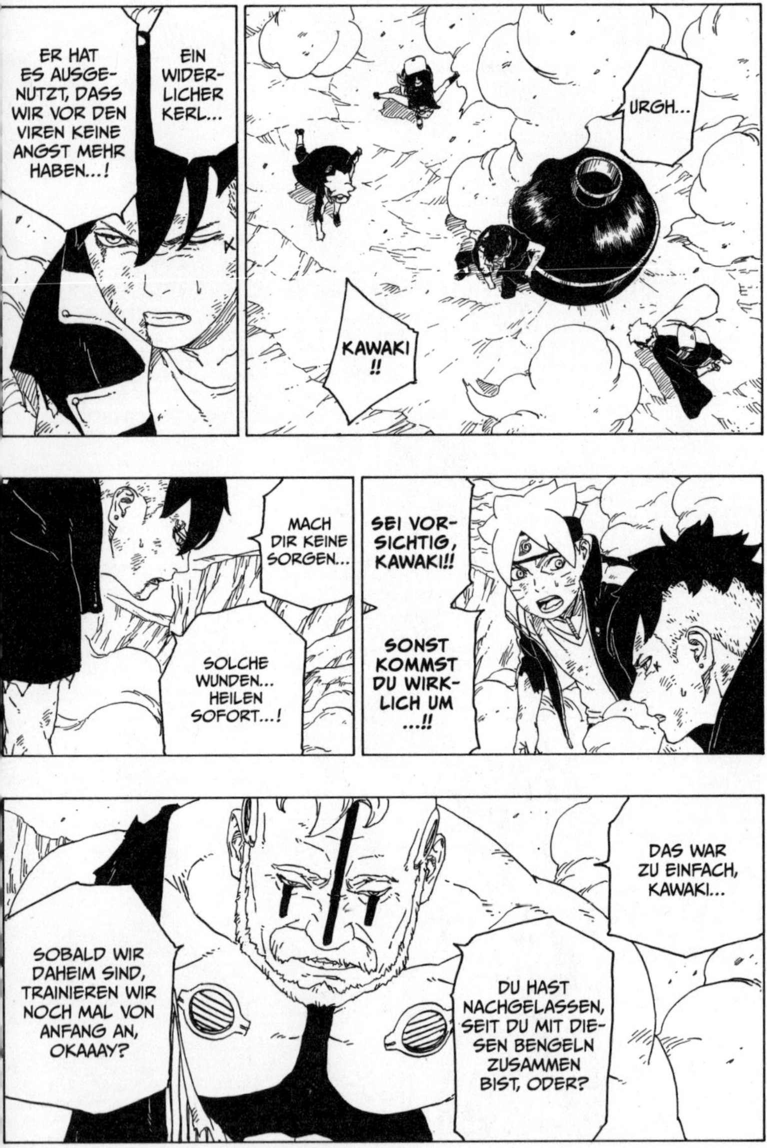
URGH...
KAWAKI !!
EIN WIDERLICHER KERL...
ER HAT ES AUSGENUTZT, DASS WIR VOR DEN VIREN KEINE ANGST MEHR HABEN...!
SEI VORSICHTIG, KAWAKI!!
SONST KOMMST DU WIRKLICH UM ...!!
MACH DIR KEINE SORGEN...
SOLCHE WUNDEN... HEILEN SOFORT...!
DAS WAR ZU EINFACH, KAWAKI...
DU HAST NACHGELASSEN, SEIT DU MIT DIESEN BENGELN ZUSAMMEN BIST, ODER?
SOBALD WIR DAHEIM SIND, TRAINIEREN WIR NOCH MAL VON ANFANG AN, OKAAAY?

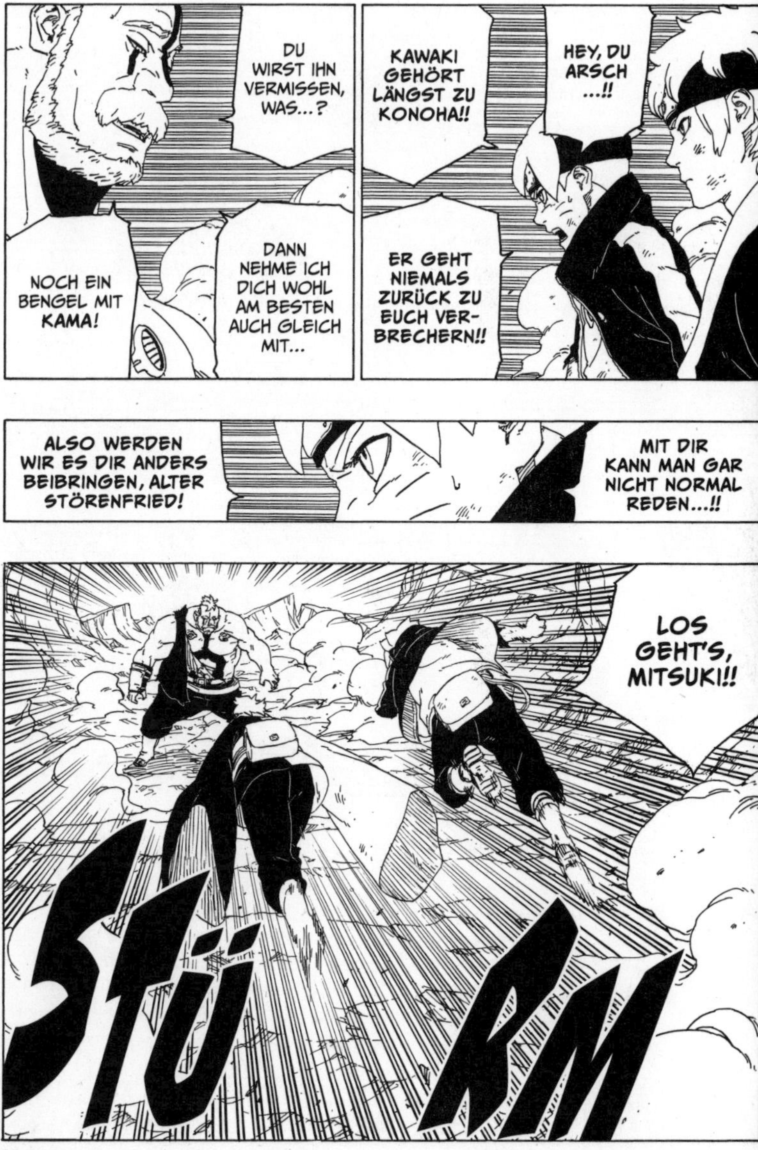
HEY, DU ARSCH ...!!
KAWAKI GEHÖRT LÄNGST ZU KONOHA!!
ER GEHT NIEMALS ZURÜCK ZU EUCH VERBRECHERN!!
DU WIRST IHN VERMISSEN, WAS...?
DANN NEHME ICH DICH WOHL AM BESTEN AUCH GLEICH MIT...
NOCH EIN BENGEL MIT KAMA!
MIT DIR KANN MAN GAR NICHT NORMAL REDEN...!!
ALSO WERDEN WIR ES DIR ANDERS BEIBRINGEN, ALTER STÖRENFRIED!
LOS GEHT'S, MITSUKI!!
STÜRM

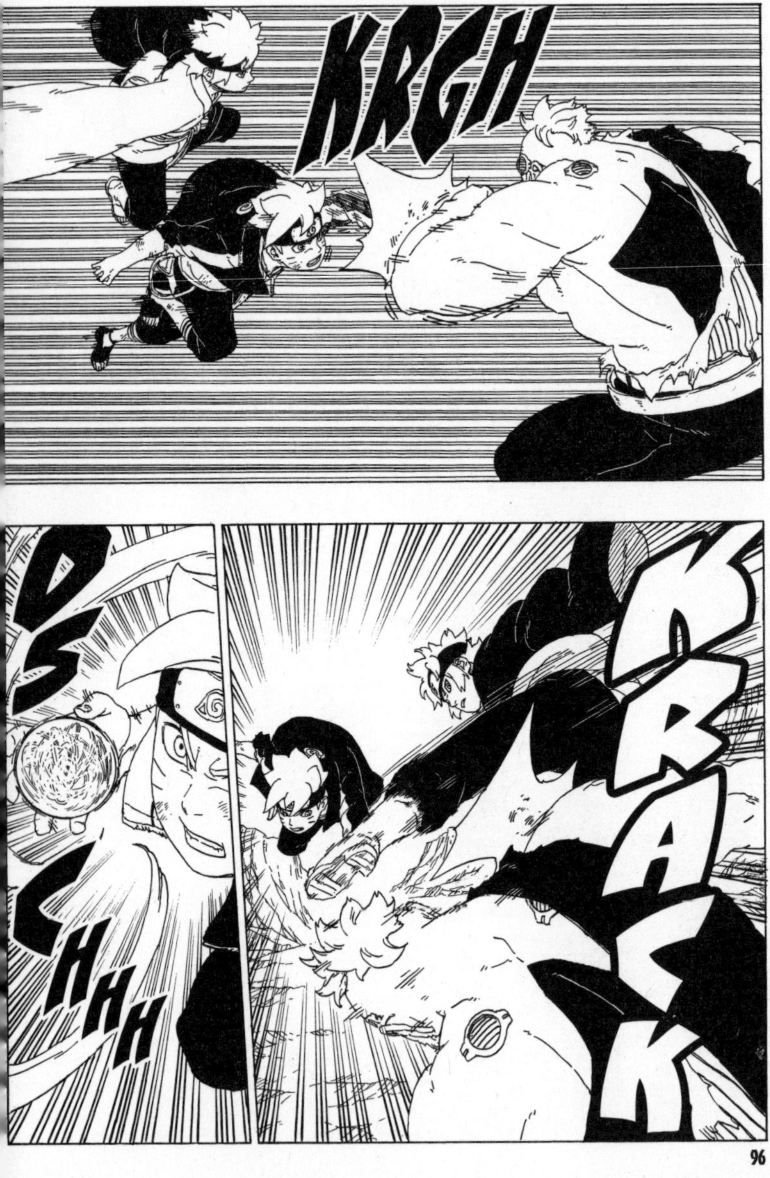
KRGH
KRAK
DSCHHH

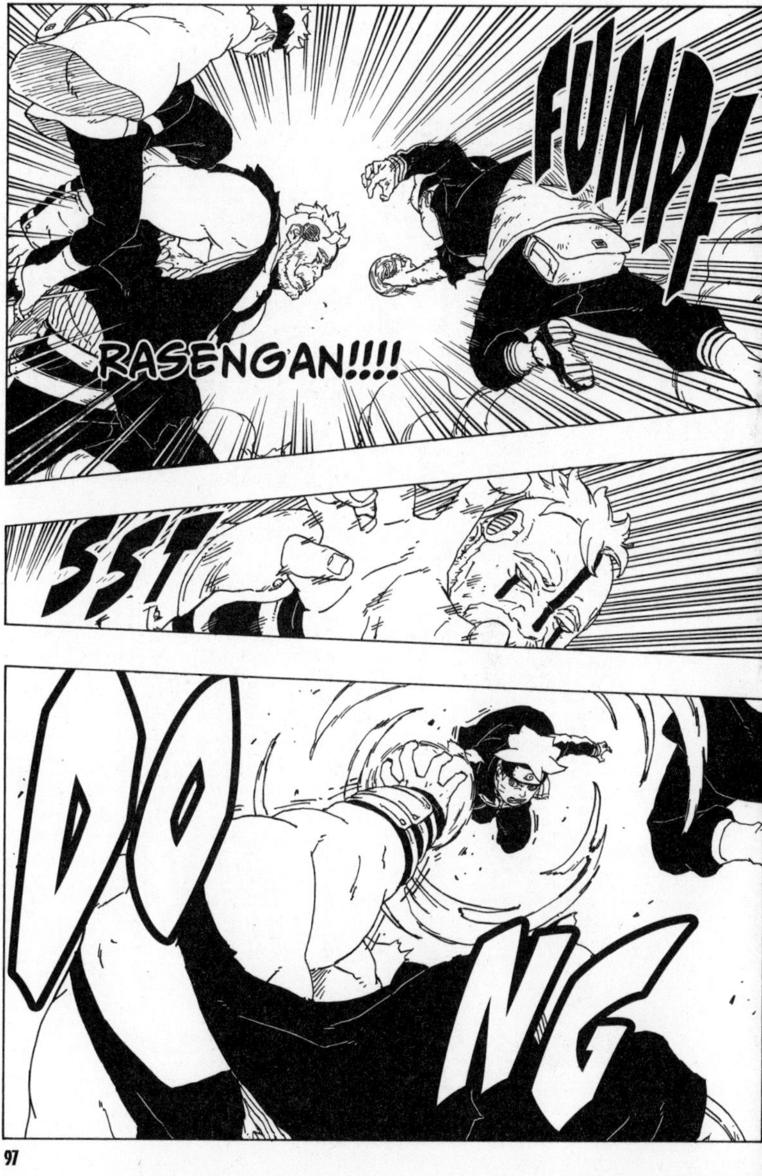
FUMPF
RASENGAN!!!!
SST
DONG

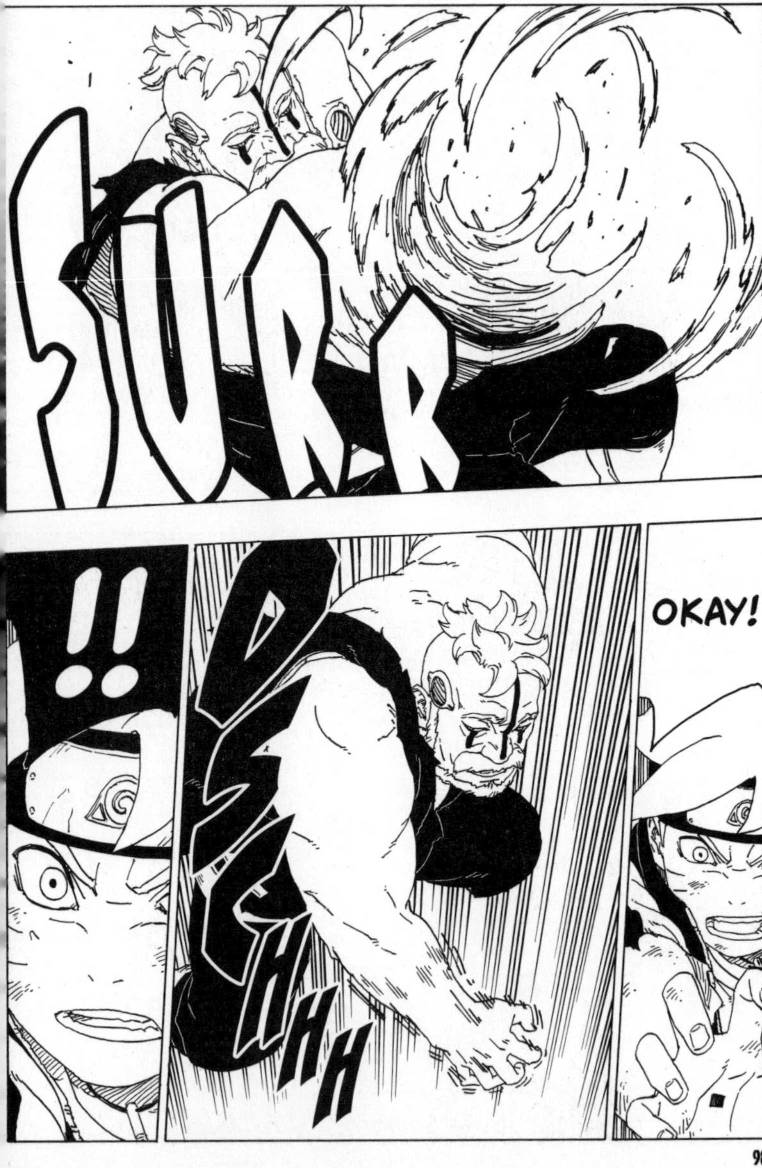
SWRR
OKAY!
DSSHHHH
!!

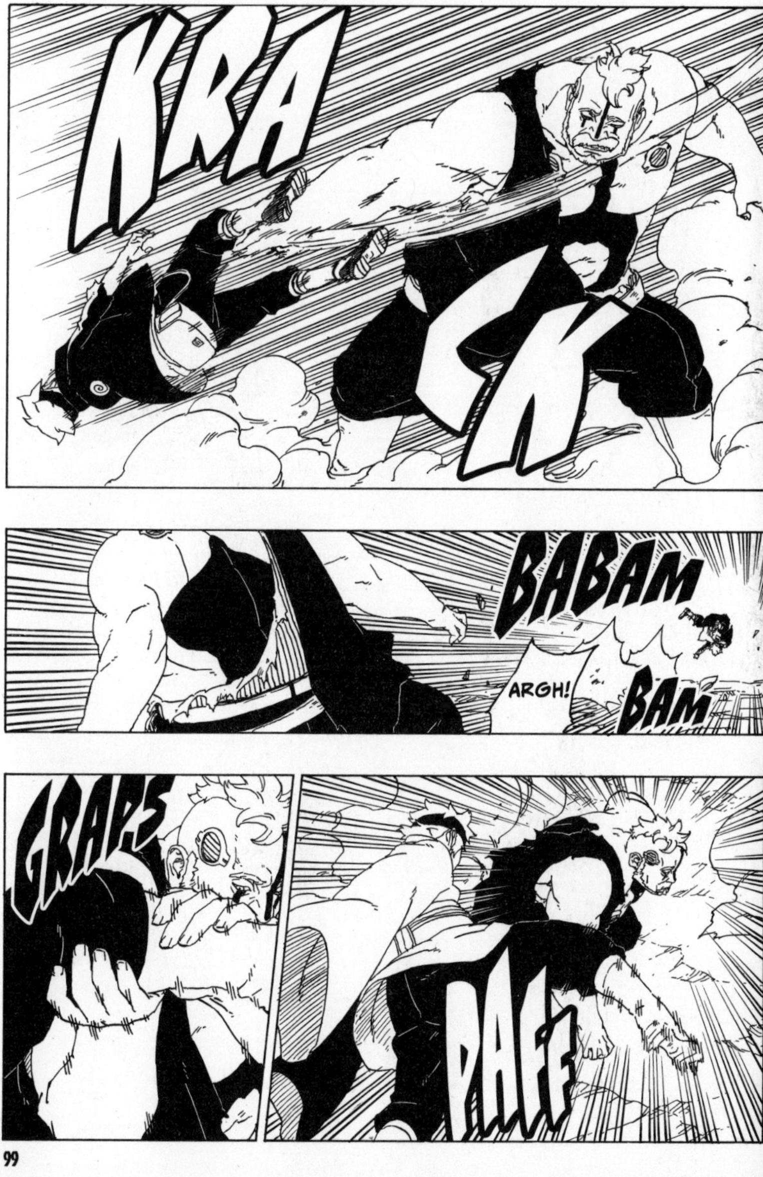
KRA
CK
BABAM
BAM
ARGH!
PAFF
GRAPS

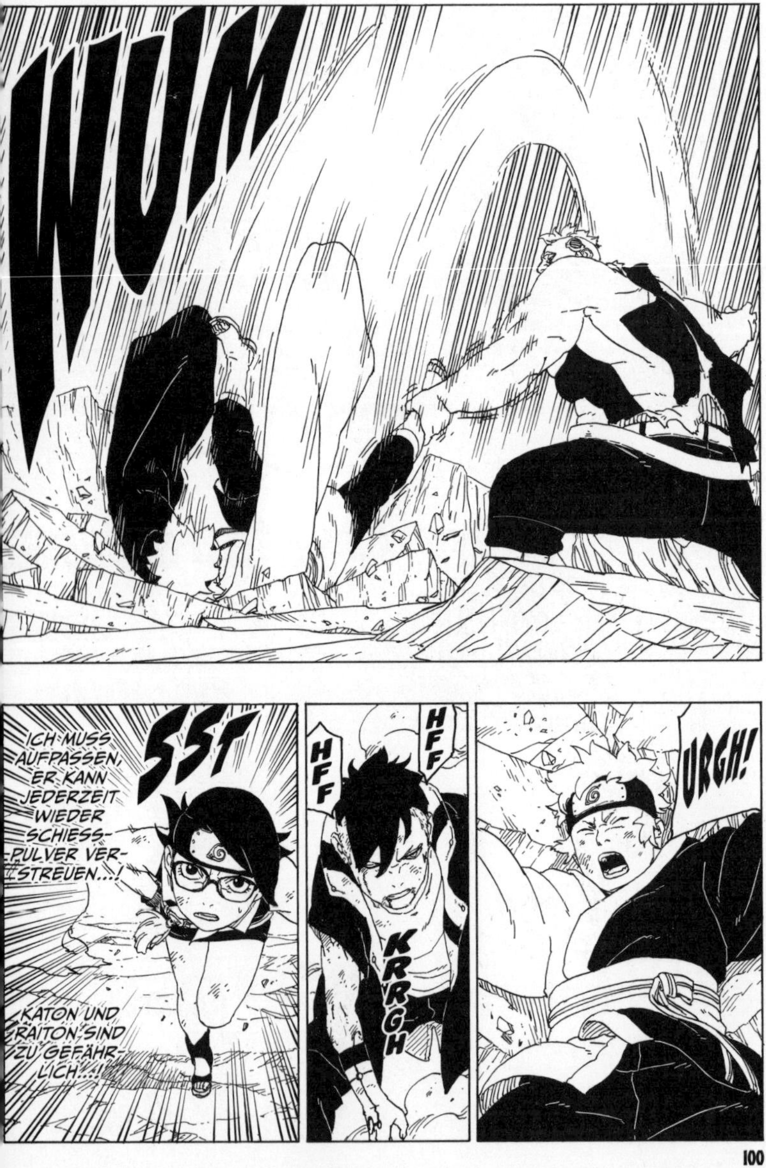
WUM
SST
ICH MUSS AUFPASSEN, ER KANN JEDERZEIT WIEDER SCHIESS-PULVER VER-STREUEN...!
KATON UND RAITON SIND ZU GEFÄHR-LICH...!
HFF
HFF
KRRGH
URGH!

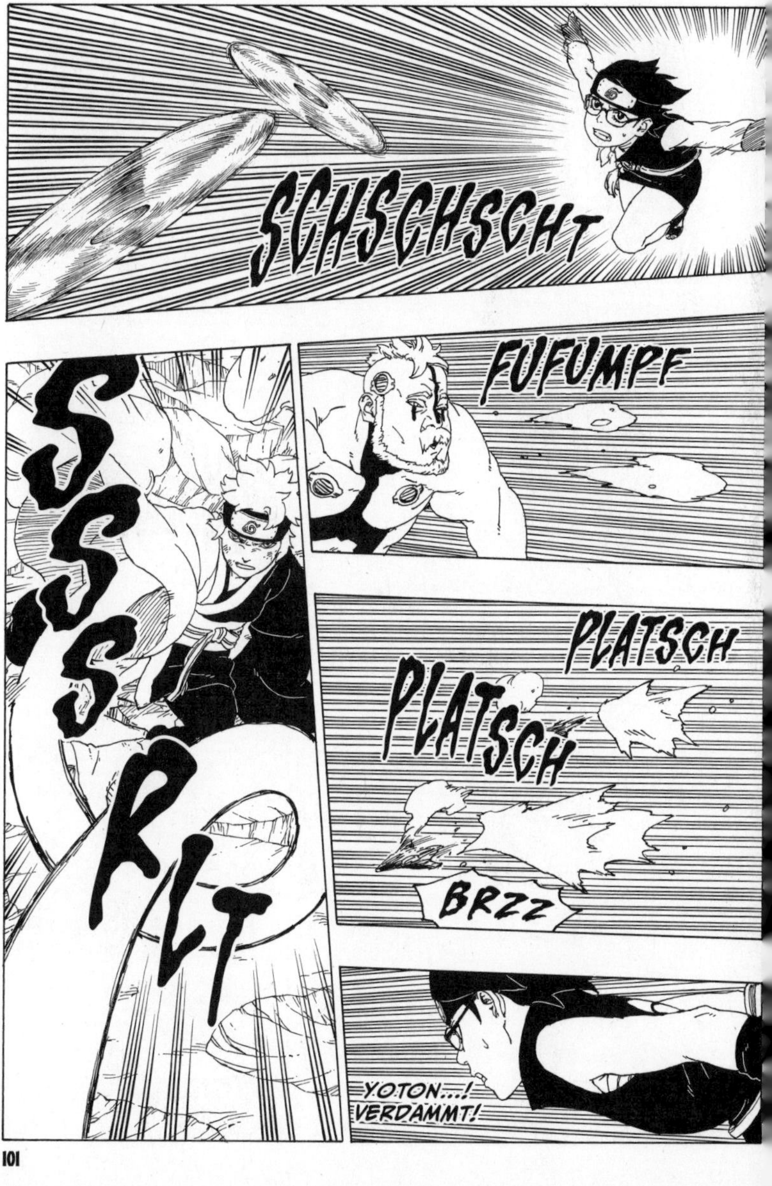
SCHSCHSCHT
FUFUMPF
PLATSCH
PLATSCH
BRZZ
SSSRLT
YOTON...!
VERDAMMT!

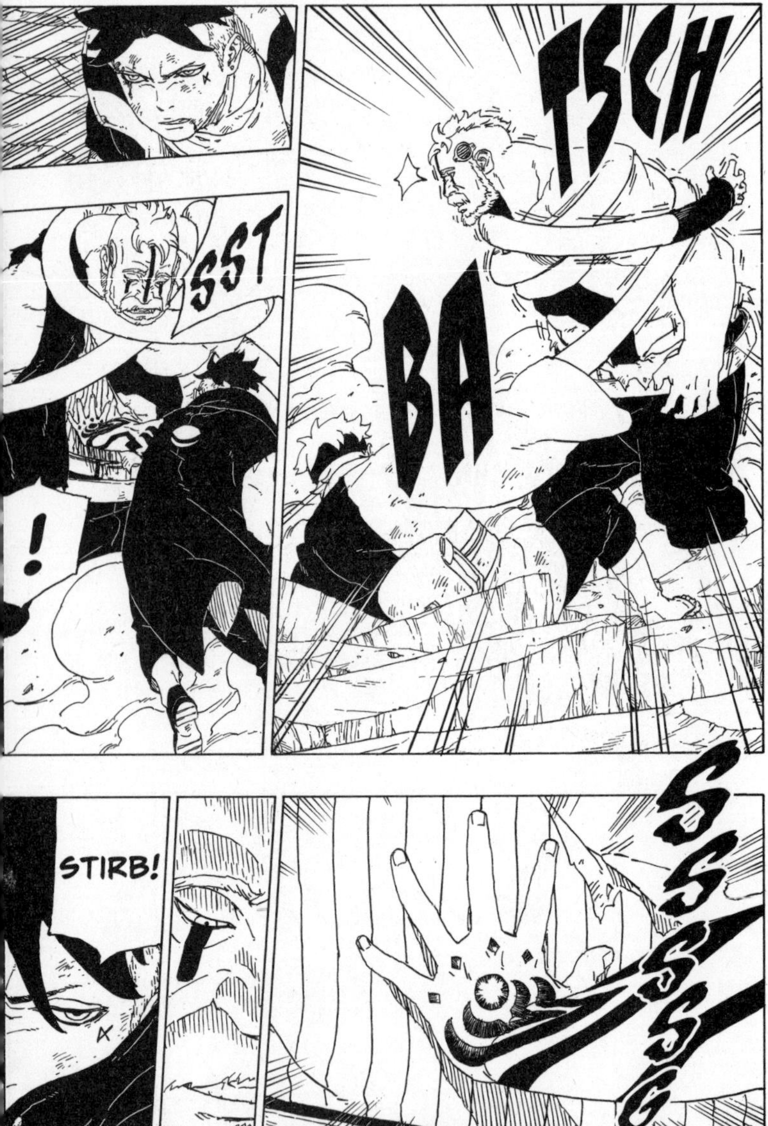
TSCH
BA
SST
!
SSSSG
STIRB!

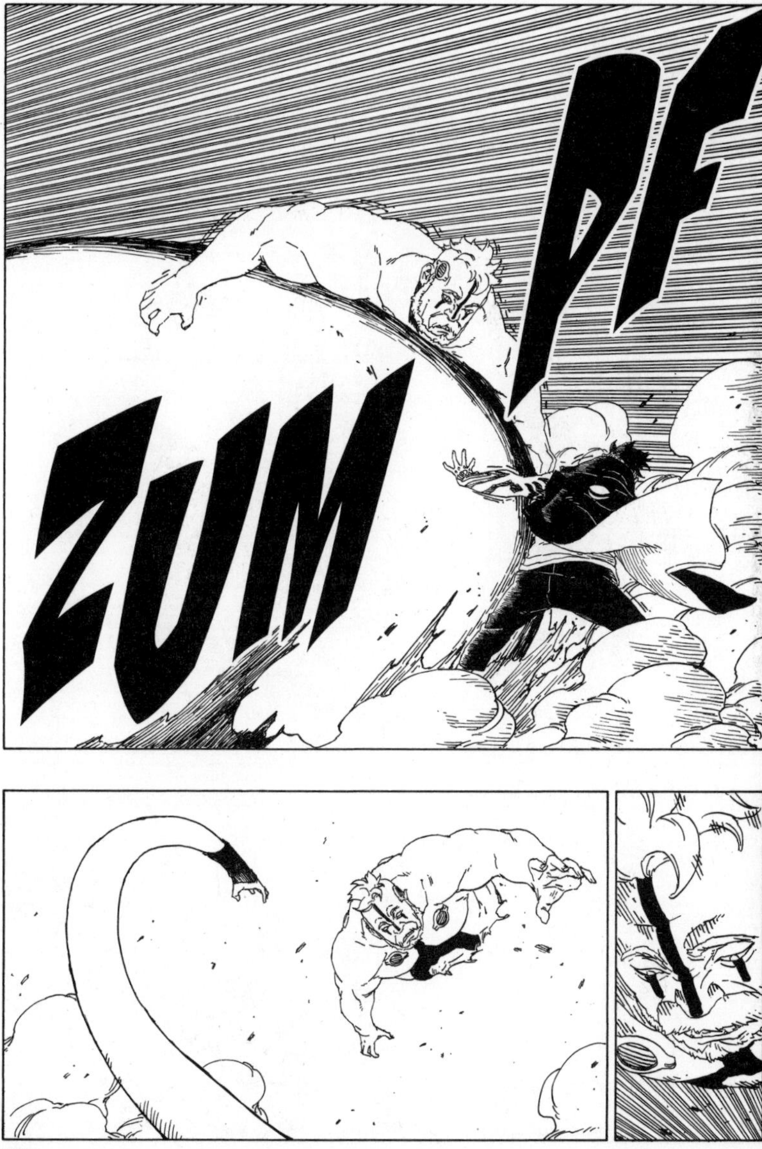
DF
ZUIM

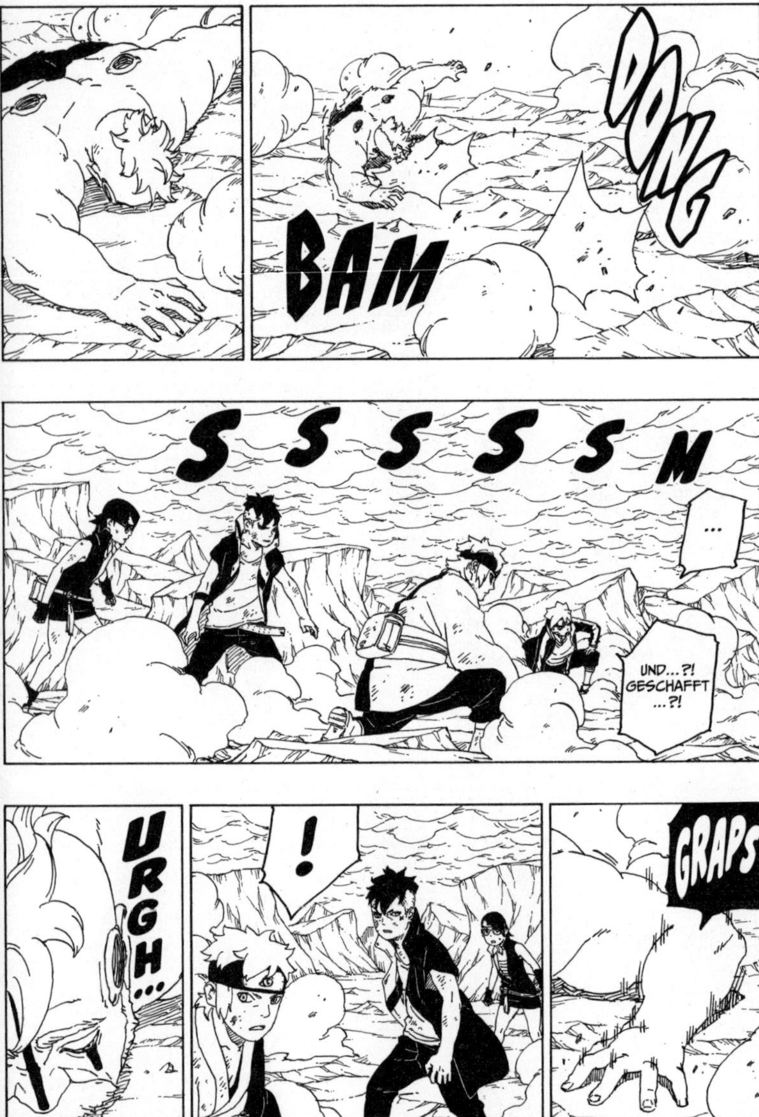
DONG
BAM
SSSSSM
...
UND...?! GESCHAFFT ...?!
GRAPS
!
URGH...

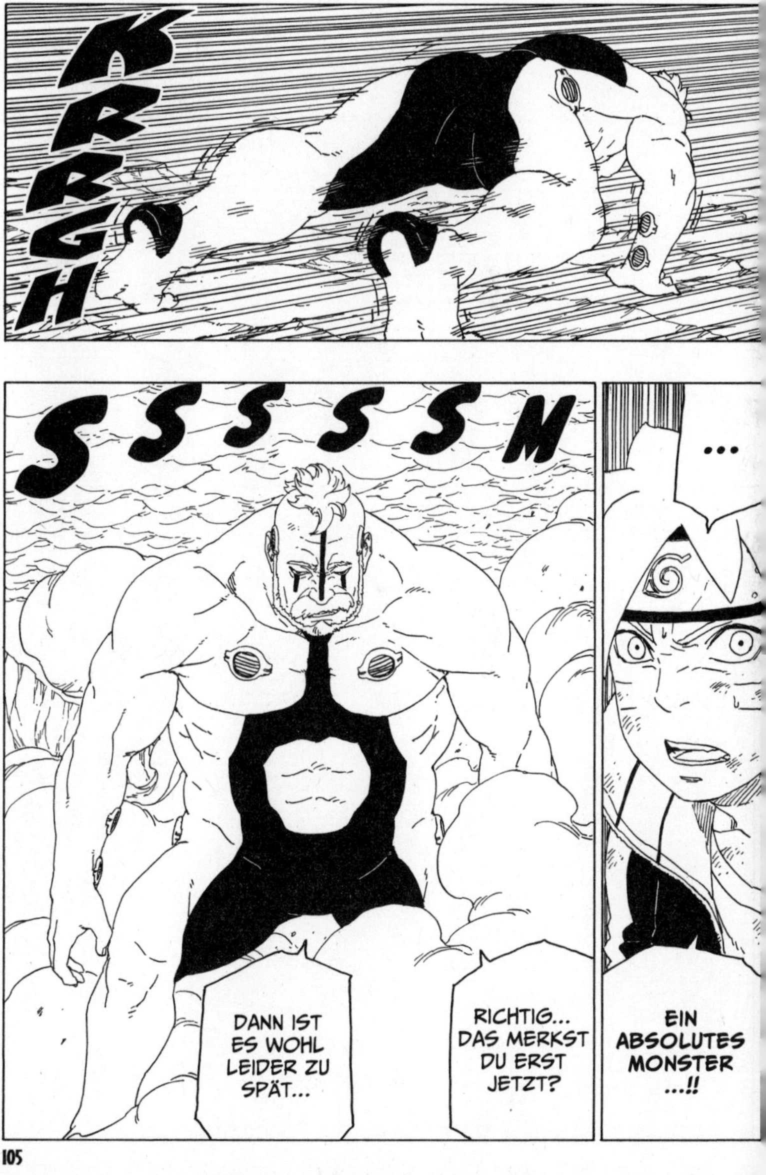
KRRGH
...
EIN ABSOLUTES MONSTER ...!!
SSSSSM
RICHTIG... DAS MERKST DU ERST JETZT?
DANN IST ES WOHL LEIDER ZU SPÄT...

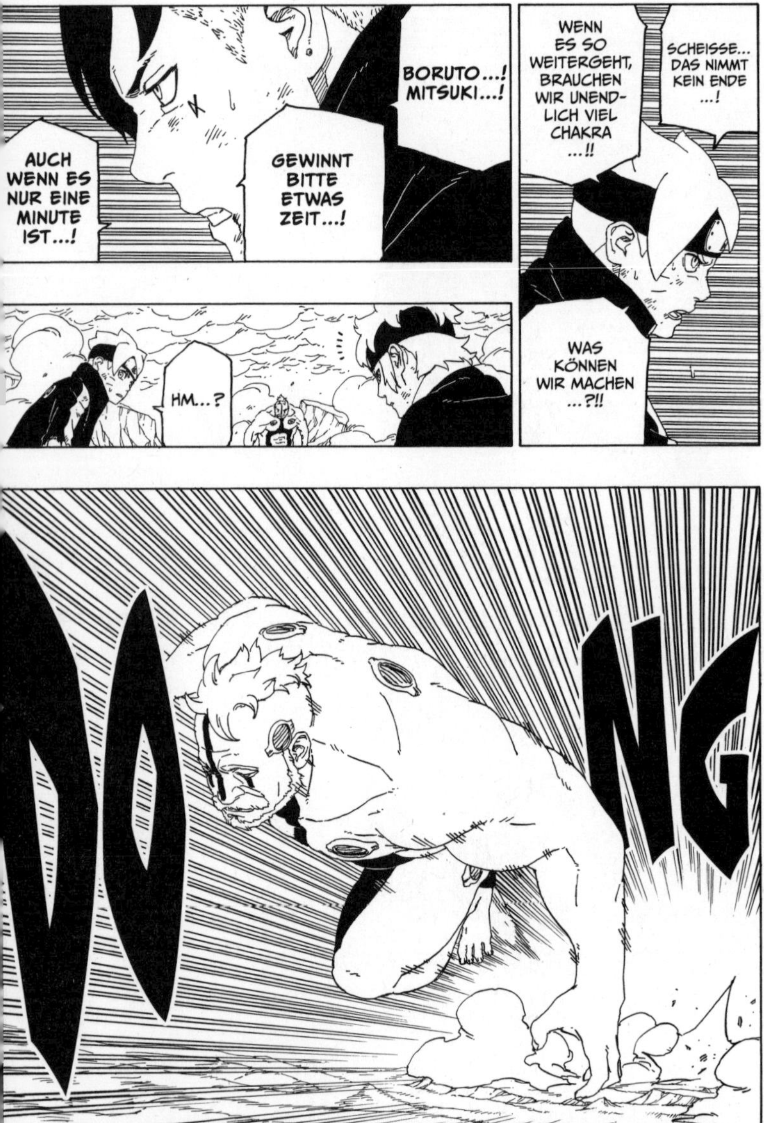

SCHEISSE... DAS NIMMT KEIN ENDE ...!
WENN ES SO WEITERGEHT, BRAUCHEN WIR UNENDLICH VIEL CHAKRA ...!!
WAS KÖNNEN WIR MACHEN ...?!!
BORUTO...! MITSUKI...!
GEWINNT BITTE ETWAS ZEIT...!
AUCH WENN ES NUR EINE MINUTE IST...!
HM...?
DOONG

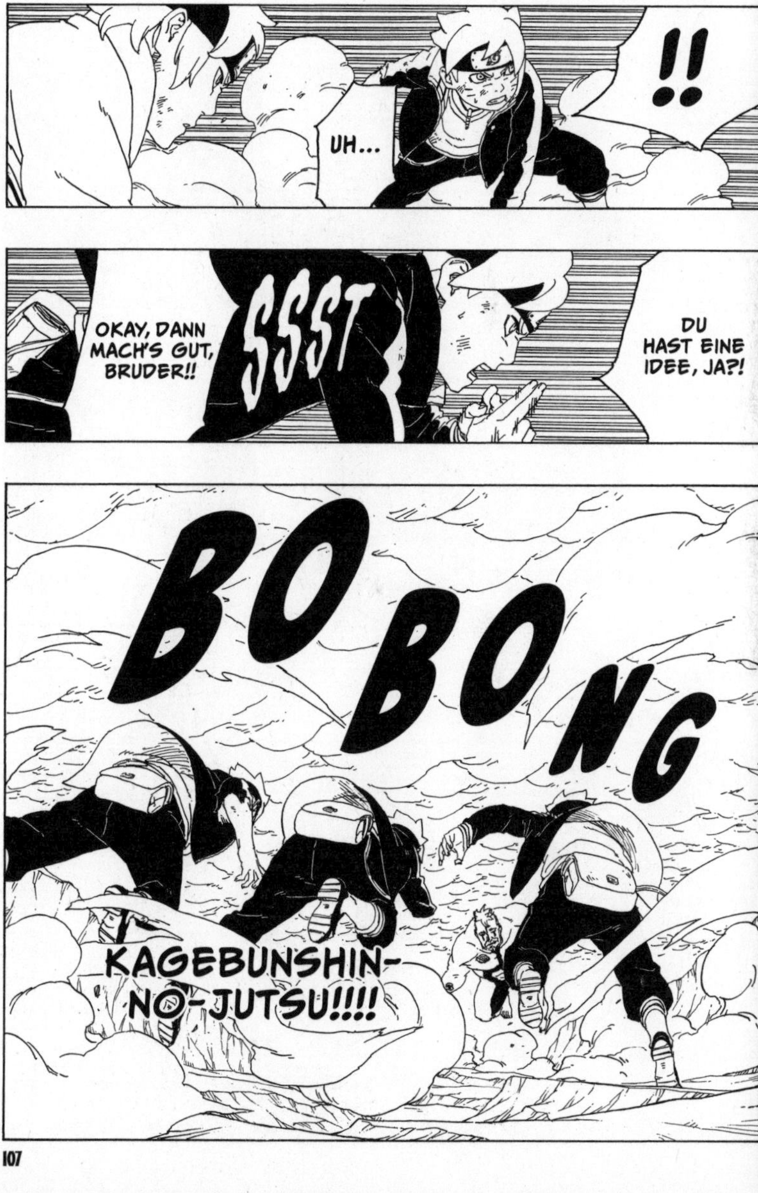
!!
UH...
DU HAST EINE IDEE, JA?!
SSST
OKAY, DANN MACH'S GUT, BRUDER!!
BOBONG
KAGEBUNSHIN-NO-JUTSU!!!!

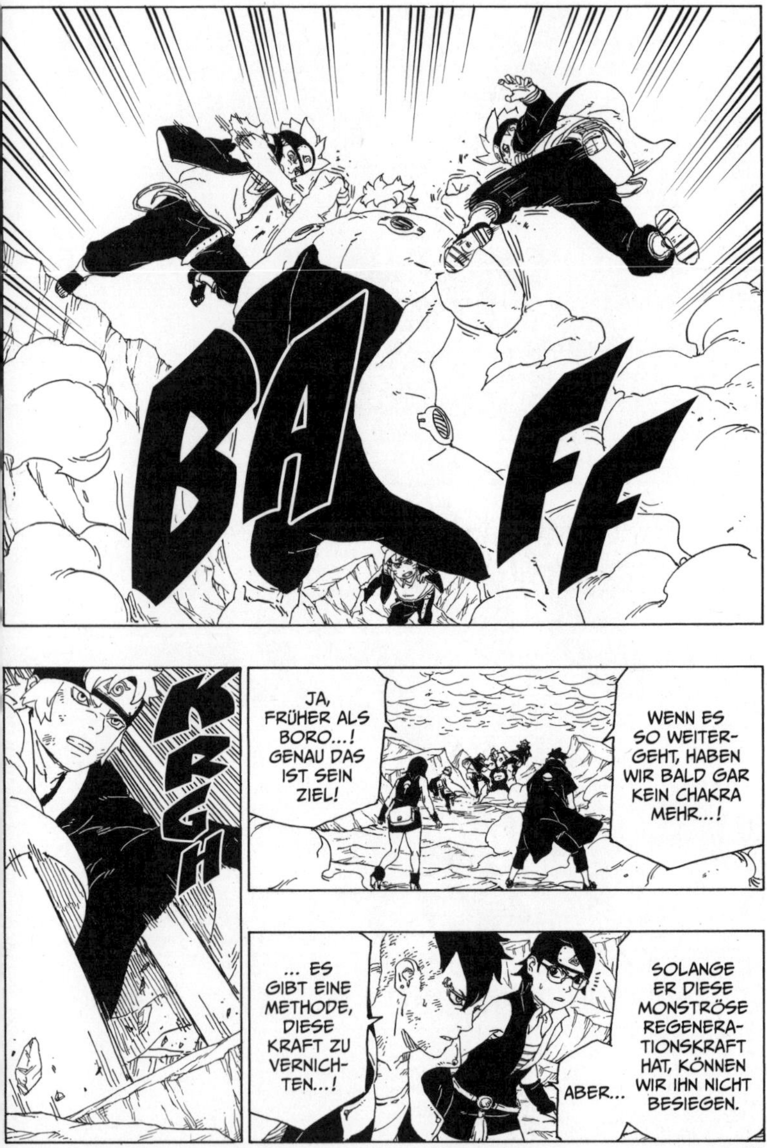
BAFF
WENN ES SO WEITER-GEHT, HABEN WIR BALD GAR KEIN CHAKRA MEHR...!
JA, FRÜHER ALS BORO...! GENAU DAS IST SEIN ZIEL!
SOLANGE ER DIESE MONSTRÖSE REGENERA-TIONSKRAFT HAT, KÖNNEN WIR IHN NICHT BESIEGEN.
ABER...
... ES GIBT EINE METHODE, DIESE KRAFT ZU VERNICH-TEN...!
KRGH

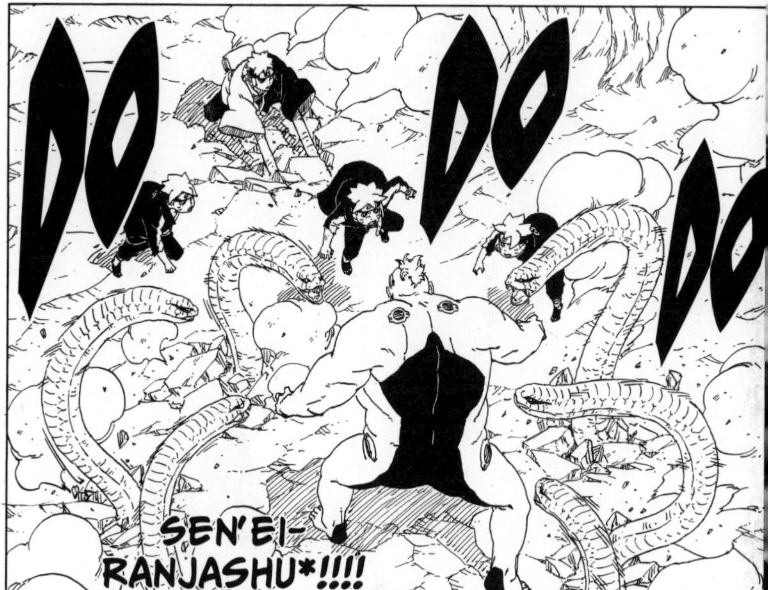

* VARIANTE VON OROCHIMARUS KUNST SEN'EI-JUSHU (SEN = VERSTECKEN, EI = SCHATTEN, RAN = DURCHEINANDER, JA = SCHLANGE, SHU = HAND)

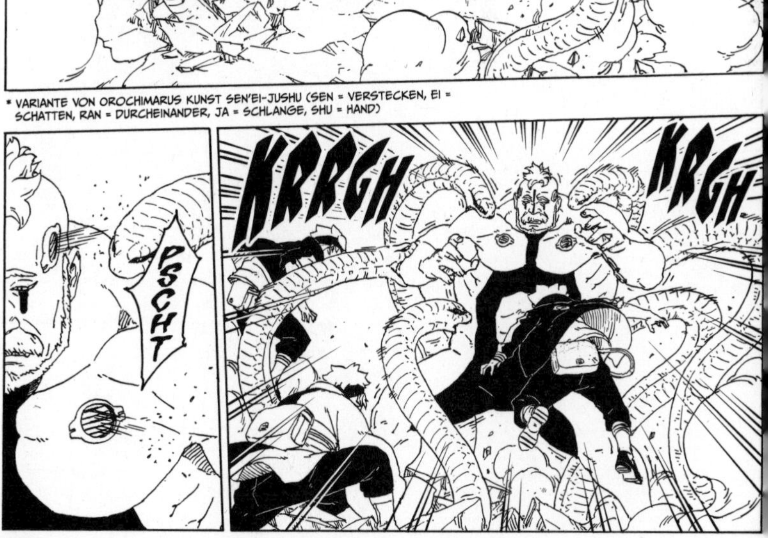

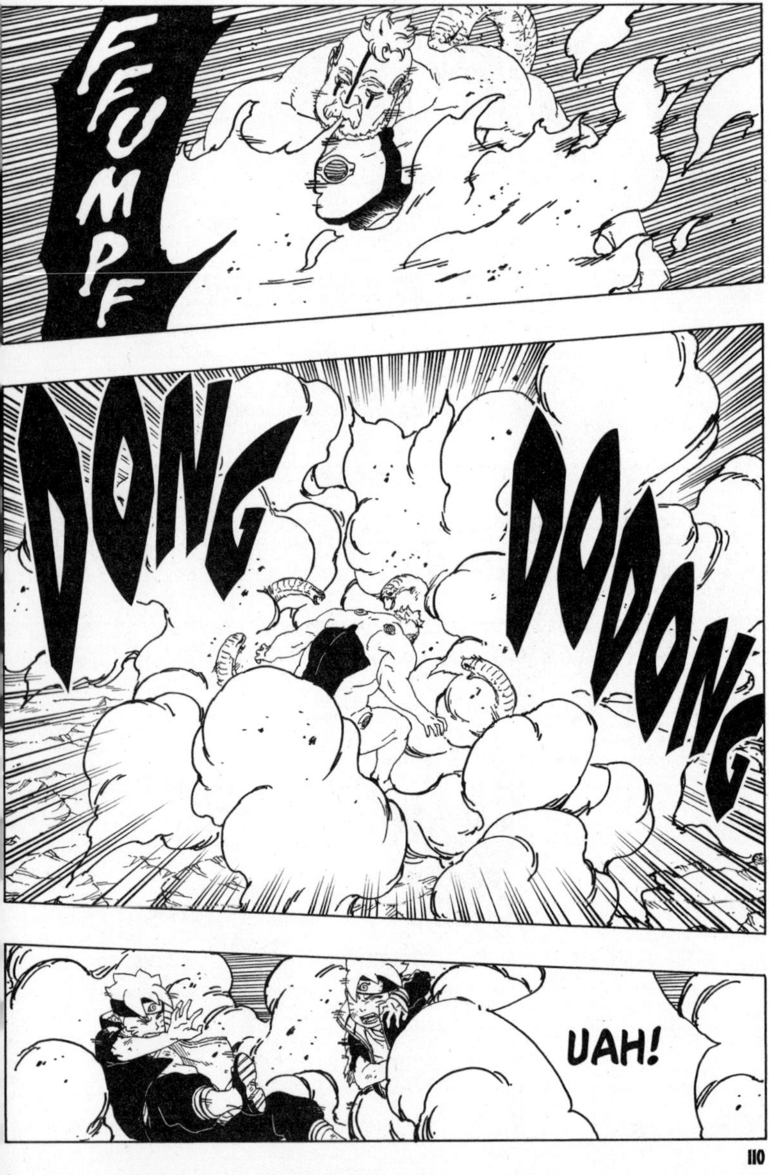
FFUMPF
DONG
DODONG
UAH!

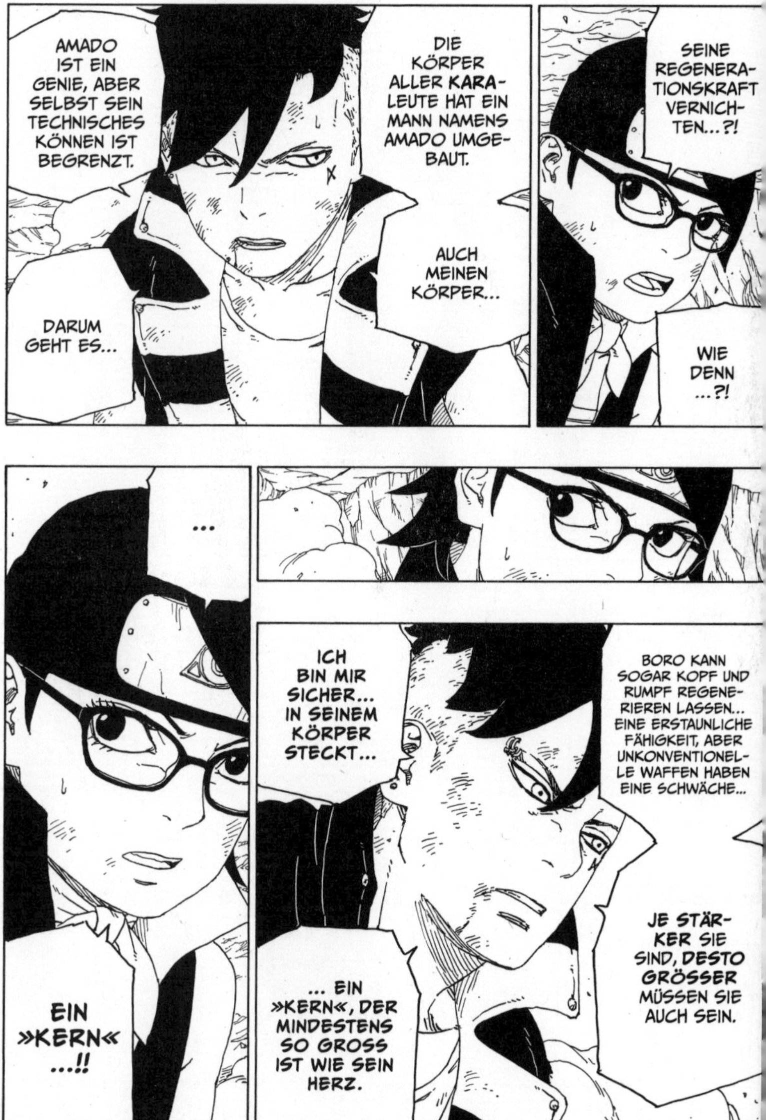
SEINE REGENERATIONSKRAFT VERNICHTEN...?!
WIE DENN ...?!
DIE KÖRPER ALLER KARA-LEUTE HAT EIN MANN NAMENS AMADO UMGEBAUT.
AUCH MEINEN KÖRPER...
AMADO IST EIN GENIE, ABER SELBST SEIN TECHNISCHES KÖNNEN IST BEGRENZT.
DARUM GEHT ES...
BORO KANN SOGAR KOPF UND RUMPF REGENERIEREN LASSEN... EINE ERSTAUNLICHE FÄHIGKEIT, ABER UNKONVENTIONELLE WAFFEN HABEN EINE SCHWÄCHE...
JE STÄRKER SIE SIND, DESTO GRÖSSER MÜSSEN SIE AUCH SEIN.
ICH BIN MIR SICHER... IN SEINEM KÖRPER STECKT...
... EIN »KERN«, DER MINDESTENS SO GROSS IST WIE SEIN HERZ.
...
EIN »KERN« ...!!

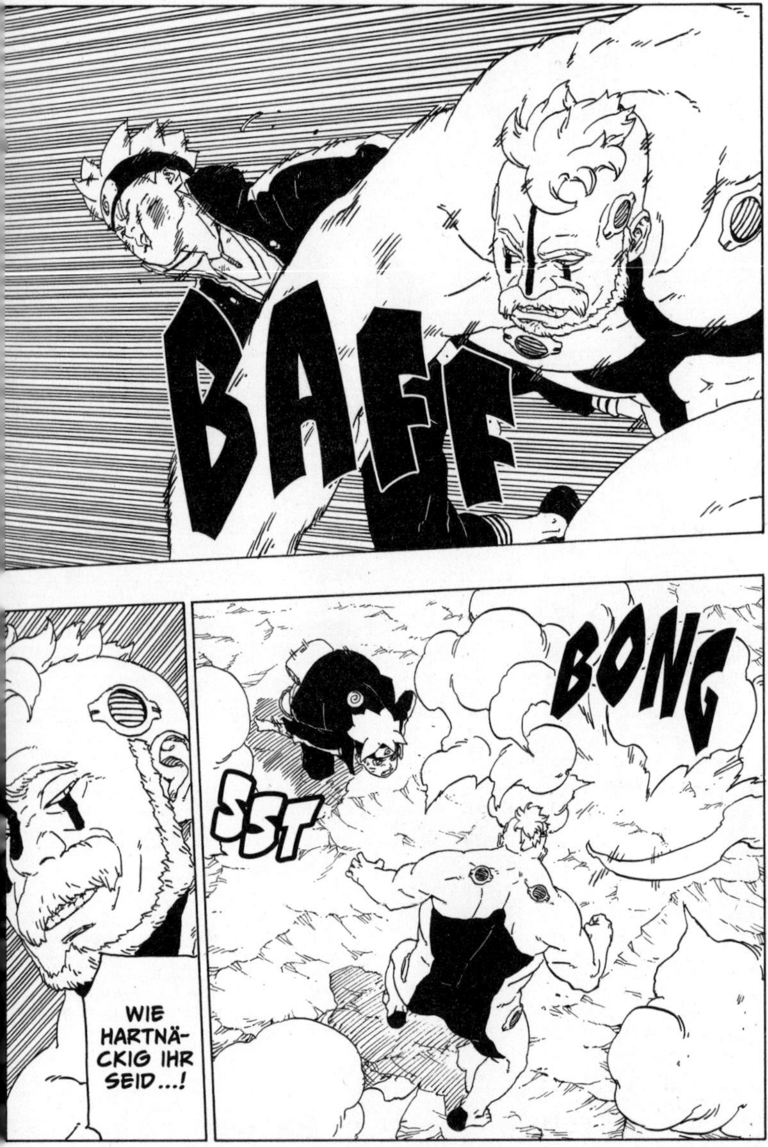
BAFF
BONG
SST
WIE HARTNÄCKIG IHR SEID ...!

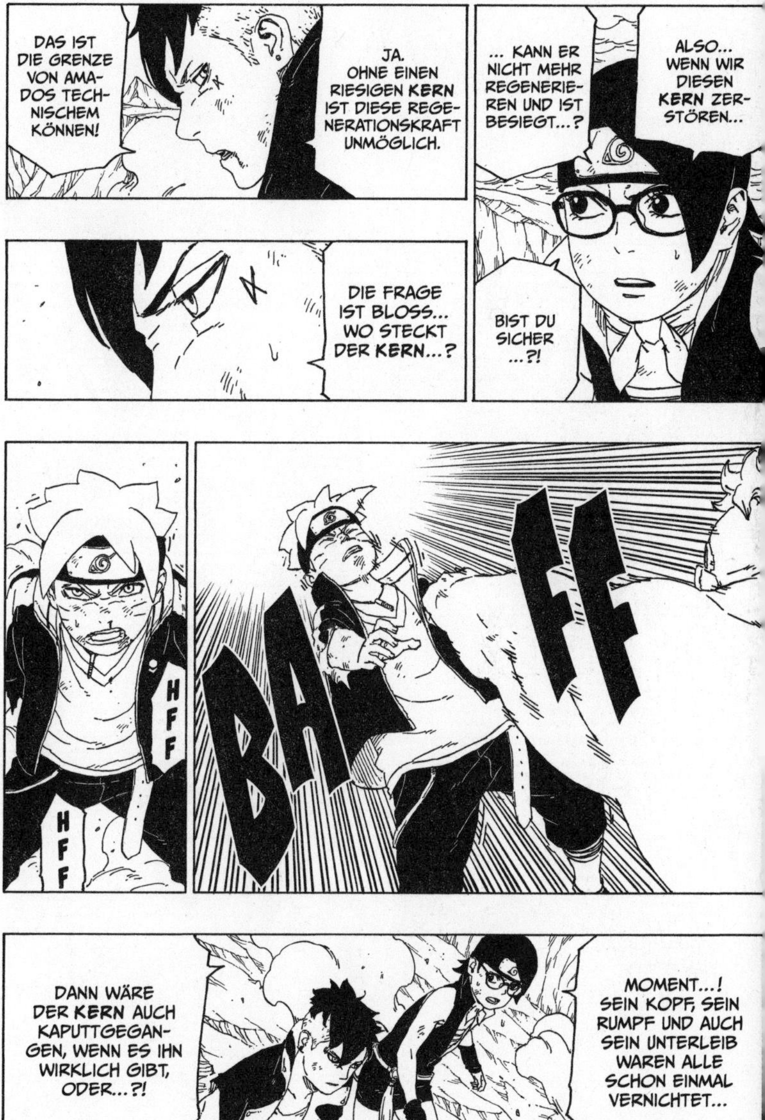
ALSO... WENN WIR DIESEN KERN ZERSTÖREN...
... KANN ER NICHT MEHR REGENERIEREN UND IST BESIEGT...?
JA. OHNE EINEN RIESIGEN KERN IST DIESE REGENERATIONSKRAFT UNMÖGLICH.
DAS IST DIE GRENZE VON AMADOS TECHNISCHEM KÖNNEN!
BIST DU SICHER ...?!
DIE FRAGE IST BLOSS... WO STECKT DER KERN...?
BAFF
HFF
HFF
MOMENT...! SEIN KOPF, SEIN RUMPF UND AUCH SEIN UNTERLEIB WAREN ALLE SCHON EINMAL VERNICHTET...
DANN WÄRE DER KERN AUCH KAPUTTGEGANGEN, WENN ES IHN WIRKLICH GIBT, ODER...?!

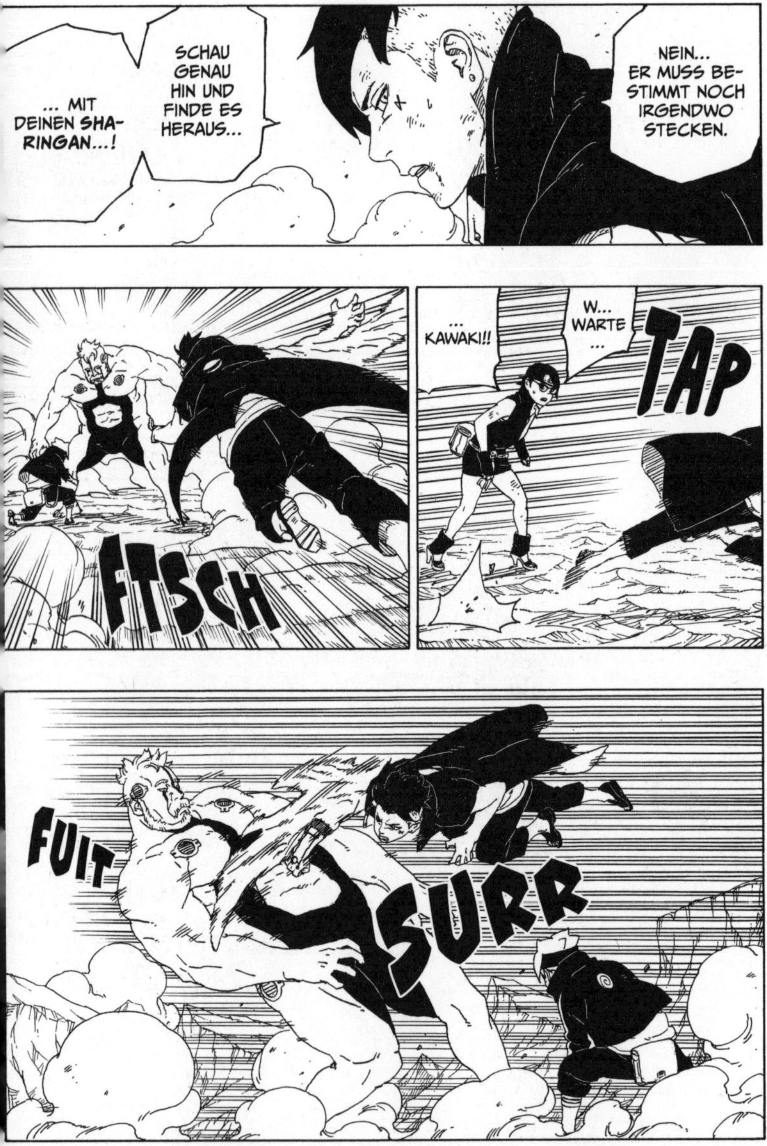
NEIN... ER MUSS BESTIMMT NOCH IRGENDWO STECKEN.
SCHAU GENAU HIN UND FINDE ES HERAUS...
... MIT DEINEN SHARINGAN...!
TAP
W... WARTE ...
... KAWAKI!!
FTSCH
SURR
FUIT

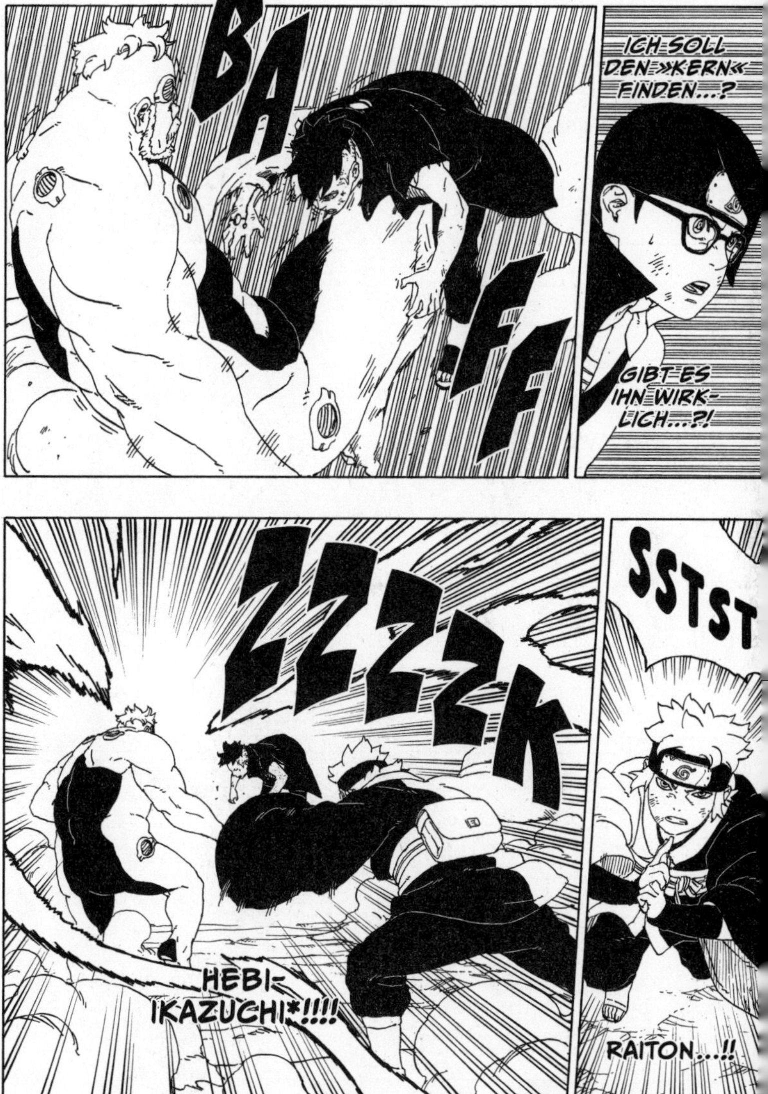

* HEBI = SCHLANGE, IKAZUKI = BLITZ/DONNER

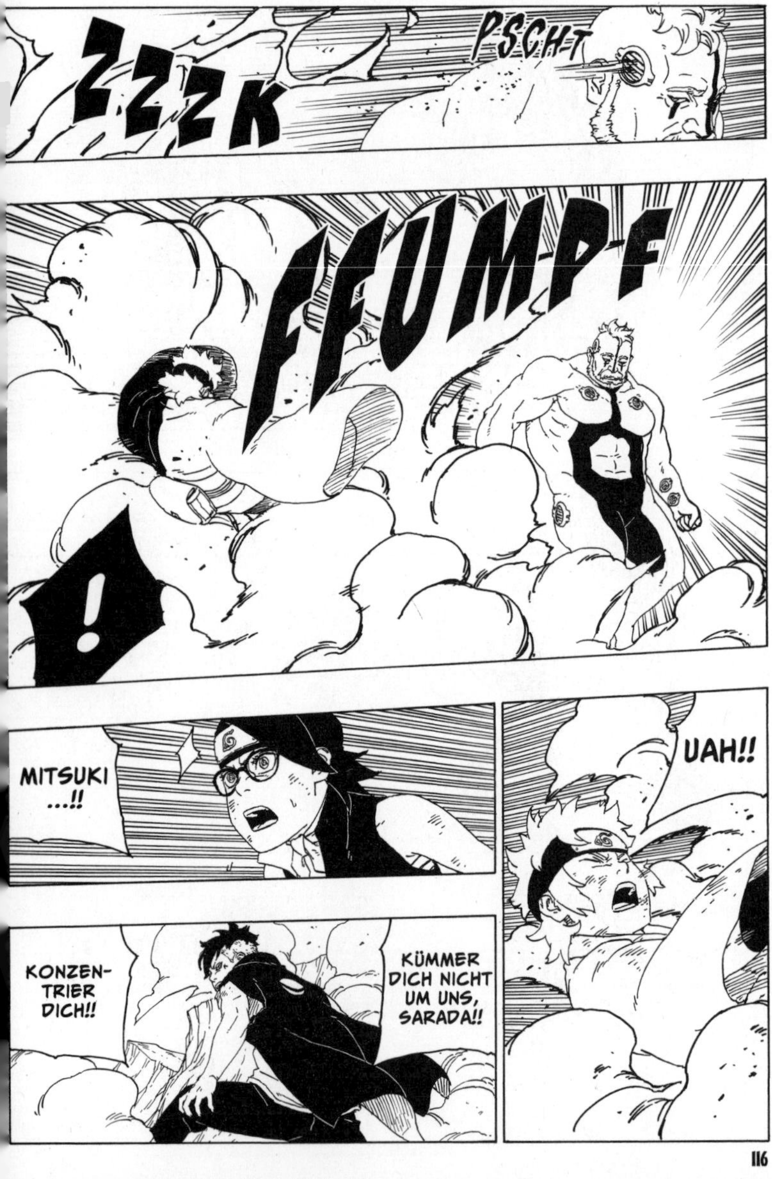
PSCHT
ZZZK
FFUMPF
!
UAH!!
MITSUKI ...!!
KÜMMER DICH NICHT UM UNS, SARADA!!
KONZENTRIER DICH!!

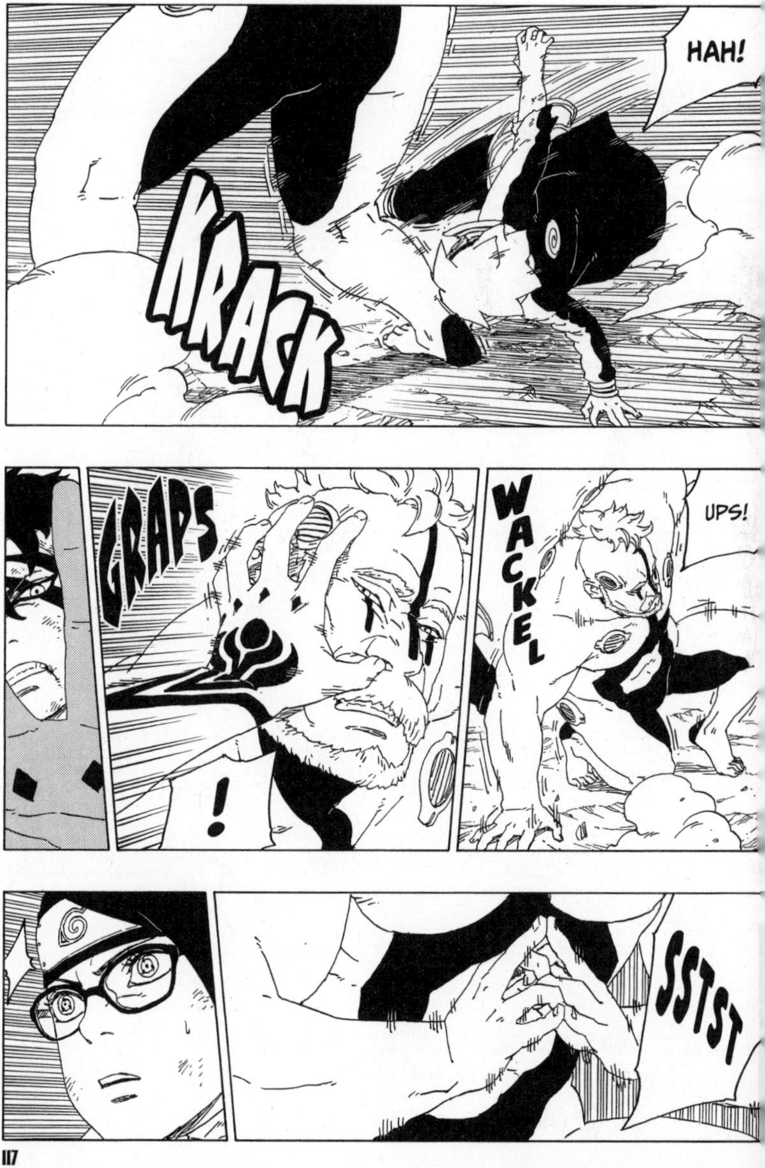
HAH!
KRACK
GRAPS
!
WACKEL
UPS!
SSTST

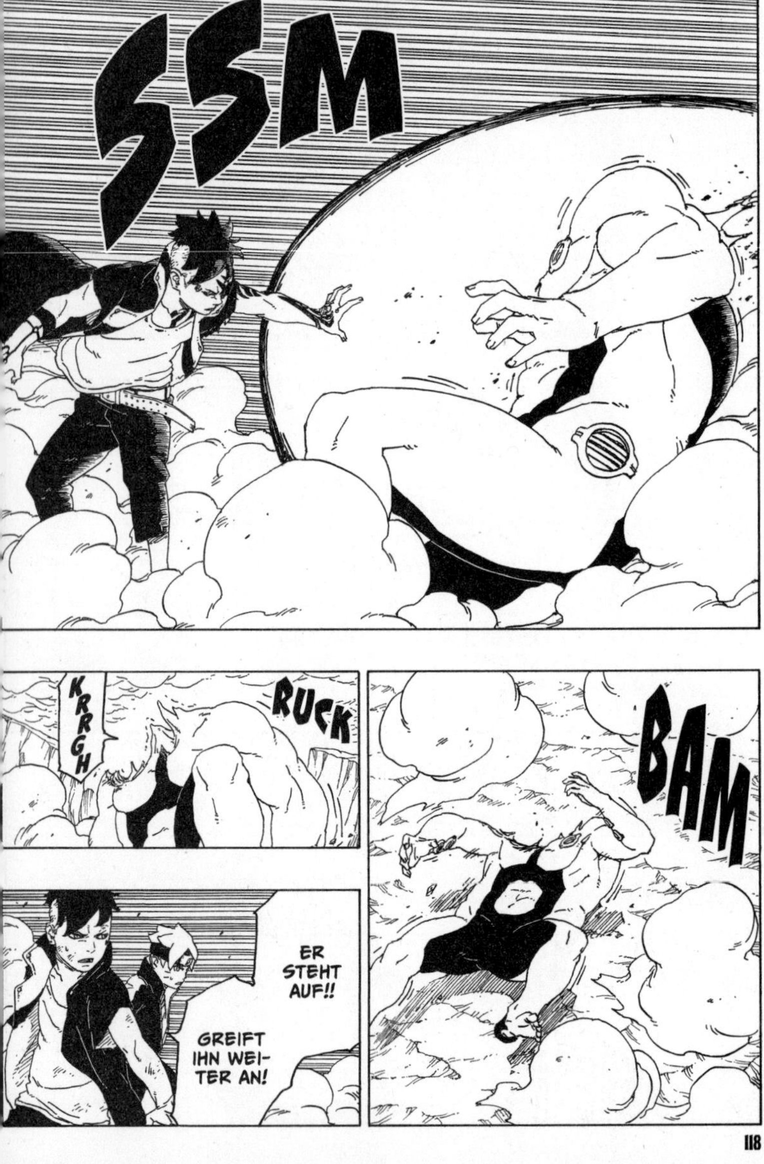
SSM
BAM
RUCK
KRRGH
ER STEHT AUF!!
GREIFT IHN WEITER AN!

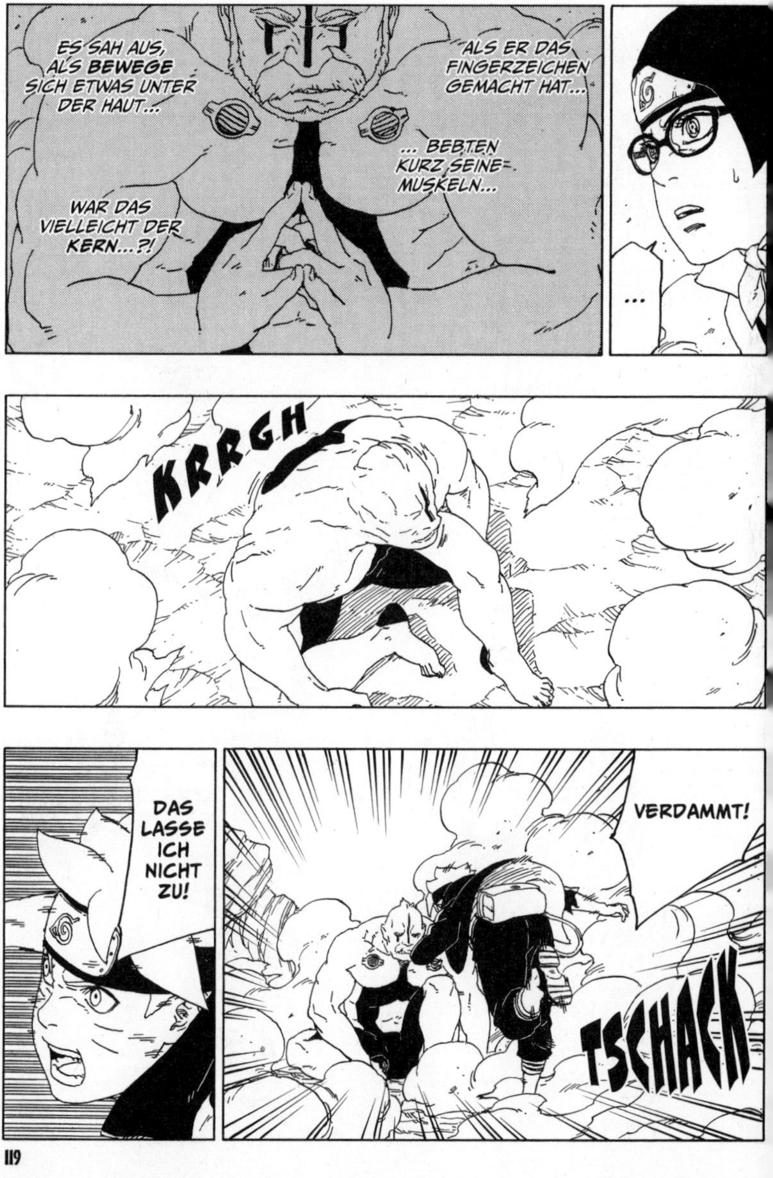
...
ALS ER DAS FINGERZEICHEN GEMACHT HAT...
... BEBTEN KURZ SEINE MUSKELN...
ES SAH AUS, ALS BEWEGE SICH ETWAS UNTER DER HAUT...
WAR DAS VIELLEICHT DER KERN...?!
KRRGH
VERDAMMT!
TSCHACK
DAS LASSE ICH NICHT ZU!

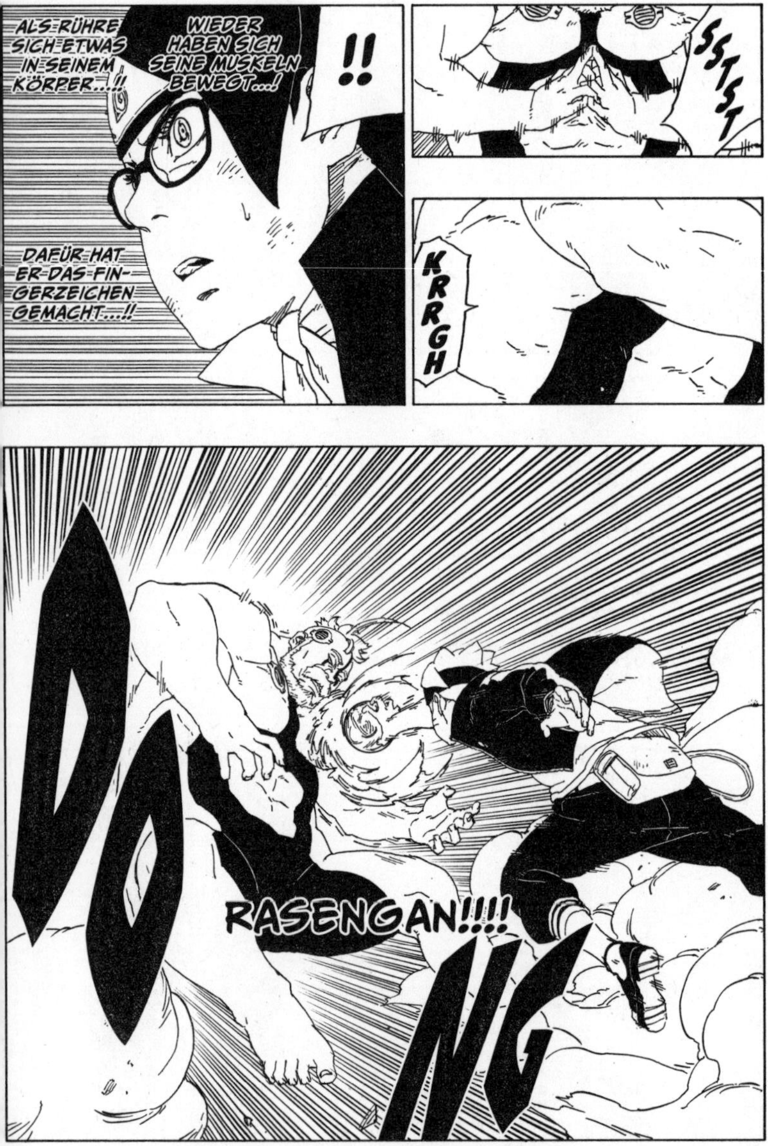
!!
WIEDER HABEN SICH SEINE MUSKELN BEWEGT...!
ALS RÜHRE SICH ETWAS IN SEINEM KÖRPER...!!
DAFÜR HAT ER DAS FINGERZEICHEN GEMACHT...!!
SSTST
KRRGH
RASENGAN!!!!
DONG

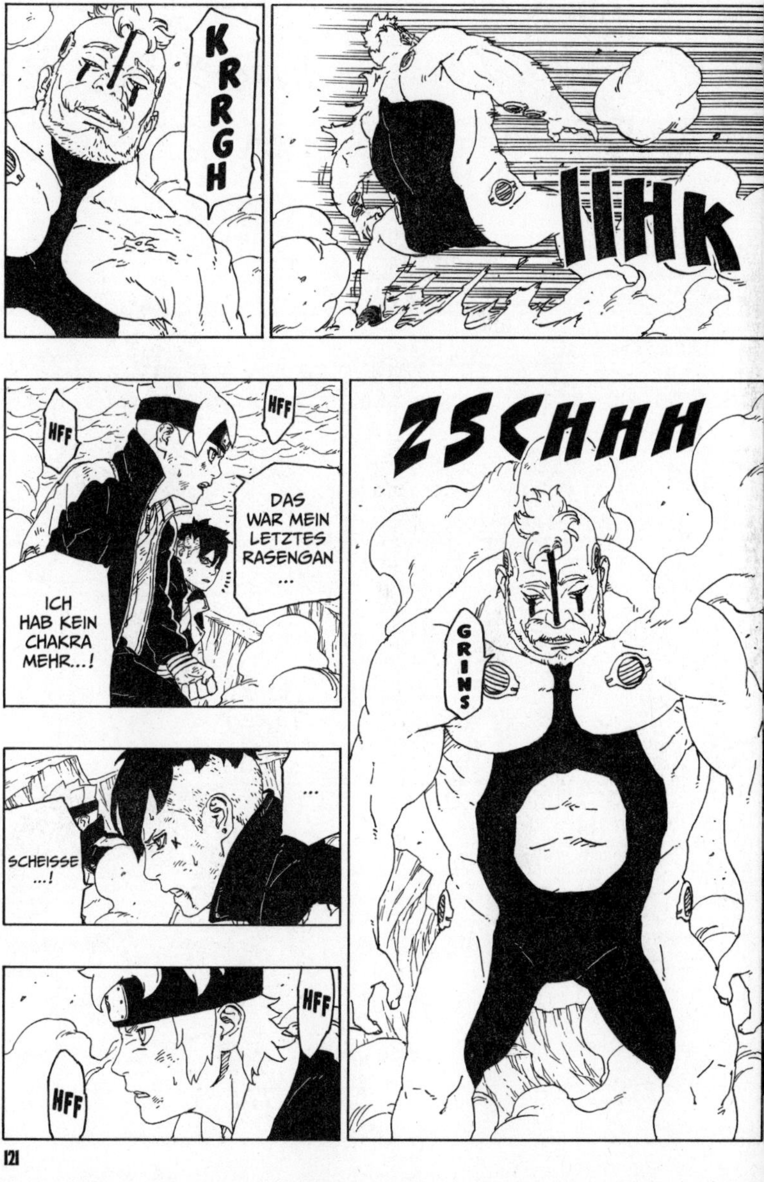
IIHK
KRRGH
ZSCHHH
GRINS
HFF
HFF
DAS WAR MEIN LETZTES RASENGAN ...
ICH HAB KEIN CHAKRA MEHR...!
...
SCHEISSE ...!
HFF
HFF

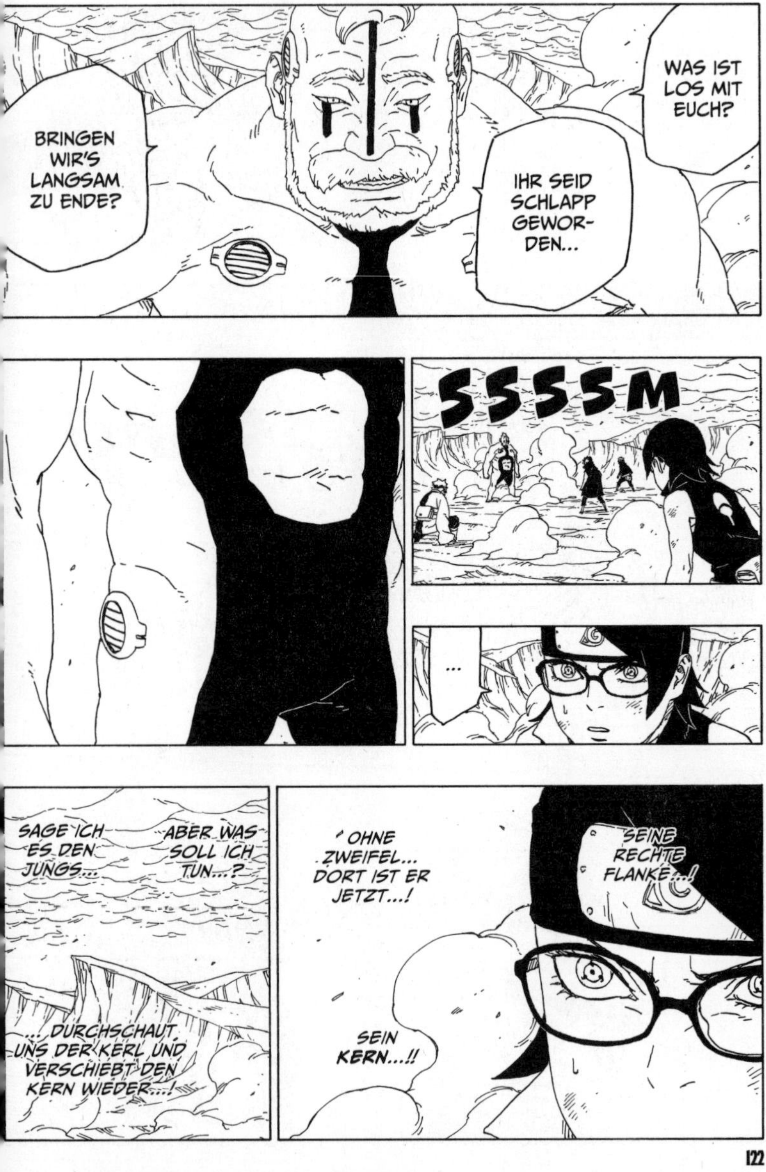
WAS IST LOS MIT EUCH?
IHR SEID SCHLAPP GEWORDEN...
BRINGEN WIR'S LANGSAM ZU ENDE?
SSSSM
...
SEINE RECHTE FLANKE...!
OHNE ZWEIFEL... DORT IST ER JETZT...!
SEIN KERN...!!
ABER WAS SOLL ICH TUN...?
SAGE ICH ES DEN JUNGS...
...DURCHSCHAUT UNS DER KERL UND VERSCHIEBT DEN KERN WIEDER...!

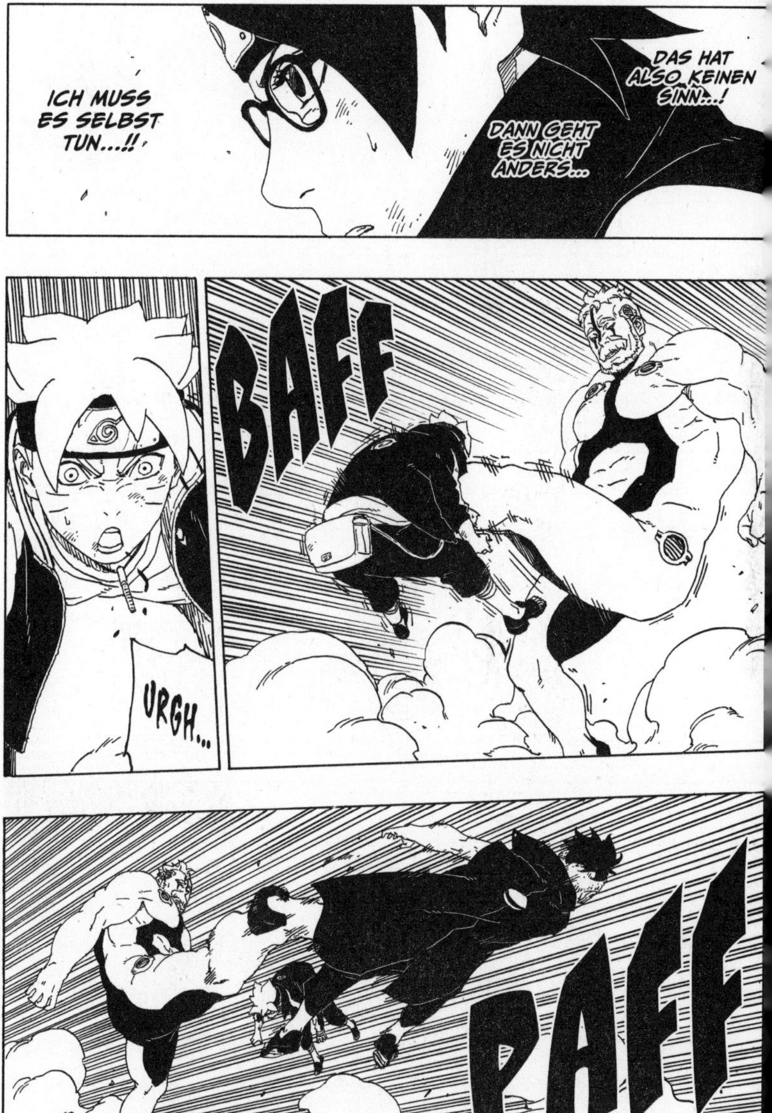
DAS HAT ALSO KEINEN SINN...!
DANN GEHT ES NICHT ANDERS...
ICH MUSS ES SELBST TUN...!!
BAFF
URGH...
PAFF

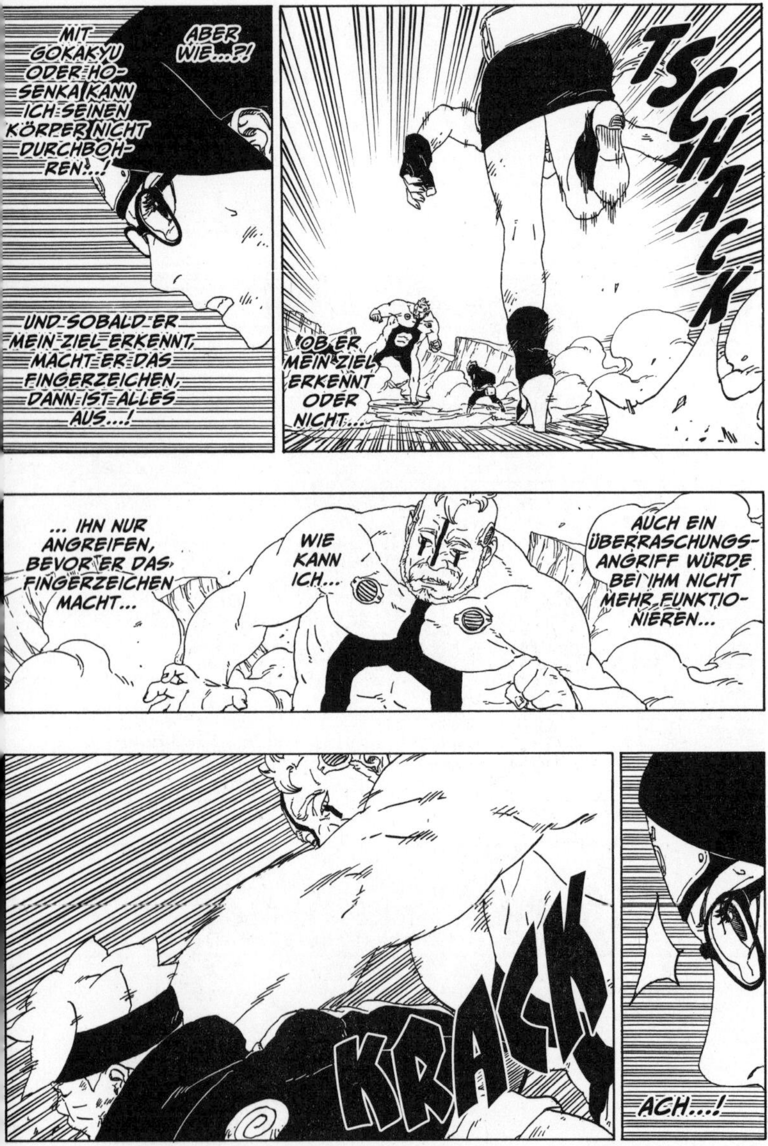
TSCHACK
OB ER MEIN ZIEL ERKENNT ODER NICHT...
ABER WIE...?!
MIT GOKAKYU ODER HO-SENKA KANN ICH SEINEN KÖRPER NICHT DURCHBOHREN...!
UND SOBALD ER MEIN ZIEL ERKENNT, MACHT ER DAS FINGERZEICHEN, DANN IST ALLES AUS...!
AUCH EIN ÜBERRASCHUNGSANGRIFF WÜRDE BEI IHM NICHT MEHR FUNKTIONIEREN...
WIE KANN ICH...
... IHN NUR ANGREIFEN, BEVOR ER DAS FINGERZEICHEN MACHT...
ACH...!
KRACK

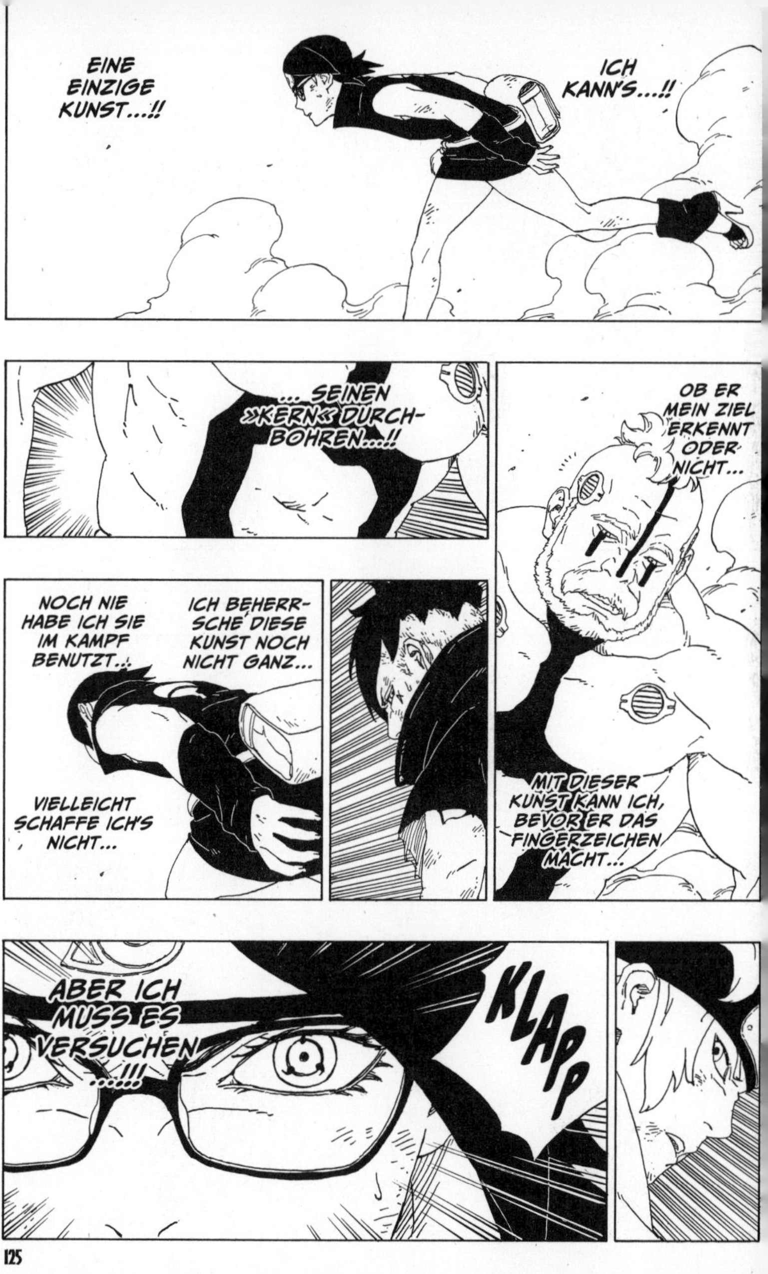
ICH KANN'S...!!
EINE EINZIGE KUNST...!!
OB ER MEIN ZIEL ERKENNT ODER NICHT...
... SEINEN »KERN« DURCHBOHREN...!!
MIT DIESER KUNST KANN ICH, BEVOR ER DAS FINGERZEICHEN MACHT...
ICH BEHERRSCHE DIESE KUNST NOCH NICHT GANZ...
NOCH NIE HABE ICH SIE IM KAMPF BENUTZT...
VIELLEICHT SCHAFFE ICH'S NICHT...
KLAPP
ABER ICH MUSS ES VERSUCHEN ......!!!

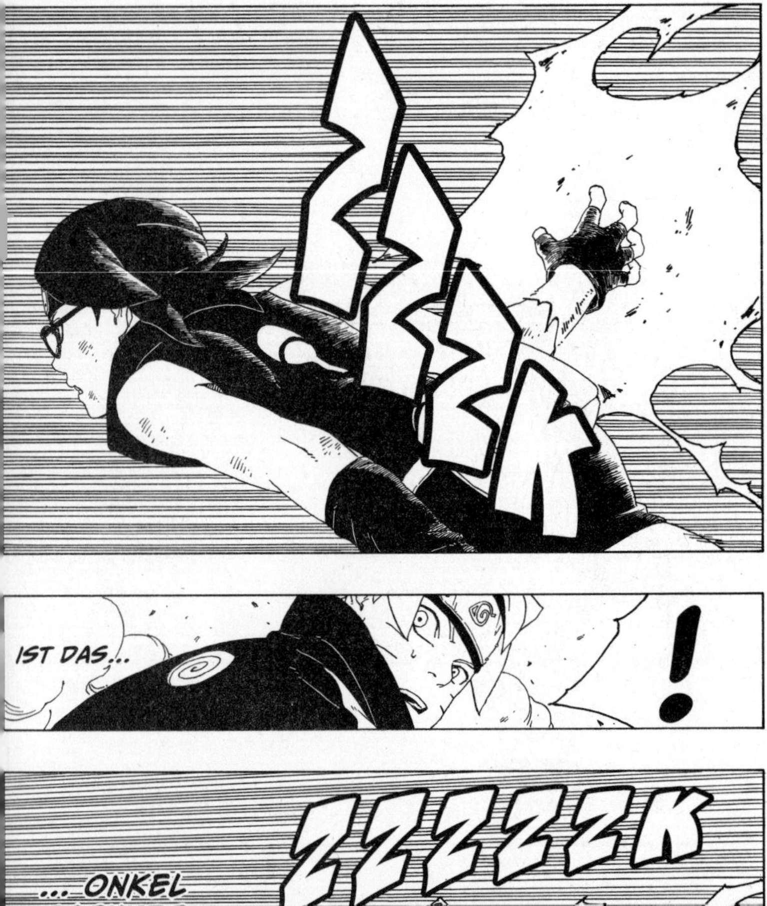
IST DAS...
!
ZZZZZK
... ONKEL SASUKES KUNST...?!!

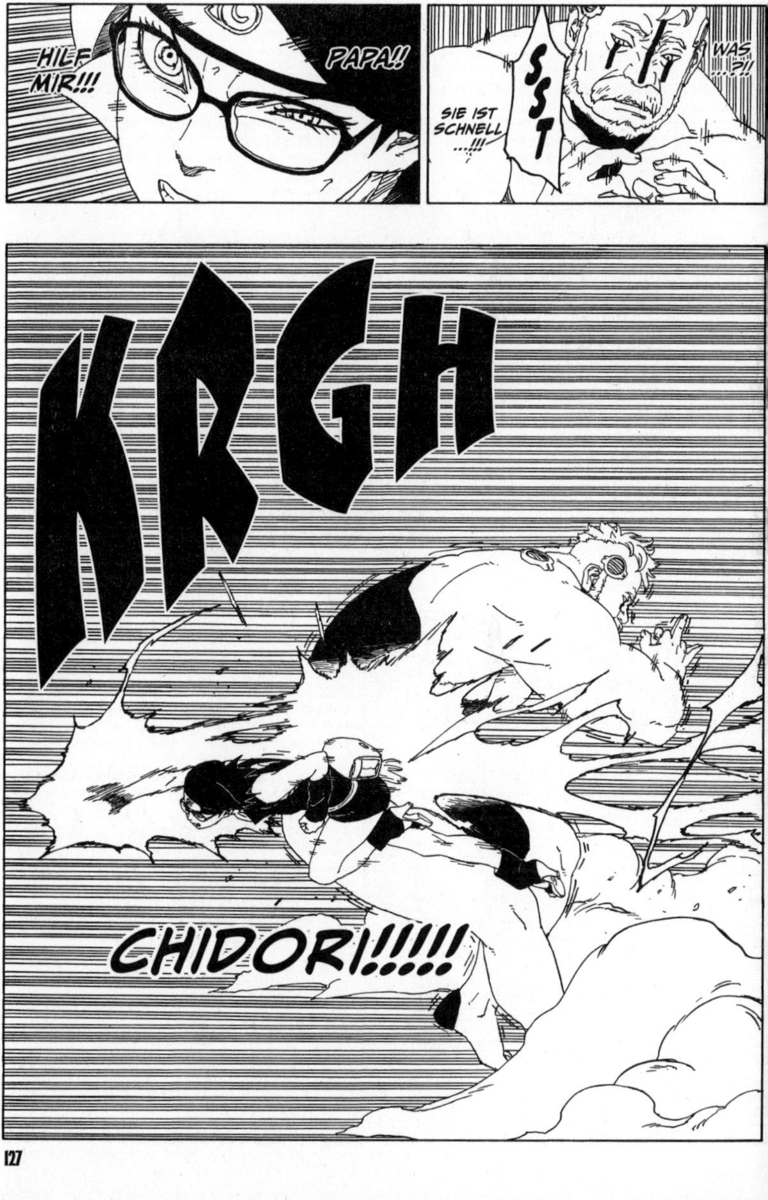
WAS ...?!!
SST
SIE IST SCHNELL ...!!!
PAPA!!
HILF MIR!!!
KRGH
CHIDORI!!!!!

4. SPITZENTECHNOLOGIEWAFFEN

UNTER WAFFEN DIESER ART VERSTEHT MAN UNKONVENTIONELLE WAFFEN, DIE AUS DEN HERKÖMMLICHEN NINJA-WAFFEN MITTELS NEUESTER TECHNOLOGIE ENTWICKELT WURDEN. ZUM BEISPIEL KUNAI AUS ULTRAHARTER KERAMIK, KAMPFANZÜGE MIT HOHER WARMHALTEFÄHIGKEIT UND HOHER SCHUTZFUNKTION GEGEN SCHWERTER, ULTRAHARTER DRAHT VON NANOMETER-BREITE, MINIATURISIERTE FUNKGERÄTE ODER FERNSTEUERUNGSFÄHIGE DROHNEN. IM WEITEREN SINNE GEHÖREN AUCH FAHRZEUGE UND COMPUTER DAZU.

DIE NINJA, DIE AUF WAFFEN MIT SPITZENTECHNOLOGIE SPEZIALISIERT SIND, SPIELEN SEIT DEN LETZTEN JAHREN EINE IMMER WICHTIGERE ROLLE. MITTLERWEILE GIBT ES NINJA, DIE WEDER IN NINJUTSU NOCH IN TAIJUTSU NOCH IN GENJUTSU HERVORSTECHEN, ABER IN WISSENSCHAFT UND TECHNOLOGIE ERSTKLASSIG SIND (WIE DENKI KAMINARIMON AUS BORUTOS JAHRGANG). SIE SIND FÜR DIE NINJA-EINHEITEN INZWISCHEN GENAUSO UNENTBEHRLICH WIE MEDIZINISCHE NINJA ODER SENSOR-NINJA.

◉ DIE VERDECKTEN MACHENSCHAFTEN DER ORGANISATION KARA

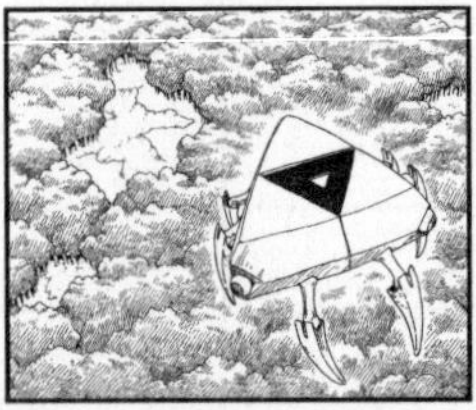

AUF DIE ENTWICKLUNG UND VERBREITUNG DER UNKONVENTIONELLEN WAFFEN HATTEN DIE ÄUSSEREN MITGLIEDER VON KARA VIEL EINFLUSS. SIE SUCHTEN DIE NÄHE DIVERSER WISSENSCHAFTLER UND INGENIEURE DER DÖRFER, UNTERSTÜTZTEN DIESE BEI DER ENTWICKLUNG DER TECHNOLOGIEN UND BRACHTEN DIESE TECHNIKEN DANN ZU KARA. JIGEN, DIE ZENTRALE PERSON DER KARA-INNEREN, UND SEINE RECHTE HAND, AMADO, SAMMELTEN DIESE NEUESTEN TECHNOLOGIEN UND WENDETEN DIESE, OHNE RÜCKSICHT AUF VERLUSTE, DIREKT AM MENSCHEN AN – KAWAKI IST EIN LEBENDES BEISPIEL FÜR DIESE EXPERIMENTE.

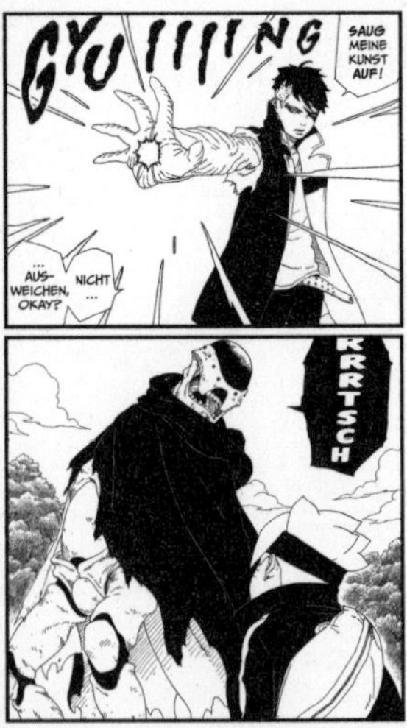

DIE MEISTEN ÄUSSEREN DENKEN, IHRE ARBEIT DIENE DEM MACHTGEWINN DER ORGANISATION KARA ODER DER ENTWICKLUNG DER MENSCHHEIT DURCH TECHNOLOGISCHEN FORTSCHRITT. DAS WAHRE ZIEL DER ORGANISATION KENNEN JEDOCH NUR DIE INNEREN, SPEZIELL JIGEN. DEN LOHN IHRES ERFOLGS WOLLEN DIE INNEREN MIT NIEMANDEM VON AUSSEN TEILEN.

UNKONVENTIONELLE WAFFEN WERDEN VON VIELEN – WIE BEISPIELSWEISE VON KATASUKE ODER AO – ALS AN SICH WEDER GUT NOCH BÖSE ANGESEHEN, SONDERN SCHLICHT ALS EINE NEUE ART DER TECHNOLOGIE. WAS JEDOCH KLAR IST: DIE AMBITIONEN, DIE IM SCHATTEN IHRER RASCHEN ENTWICKLUNG WACHSEN, SIND HEIKEL...

43: OFFENBARUNG

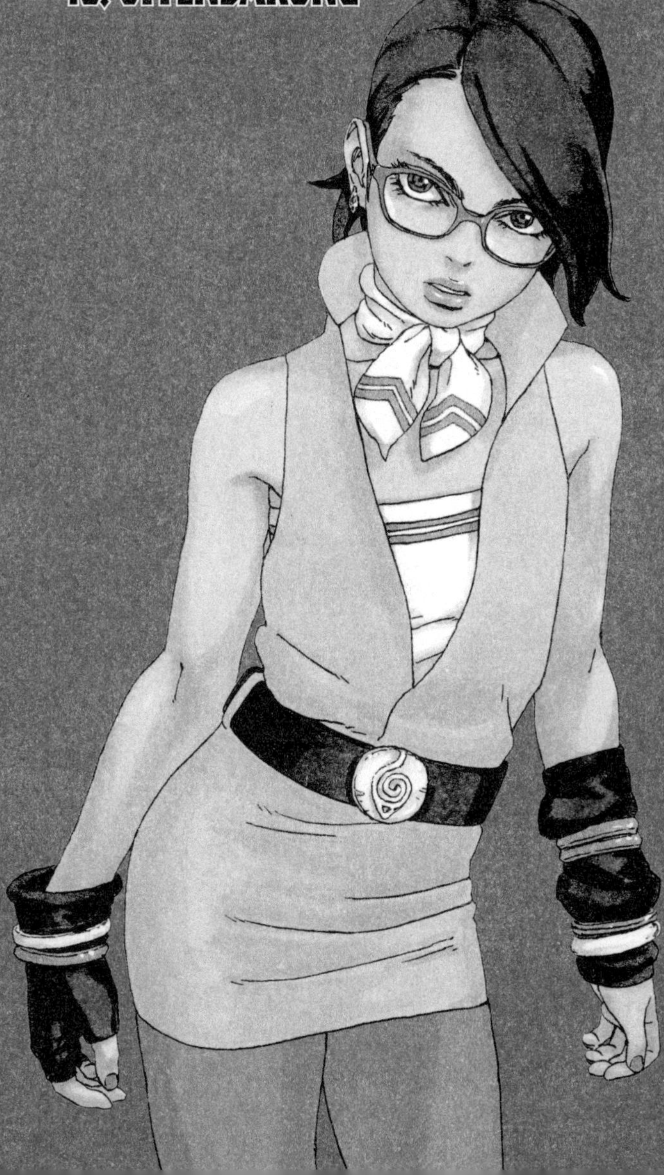

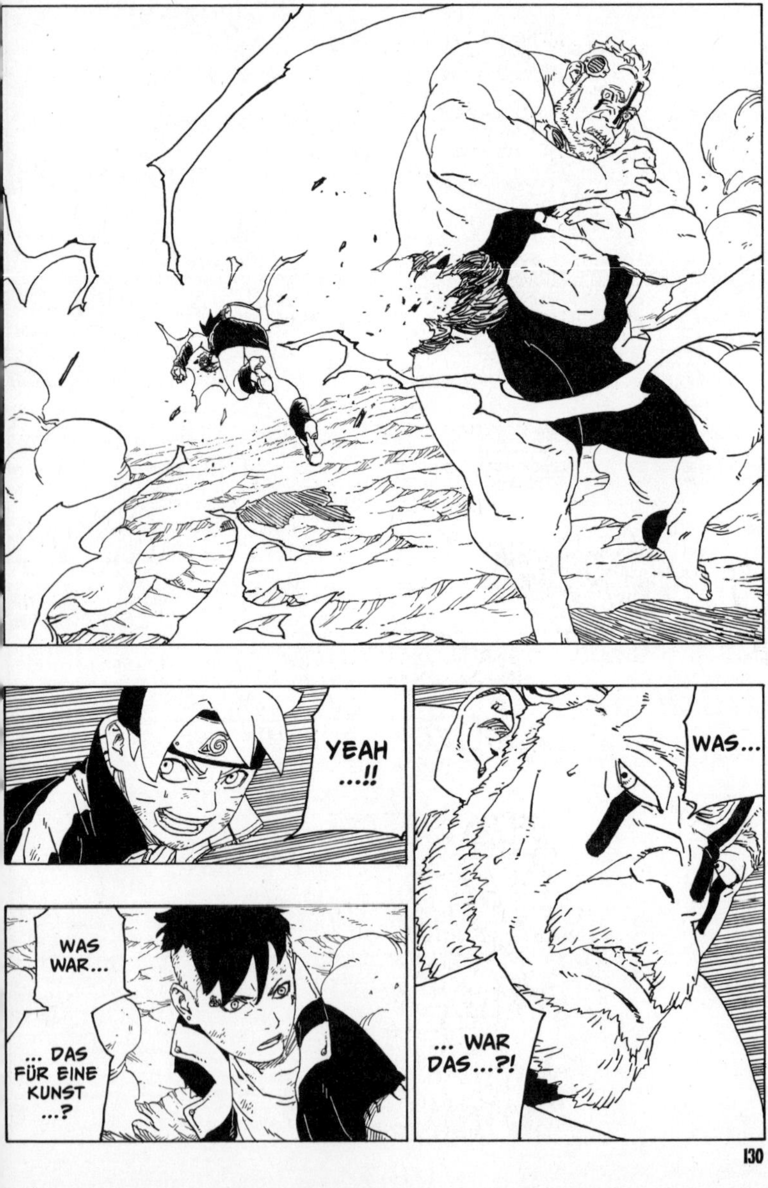
YEAH ...!!
WAS...
... WAR DAS...?!
WAS WAR...
... DAS FÜR EINE KUNST ...?

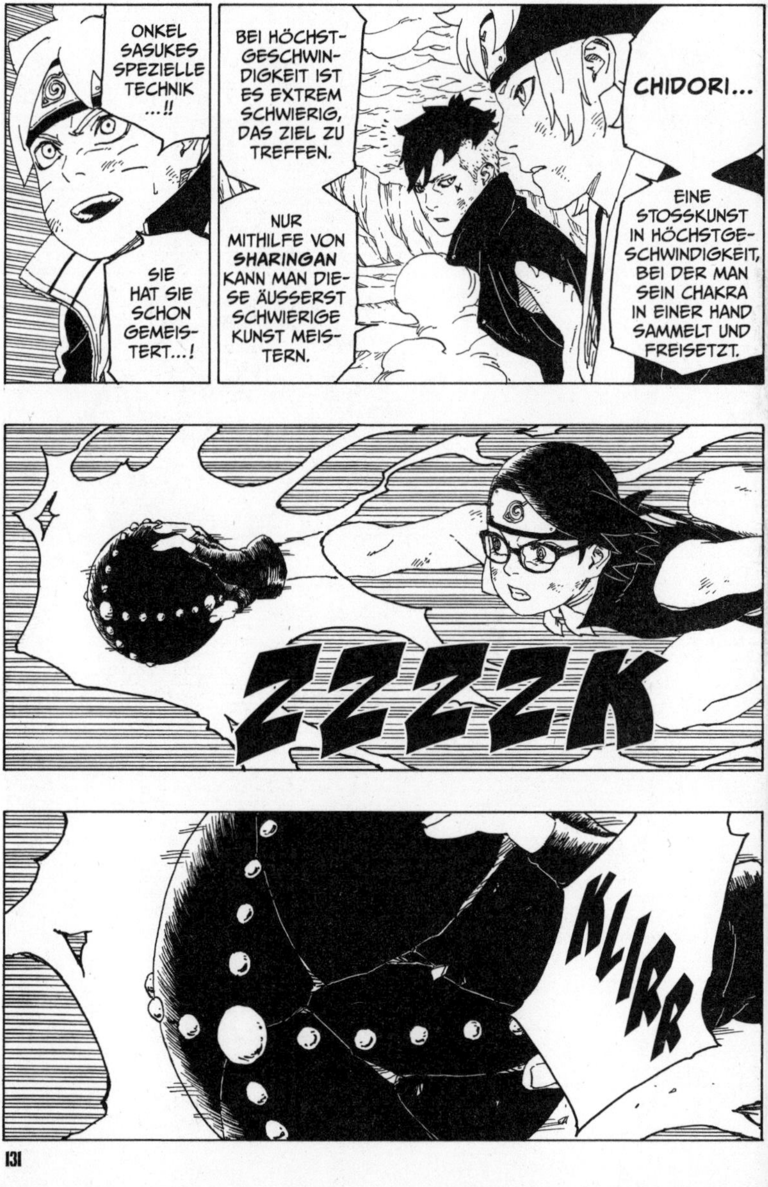
CHIDORI...
EINE STOSSKUNST IN HÖCHSTGESCHWINDIGKEIT, BEI DER MAN SEIN CHAKRA IN EINER HAND SAMMELT UND FREISETZT.
BEI HÖCHSTGESCHWINDIGKEIT IST ES EXTREM SCHWIERIG, DAS ZIEL ZU TREFFEN.
NUR MITHILFE VON SHARINGAN KANN MAN DIESE ÄUSSERST SCHWIERIGE KUNST MEISTERN.
ONKEL SASUKES SPEZIELLE TECHNIK ...!!
SIE HAT SIE SCHON GEMEISTERT...!
ZZZZK
KLIRR

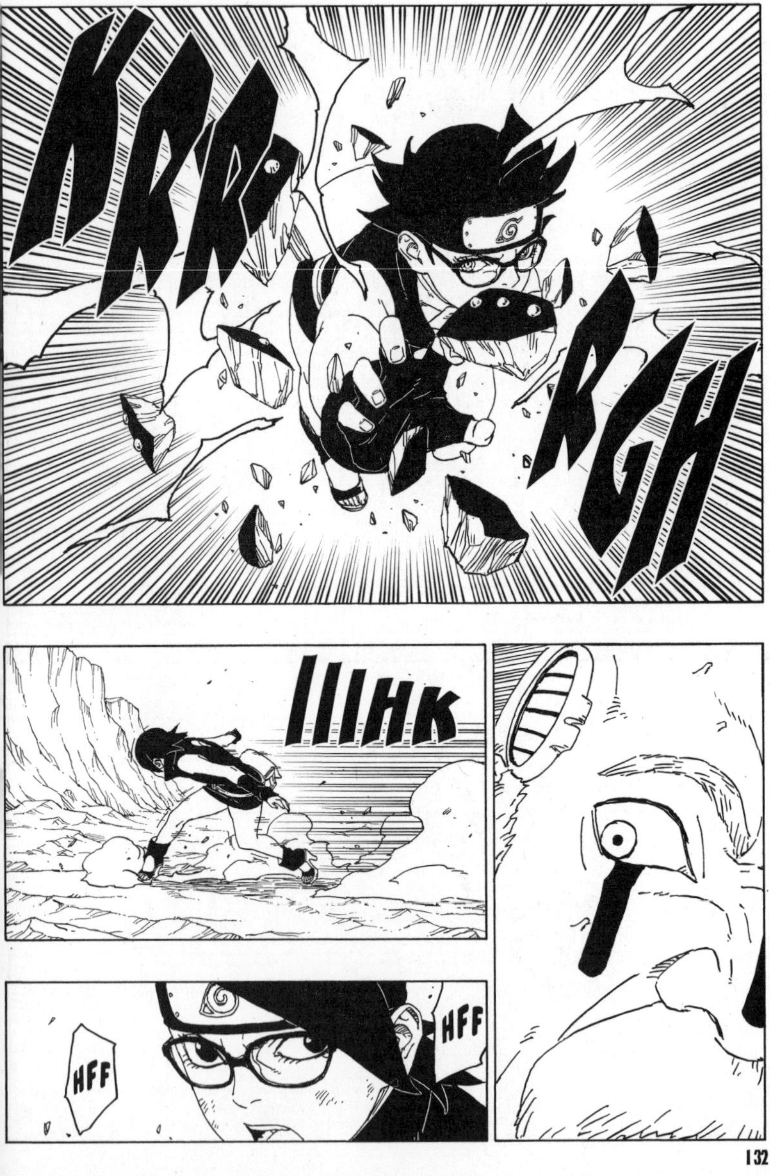
KRRRGH
IIIHK
HFF
HFF

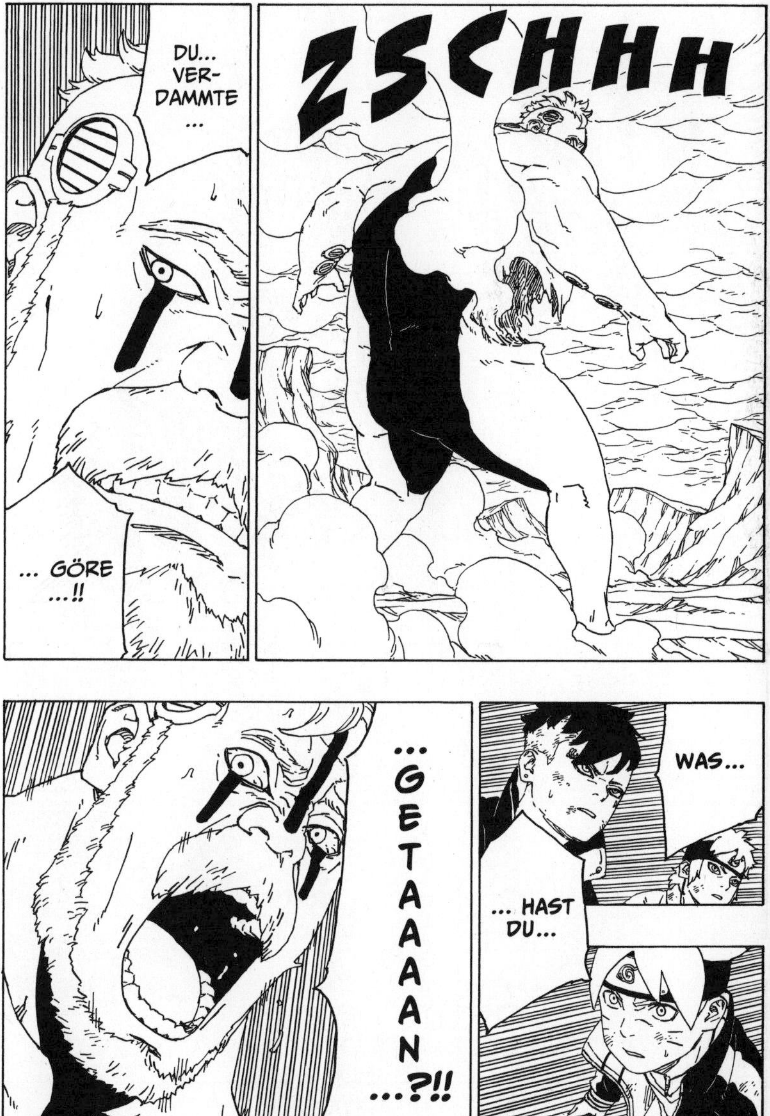
ZSCHHH
DU... VER-DAMMTE ...
... GÖRE ...!!
WAS...
... HAST DU...
...GETAAAAAN ...?!!

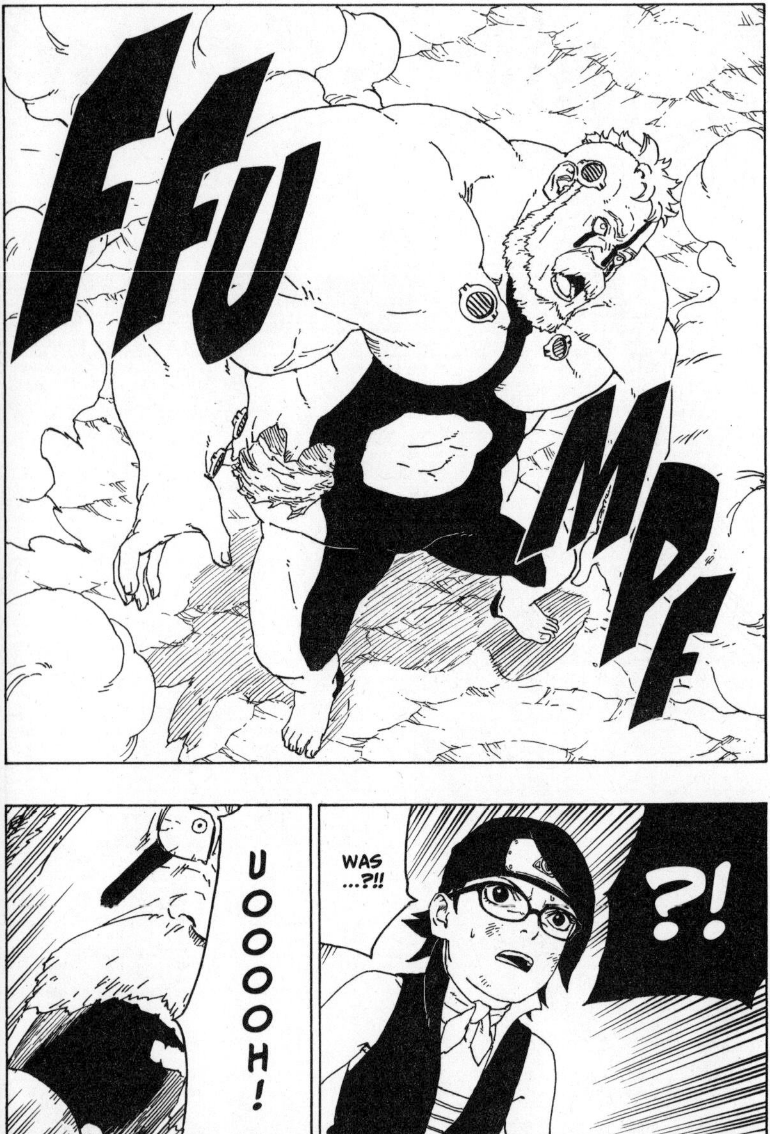
FFUMPF
UOOOOOH!
WAS ...?!!
?!

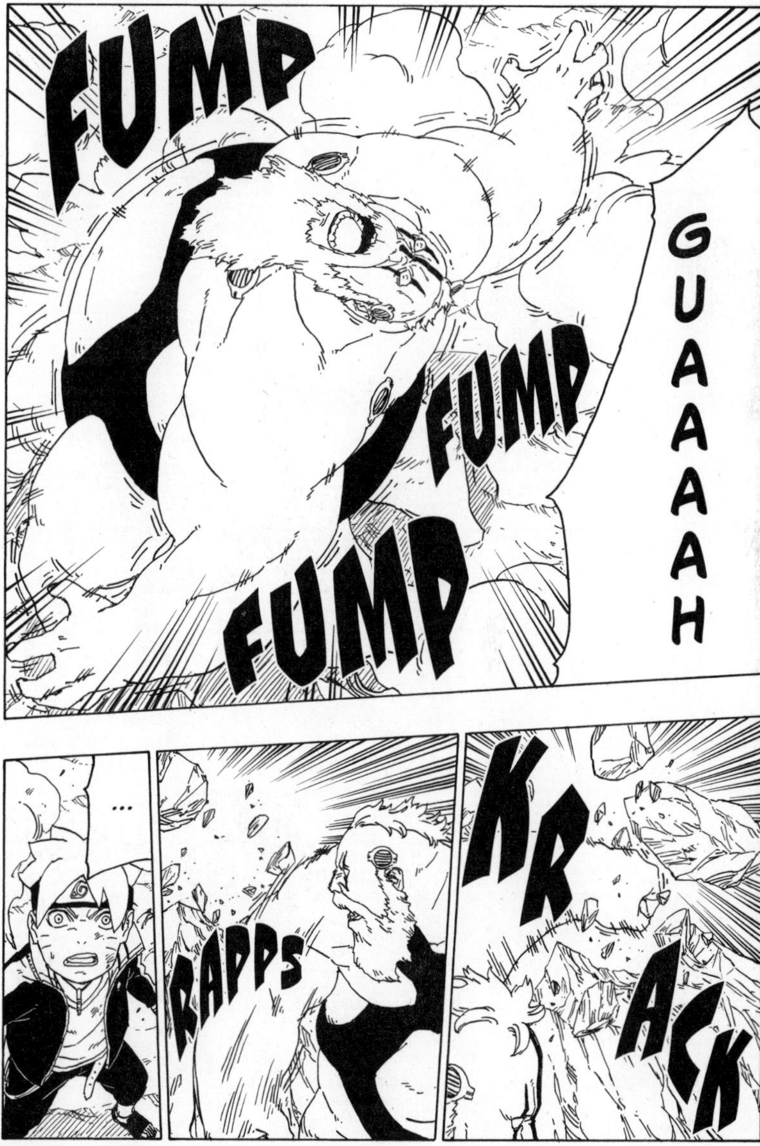
FUMP
GUAAAAH
FUMP
FUMP
KRACK
BAPPS
...

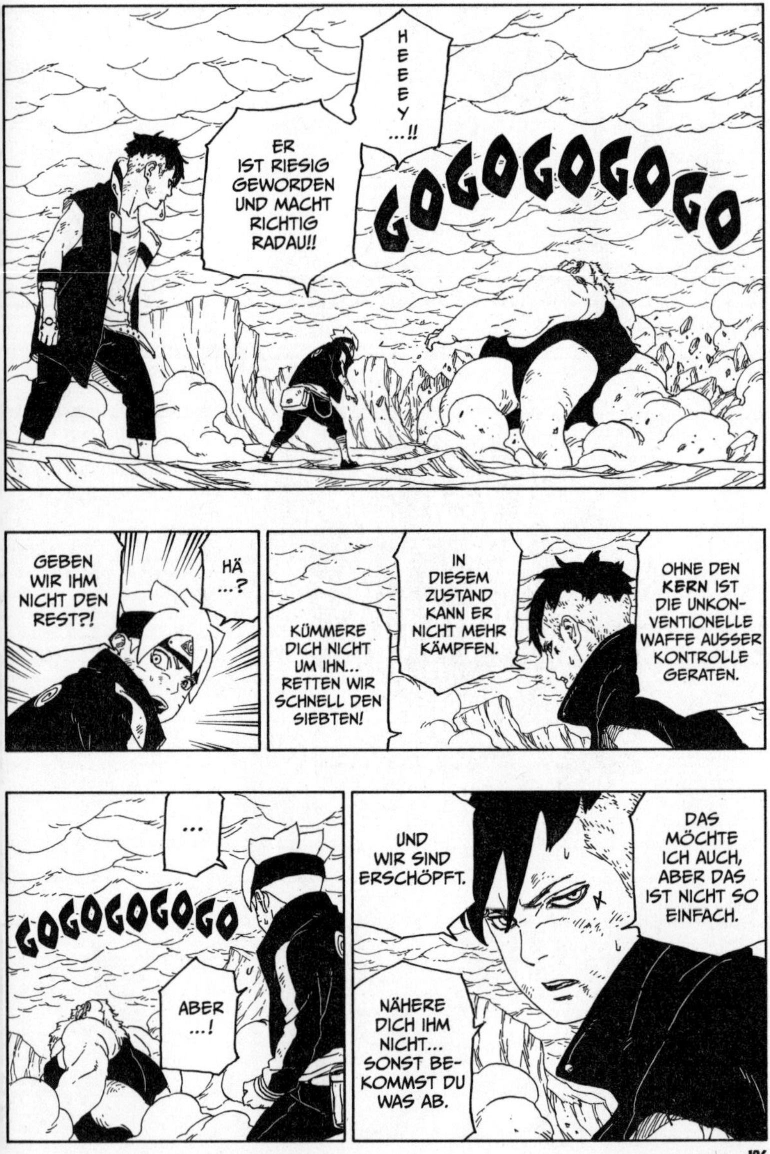
HEEEEY ...!!
ER IST RIESIG GEWORDEN UND MACHT RICHTIG RADAU!!
GOGOGOGOGO
OHNE DEN KERN IST DIE UNKONVENTIONELLE WAFFE AUSSER KONTROLLE GERATEN.
IN DIESEM ZUSTAND KANN ER NICHT MEHR KÄMPFEN.
KÜMMERE DICH NICHT UM IHN... RETTEN WIR SCHNELL DEN SIEBTEN!
HÄ ...?
GEBEN WIR IHM NICHT DEN REST?!
DAS MÖCHTE ICH AUCH, ABER DAS IST NICHT SO EINFACH.
UND WIR SIND ERSCHÖPFT.
NÄHERE DICH IHM NICHT... SONST BEKOMMST DU WAS AB.
...
GOGOGOGOGO
ABER ...!

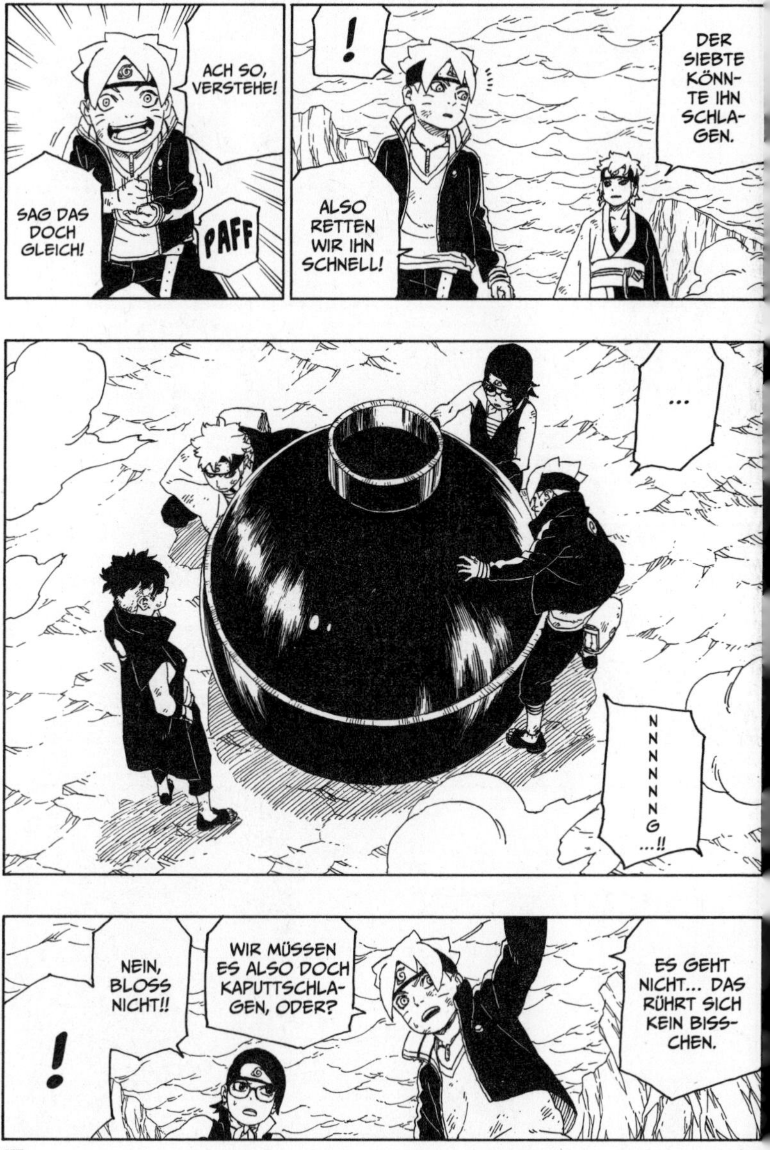
DER SIEBTE KÖNNTE IHN SCHLAGEN.
!
ALSO RETTEN WIR IHN SCHNELL!
ACH SO, VERSTEHE!
PAFF
SAG DAS DOCH GLEICH!
...
NNNNNNG...!!
ES GEHT NICHT... DAS RÜHRT SICH KEIN BISSCHEN.
WIR MÜSSEN ES ALSO DOCH KAPUTTSCHLAGEN, ODER?
!
NEIN, BLOSS NICHT!!

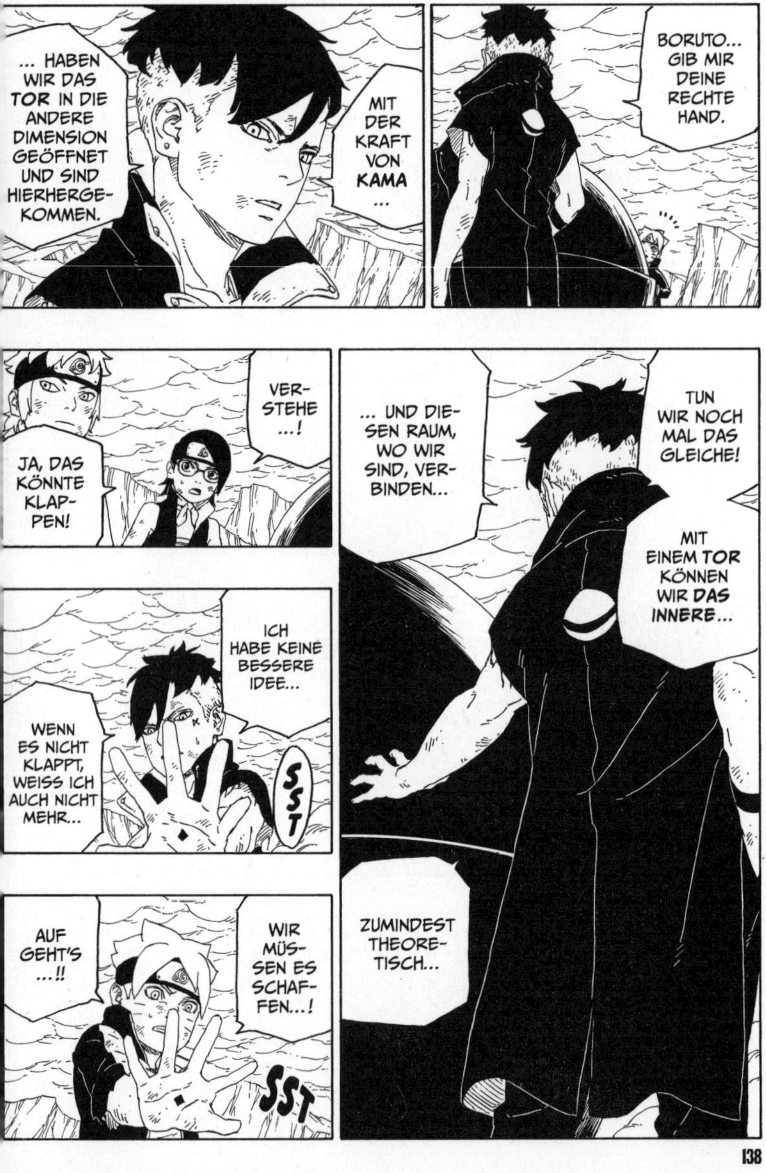

BORUTO... GIB MIR DEINE RECHTE HAND.
MIT DER KRAFT VON KAMA ...
... HABEN WIR DAS TOR IN DIE ANDERE DIMENSION GEÖFFNET UND SIND HIERHERGE-KOMMEN.
TUN WIR NOCH MAL DAS GLEICHE!
MIT EINEM TOR KÖNNEN WIR DAS INNERE...
... UND DIE-SEN RAUM, WO WIR SIND, VER-BINDEN...
ZUMINDEST THEORE-TISCH...
VER-STEHE ...!
JA, DAS KÖNNTE KLAP-PEN!
ICH HABE KEINE BESSERE IDEE...
WENN ES NICHT KLAPPT, WEISS ICH AUCH NICHT MEHR...
SST
WIR MÜS-SEN ES SCHAF-FEN...!
AUF GEHT'S ...!!
SST

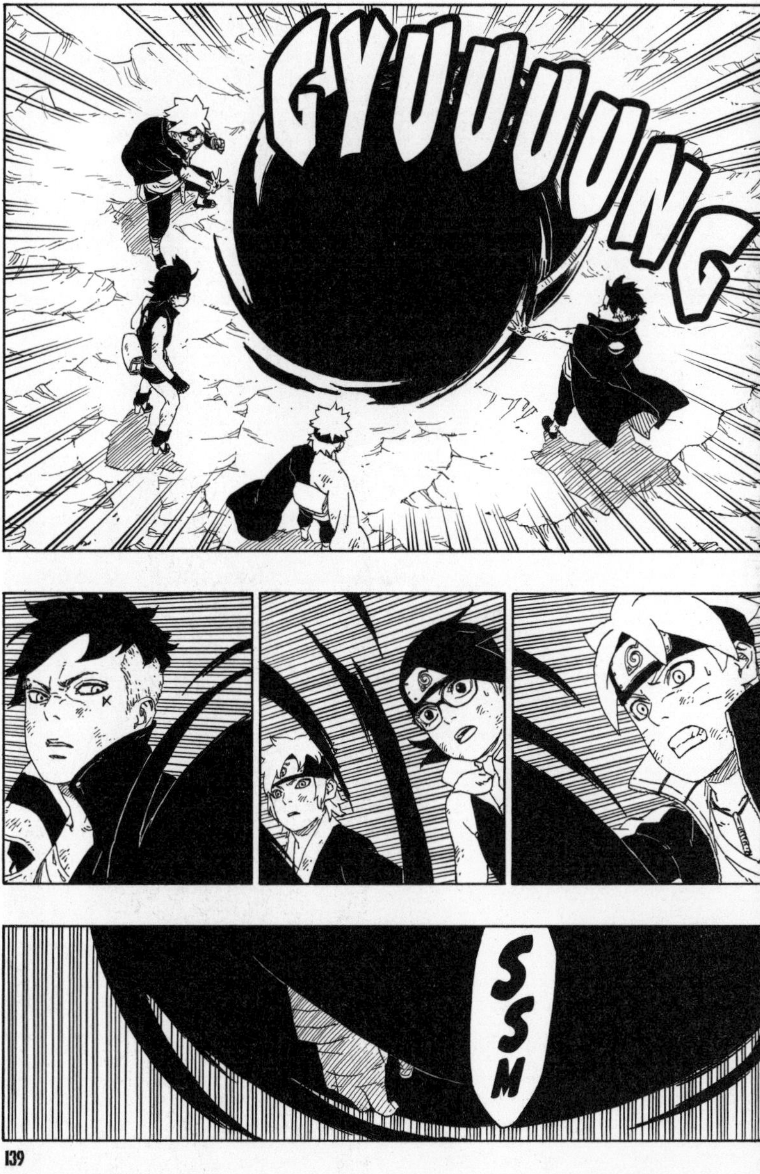
GYUUUUUNG
SSM

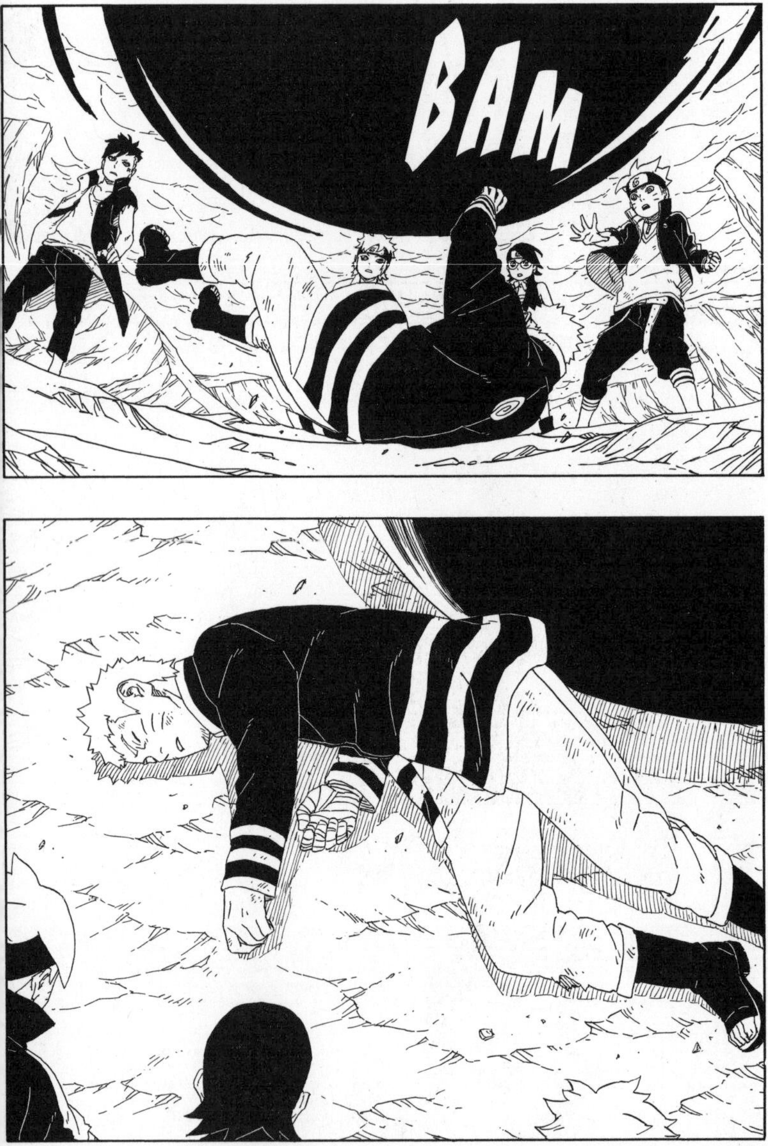
BAM

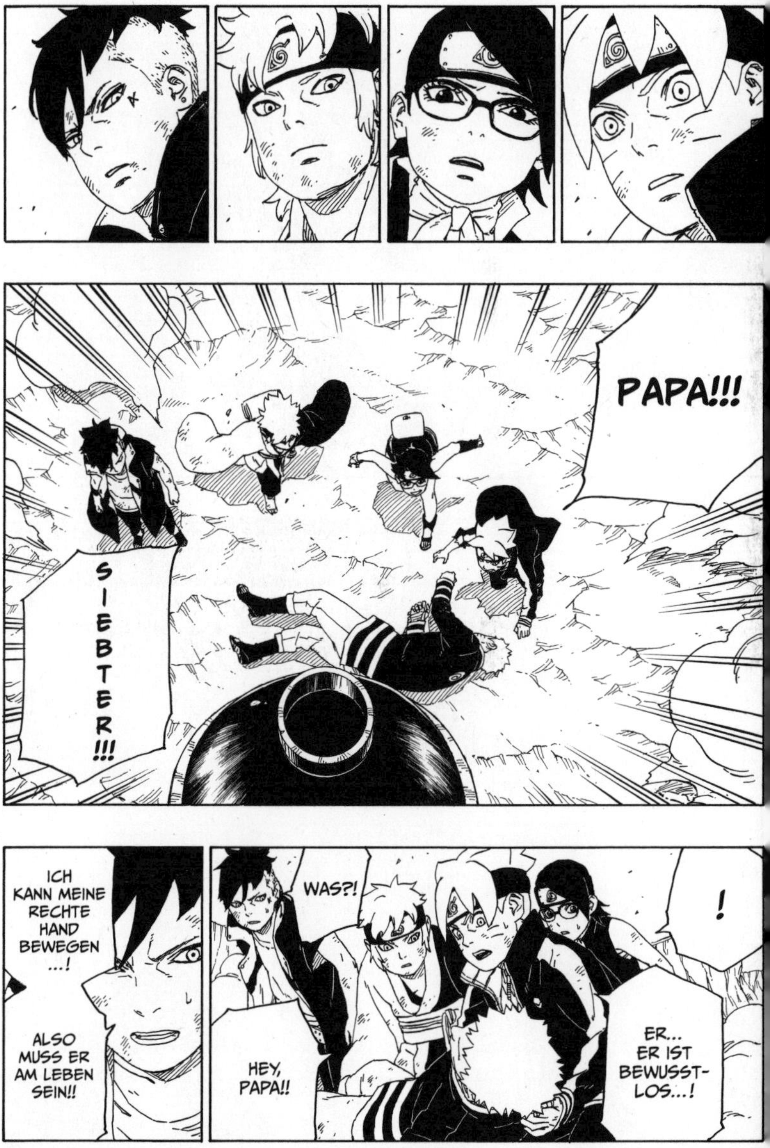
PAPA!!!
SIEBTER!!!
!
ER... ER IST BEWUSSTLOS...!
WAS?!
HEY, PAPA!!
ICH KANN MEINE RECHTE HAND BEWEGEN ...!
ALSO MUSS ER AM LEBEN SEIN!!

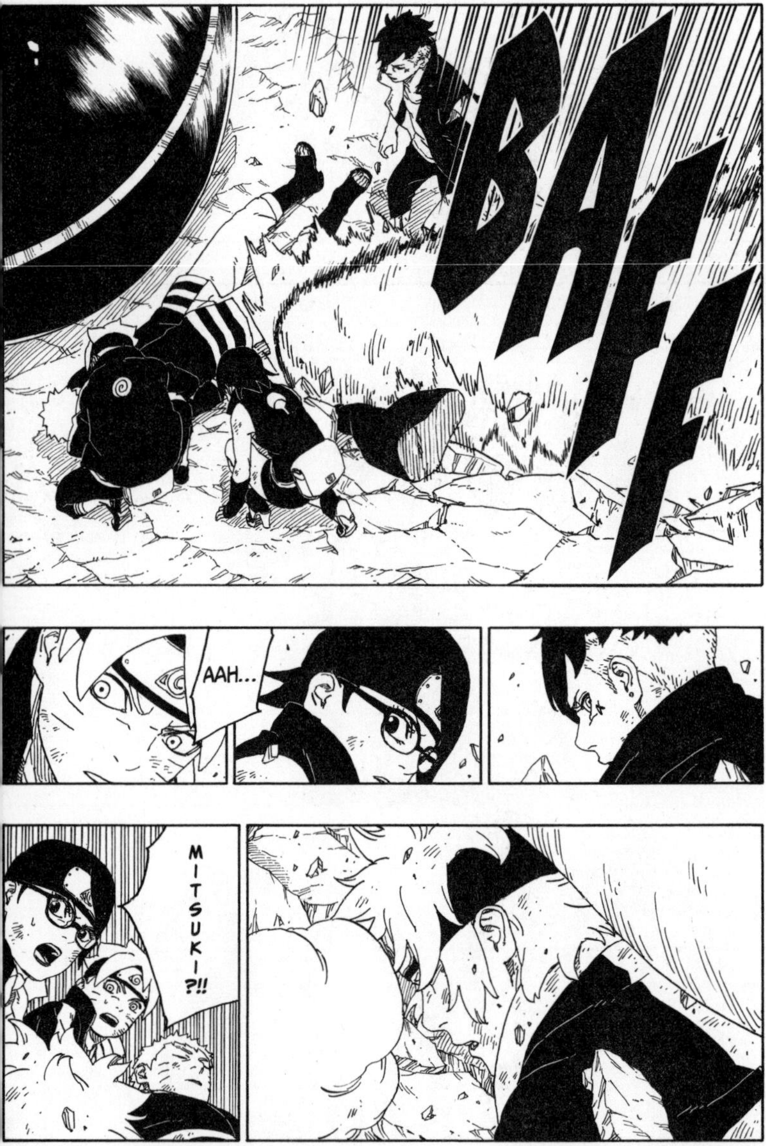
BAFF
AAH...
MITSUKI?!!

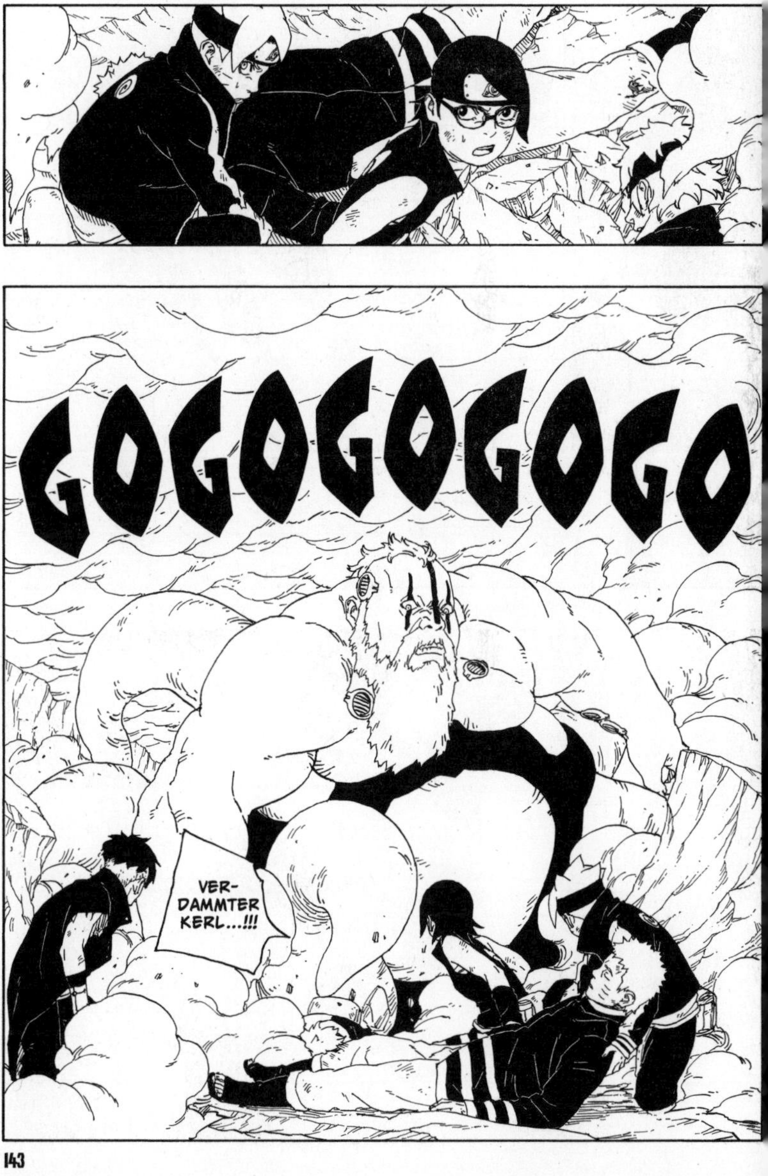
GOGOGOGOGO
VER-
DAMMTER
KERL...!!!

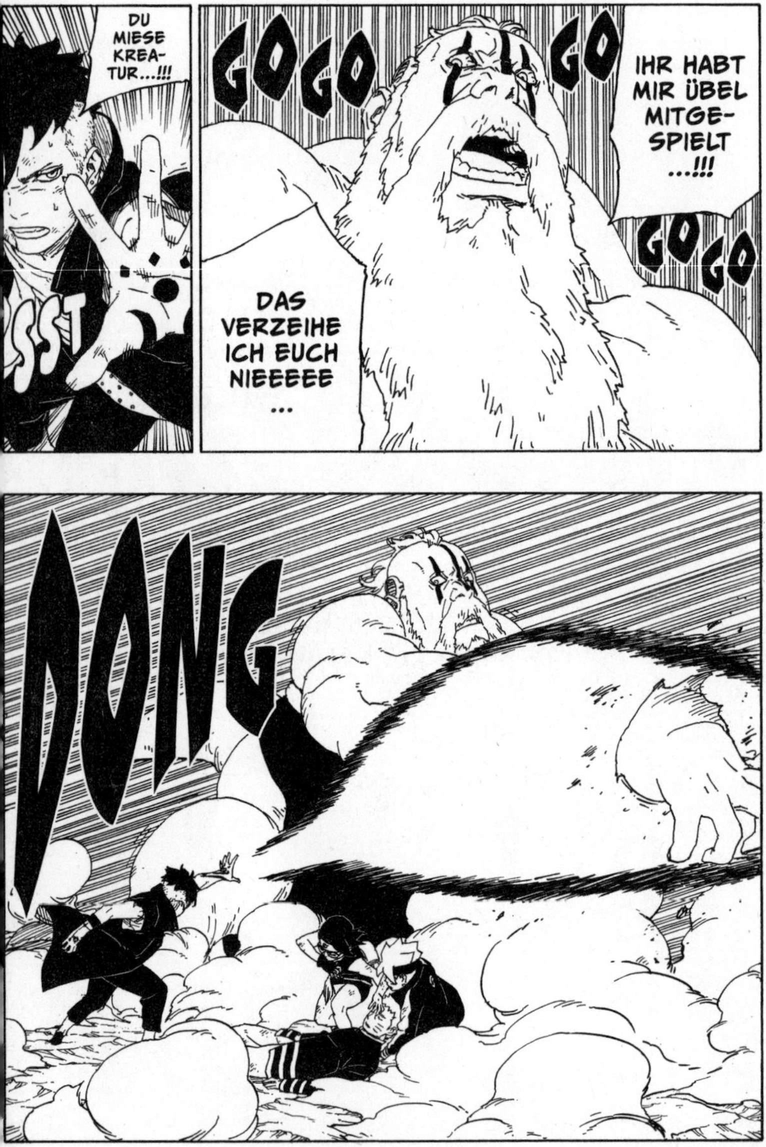
GOGO GO
IHR HABT MIR ÜBEL MITGE-SPIELT ...!!!
GOGO
DAS VERZEIHE ICH EUCH NIEEEEE ...
DU MIESE KREA-TUR...!!!
DONG

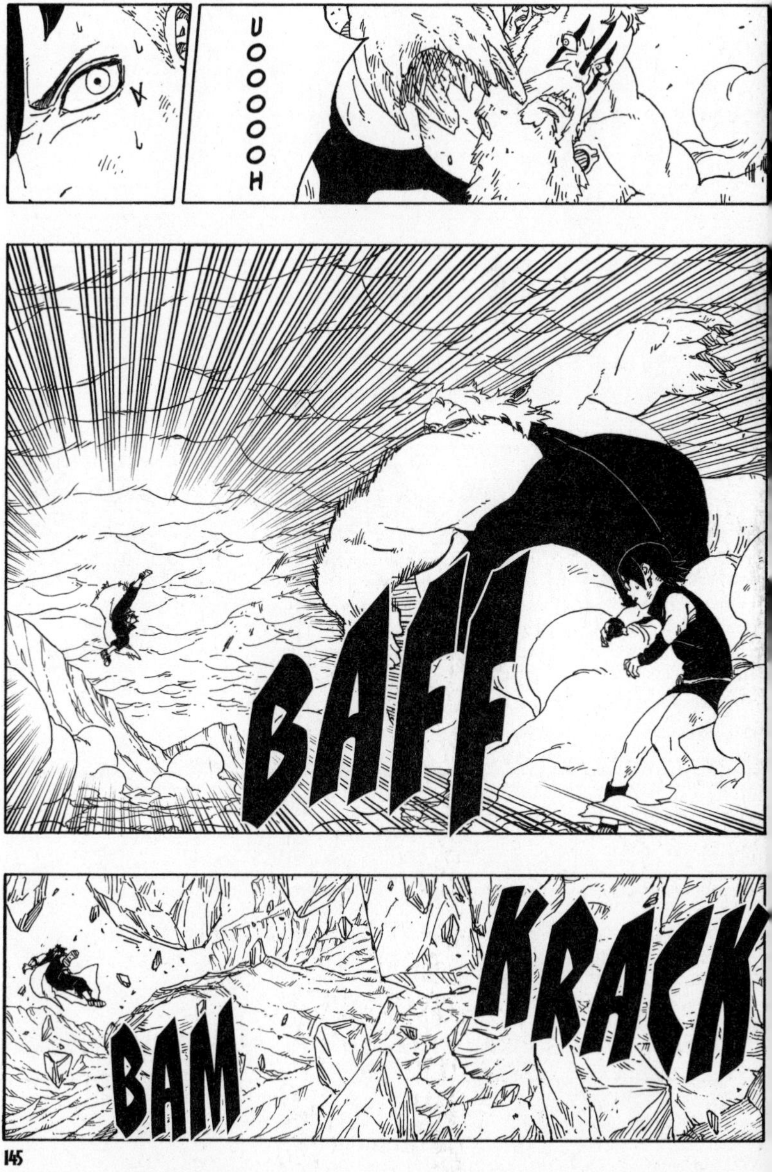
UOOOOOH
BAFF
KRACK
BAM

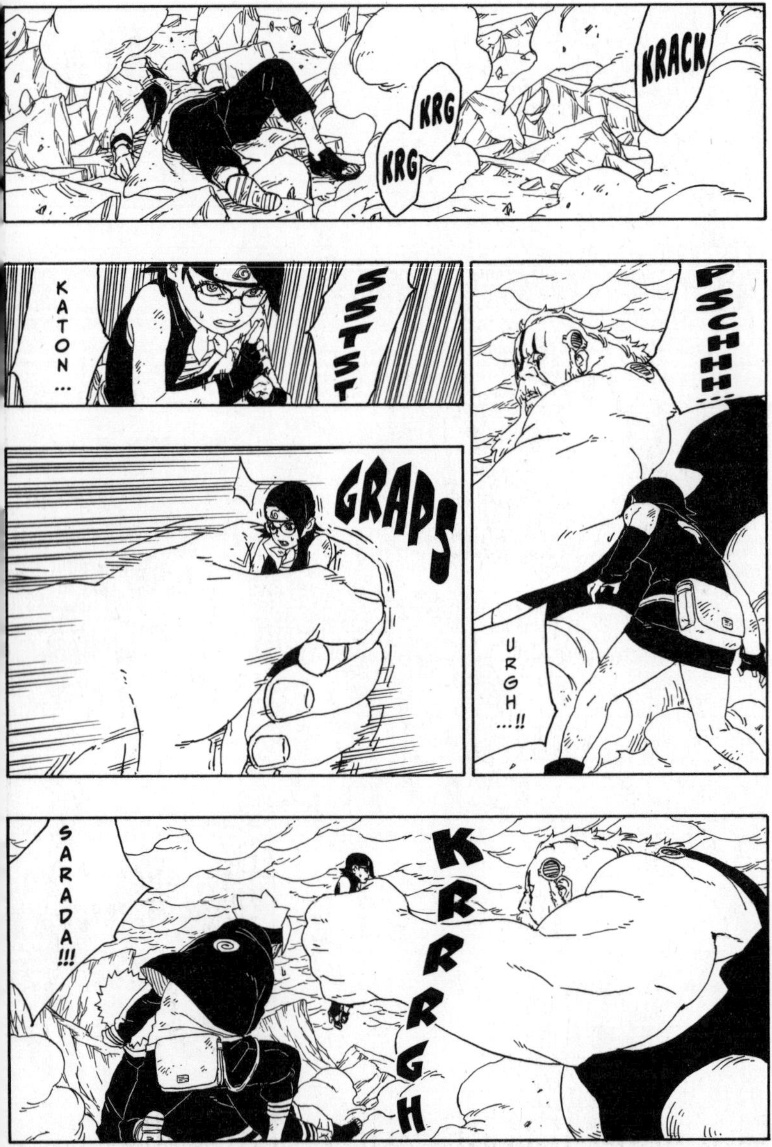
KRACK
KRG
KRG
PSCHHH..!
URGH...!!
KATON...
SSTST
GRAPS
KRRRGH
SARADA!!!

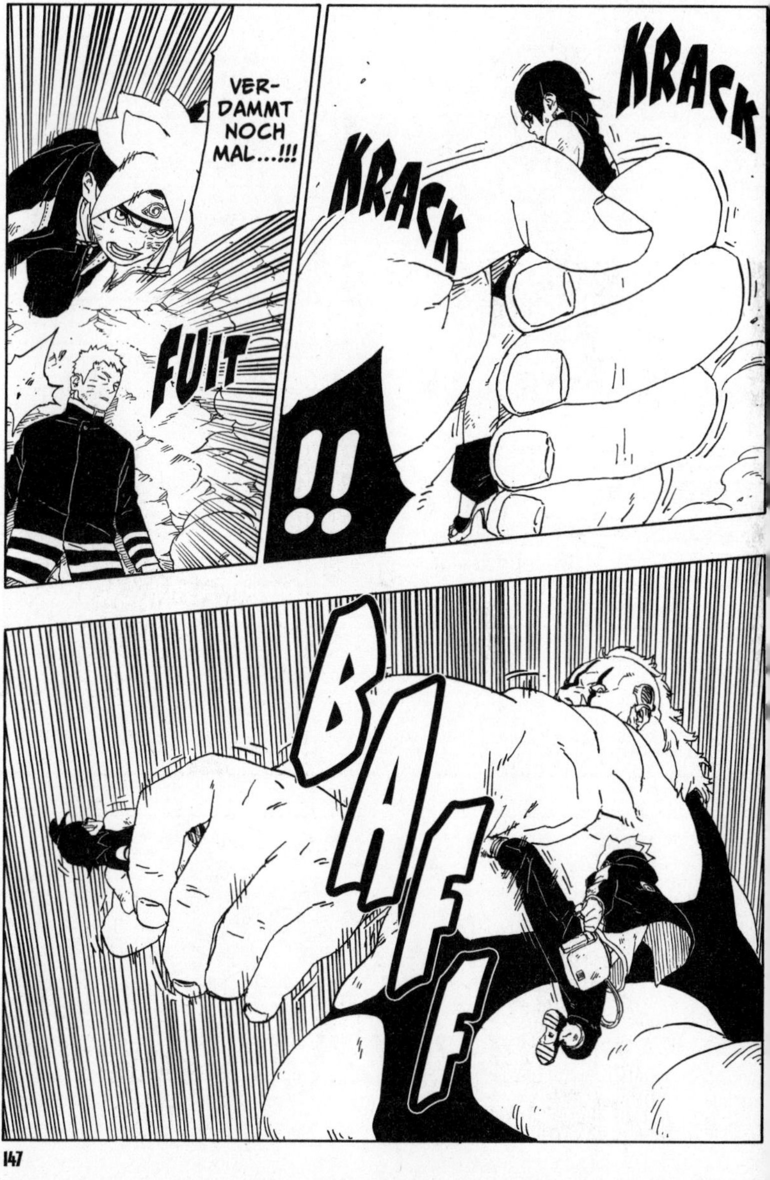
KRACK
KRACK
!!
VER-
DAMMT
NOCH
MAL...!!!
FUIT
BAFF

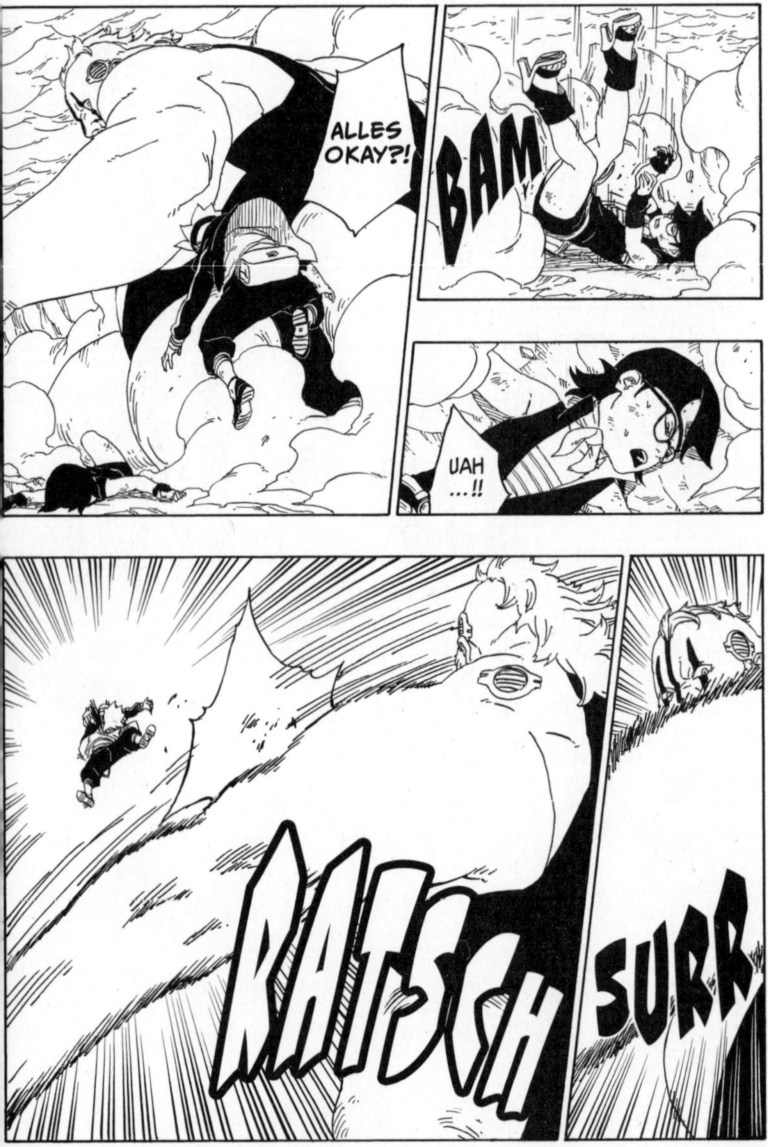
BAM
ALLES OKAY?!
UAH ...!!
SURR
RATSCH

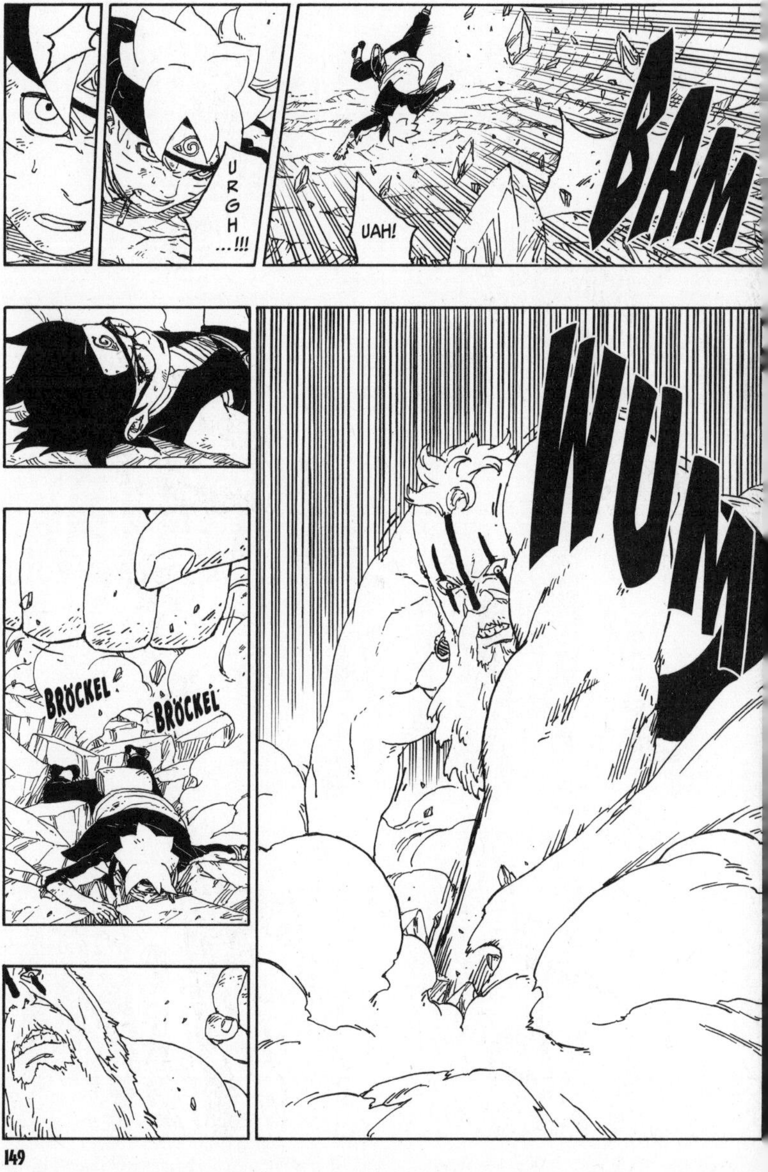
BAM
UAH!
URGH ...!!!
WUMM
BRÖCKEL
BRÖCKEL

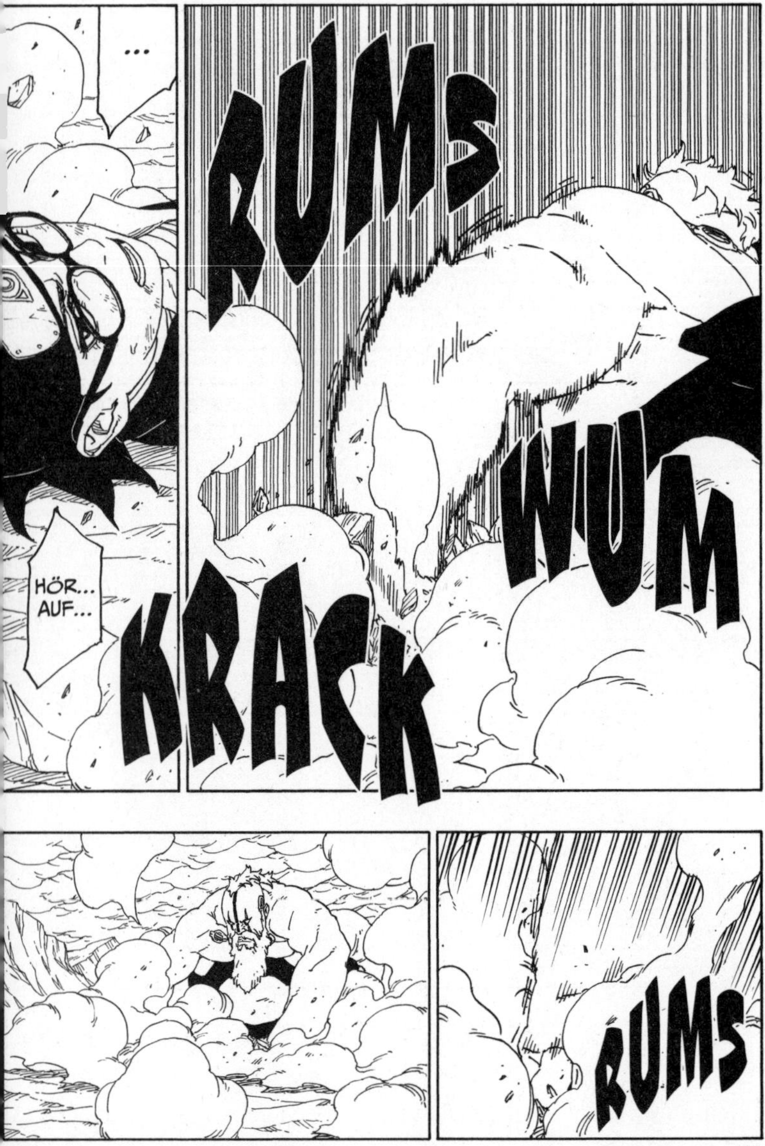
RUMS
WUM
KRACK
...
HÖR...
AUF...
RUMS

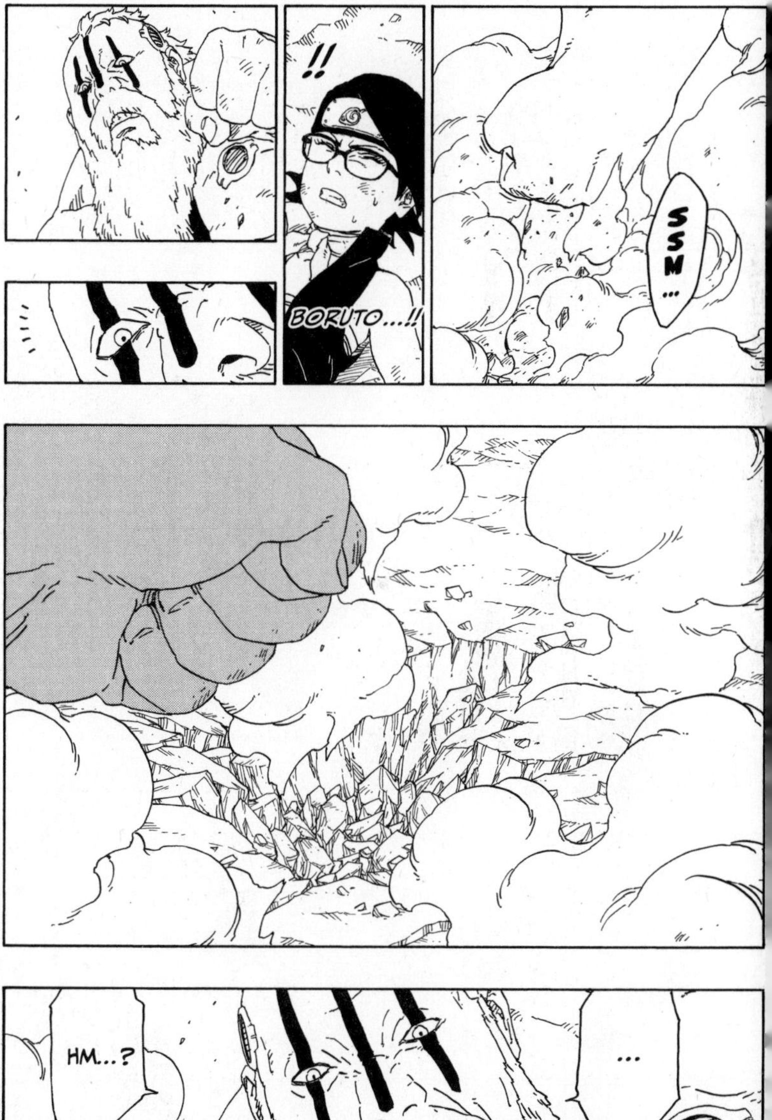
SSM...
!!
BORUTO...!!
...
HM...?

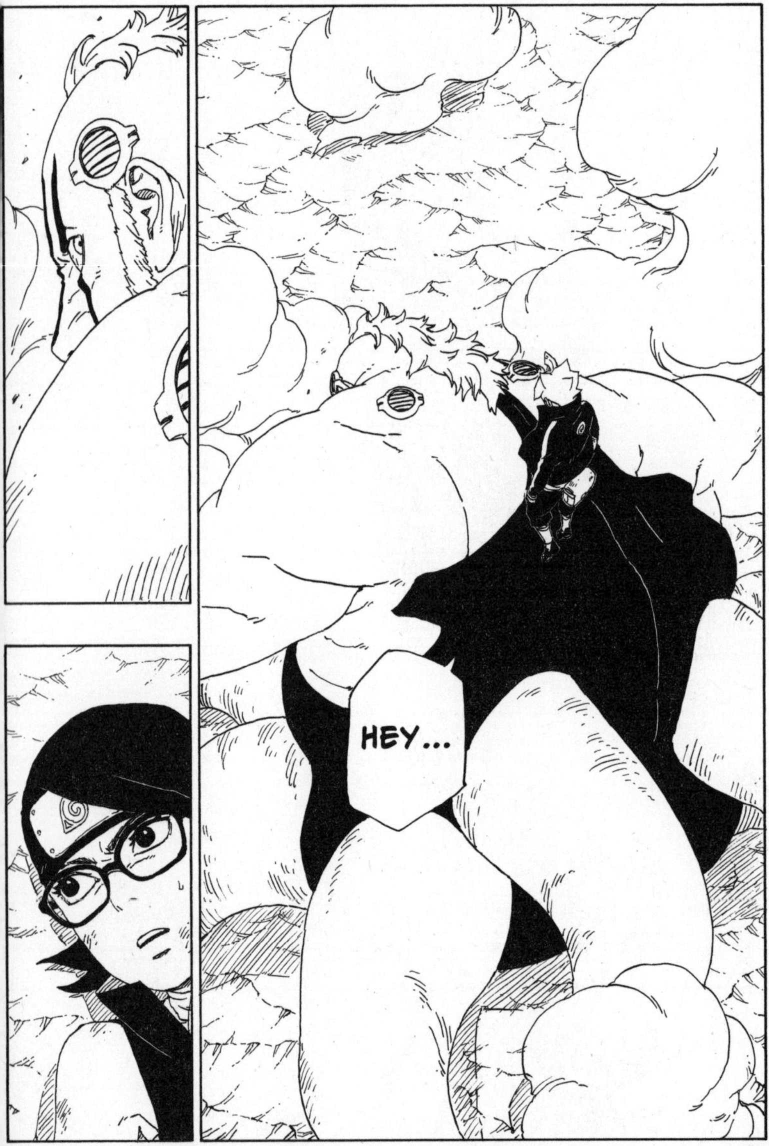
HEY...

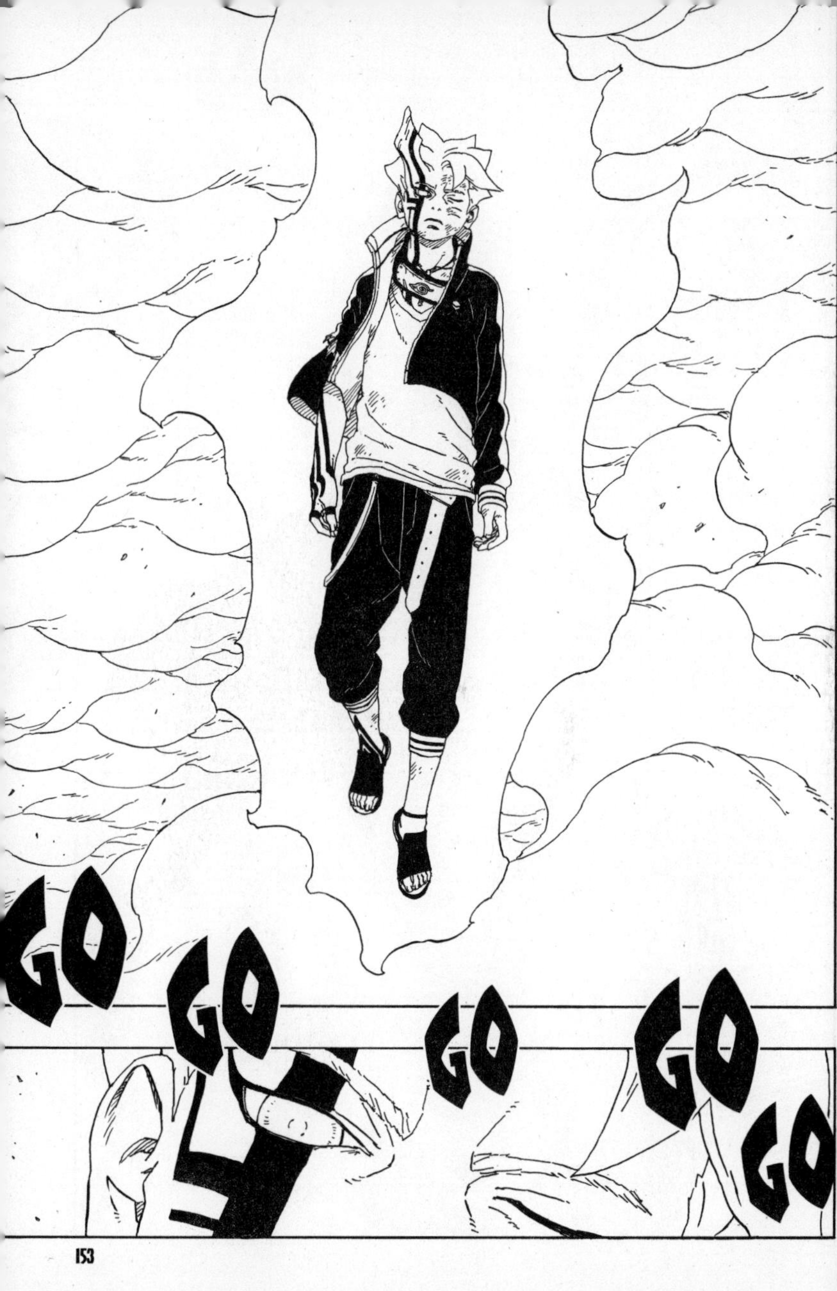
GO
GO
GO
GO
GO

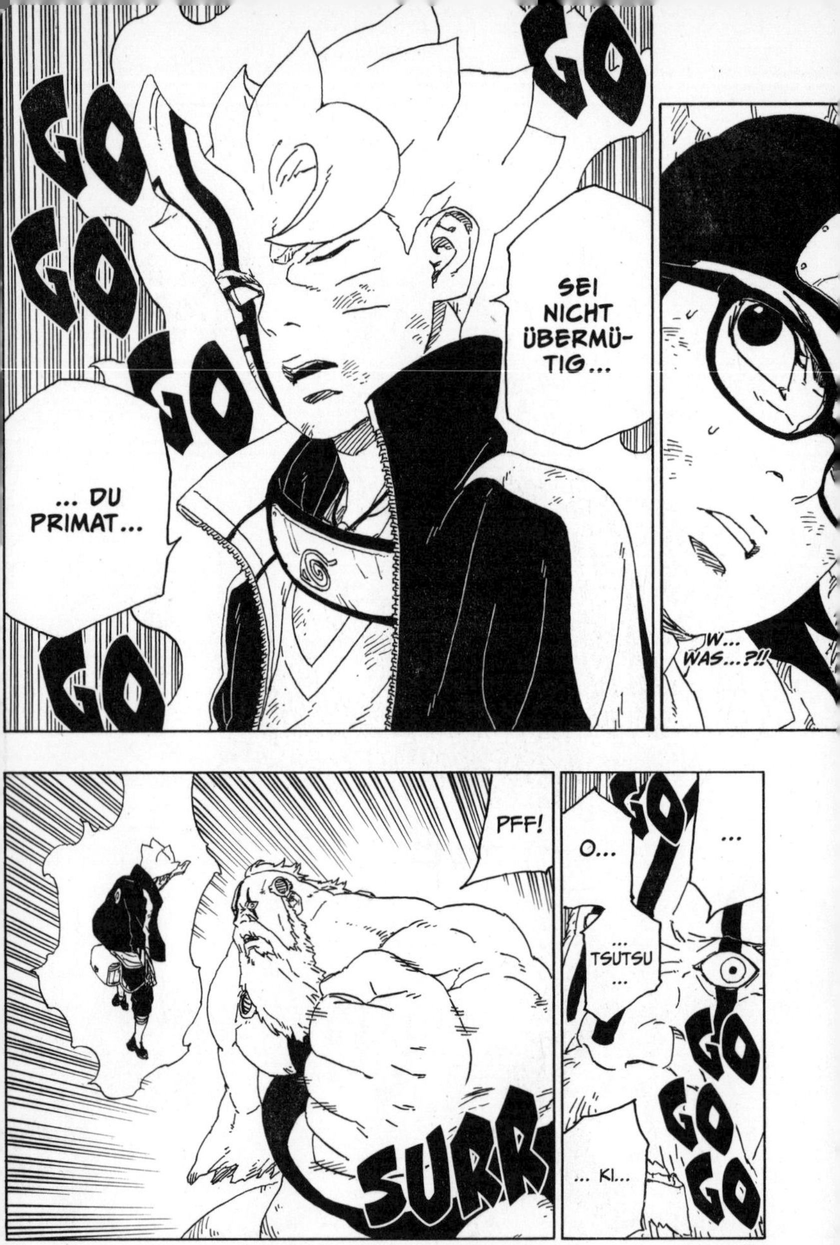
GO GO GO GO GO GO
SEI NICHT ÜBERMÜTIG...
... DU PRIMAT...
W... WAS...?!!
...
O...
... TSÜTSU ...
... KI...
GO GO GO GO GO
PFF!
SURR

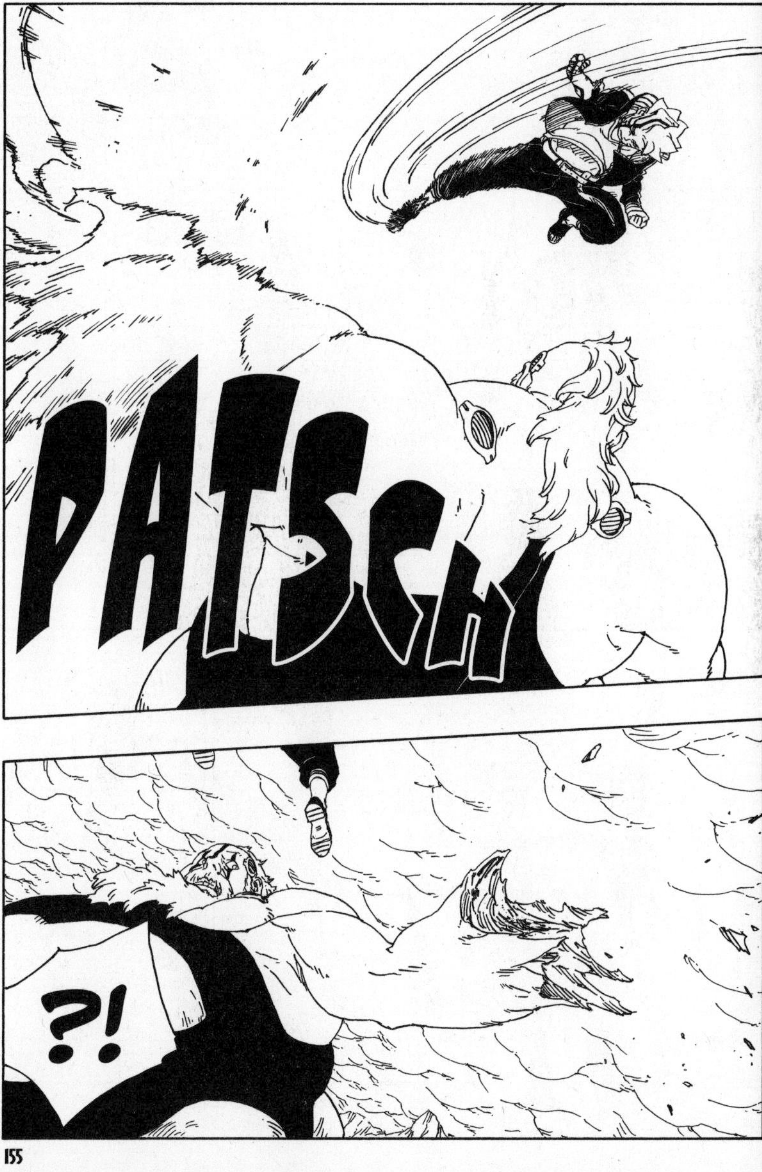
PATSCH
?!

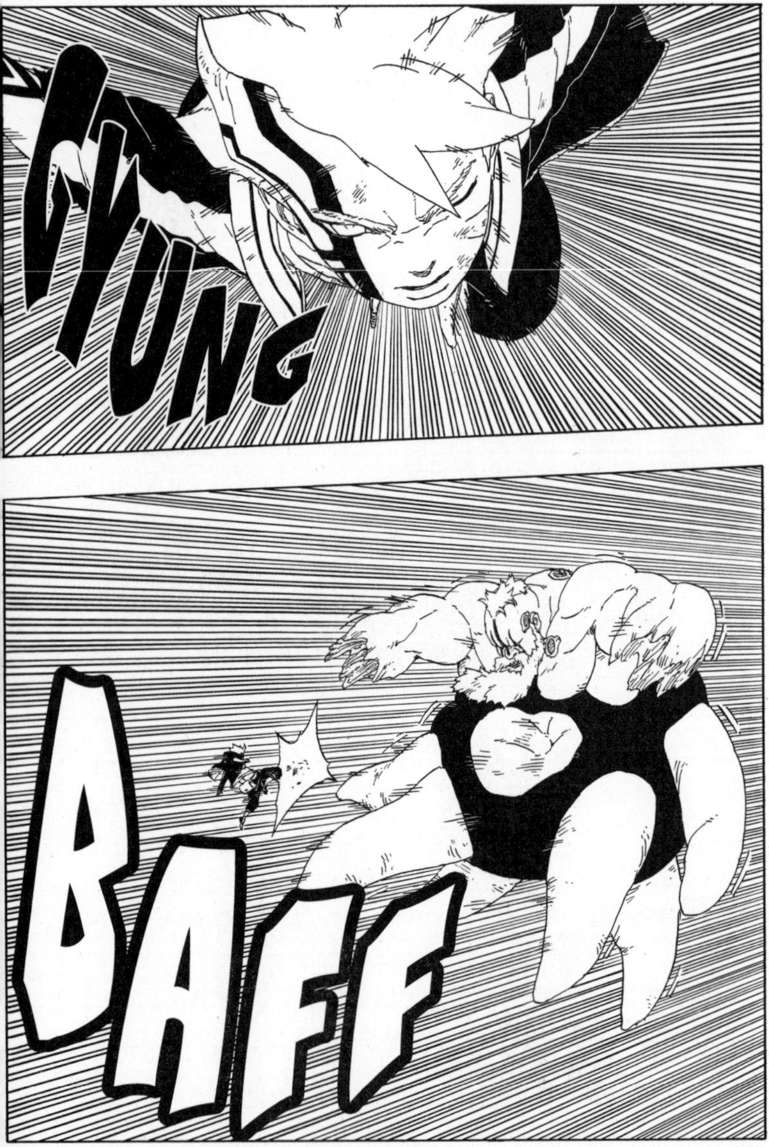
GYUNG
BAFF

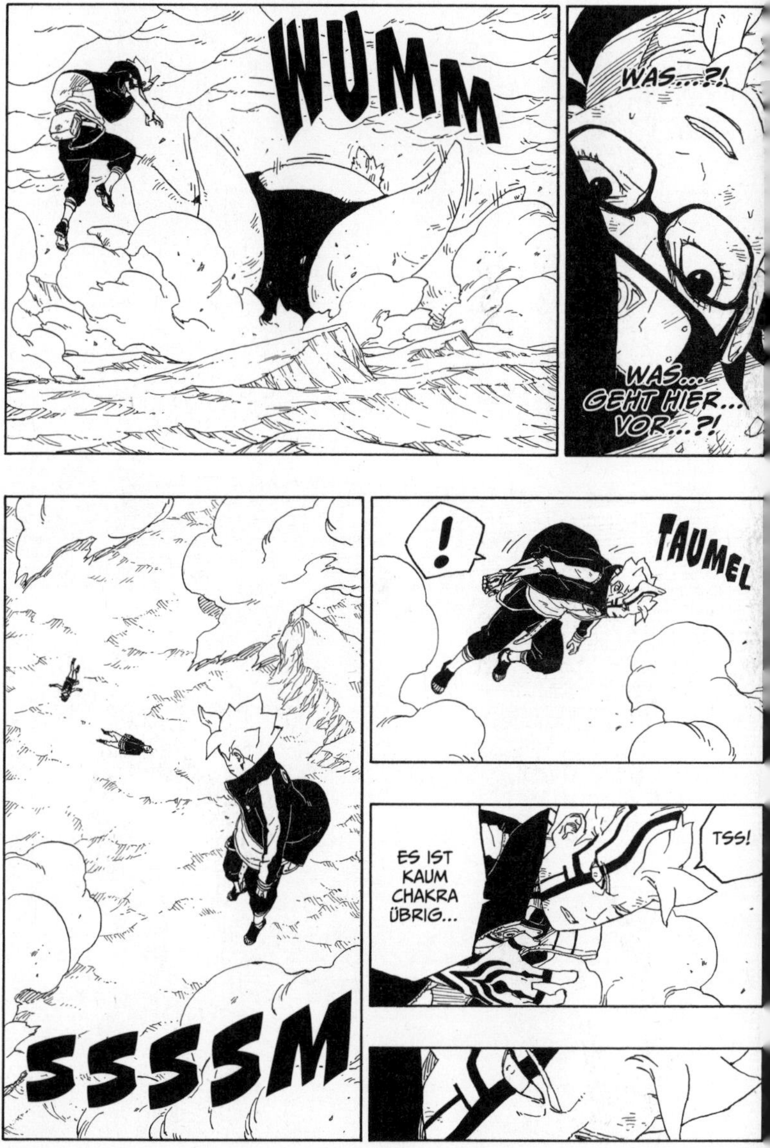
WUMM
WAS...?!
WAS... GEHT HIER... VOR...?!
!
TAUMEL
SSSSM
ES IST KAUM CHAKRA ÜBRIG...
TSS!

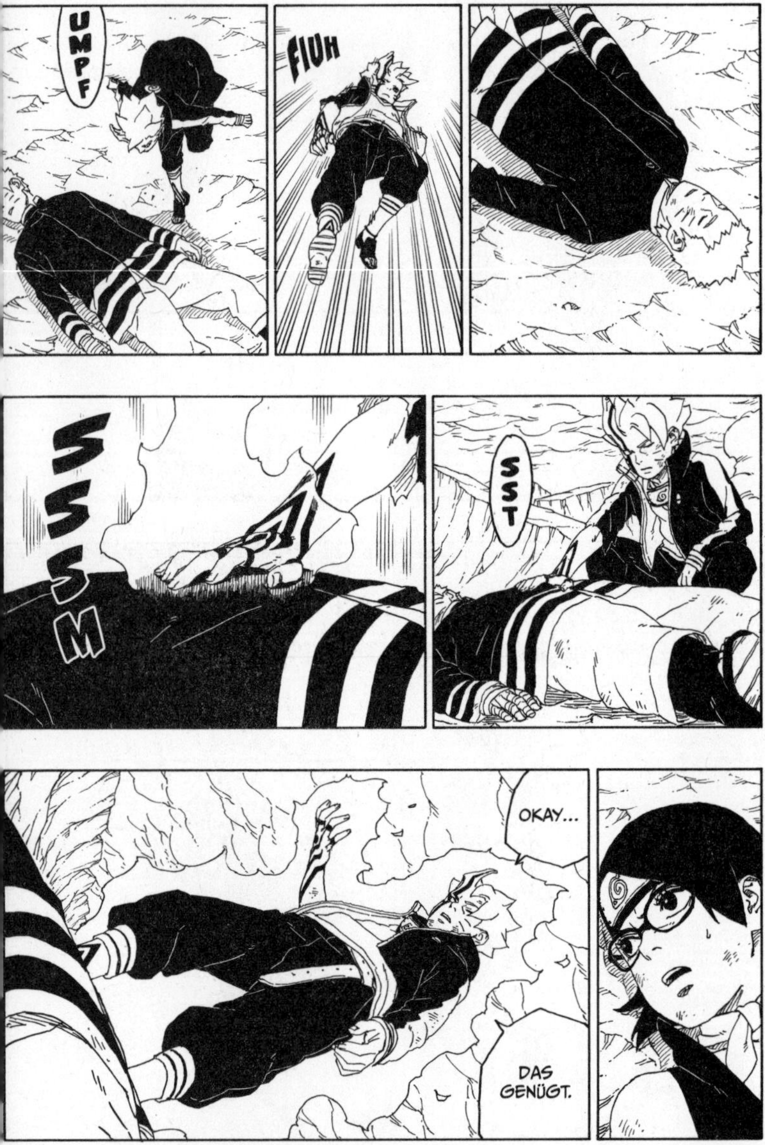
FIUH
UMPF
SST
SSSM
OKAY...
DAS GENÜGT.

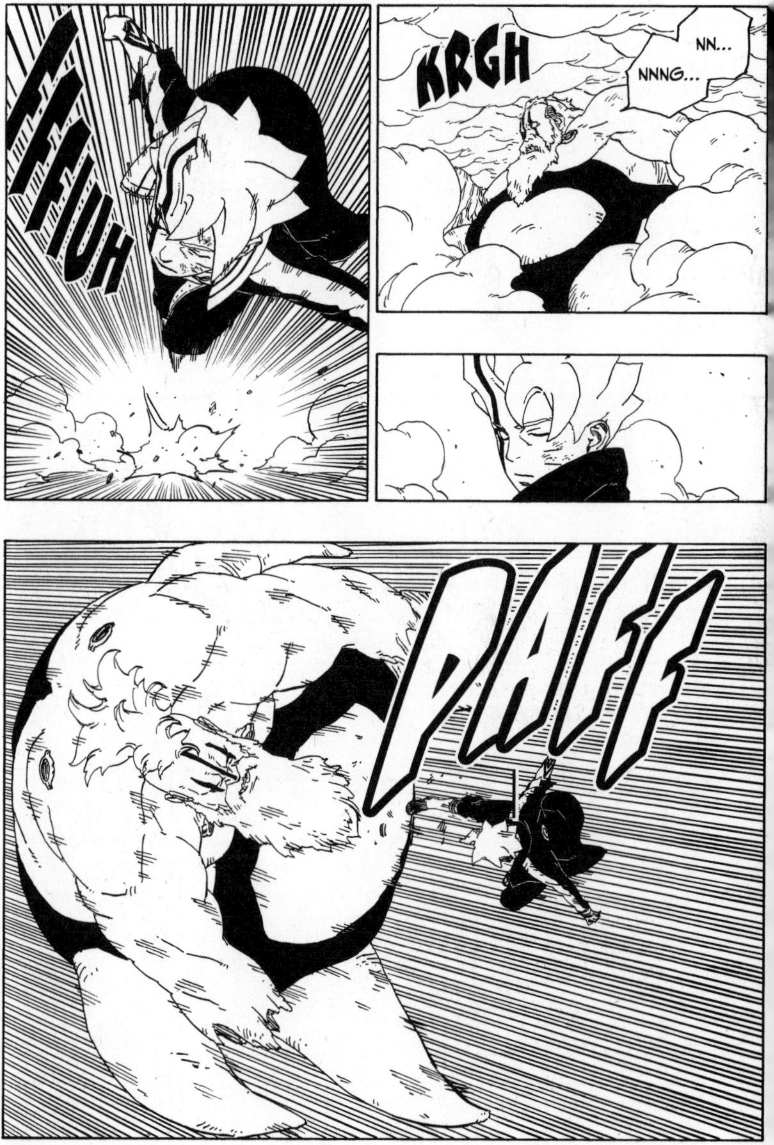
KRGH
NN...
NNNG...

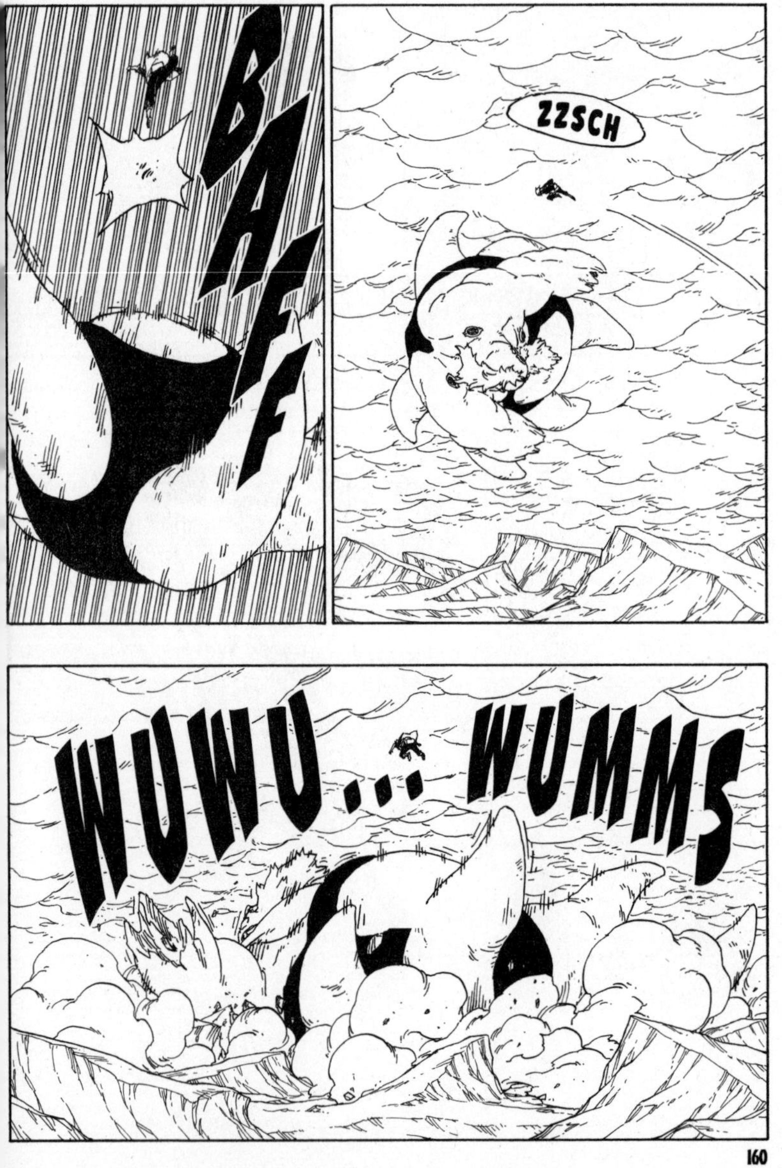
BAFF
ZZSCH
WUWU... WUMMS

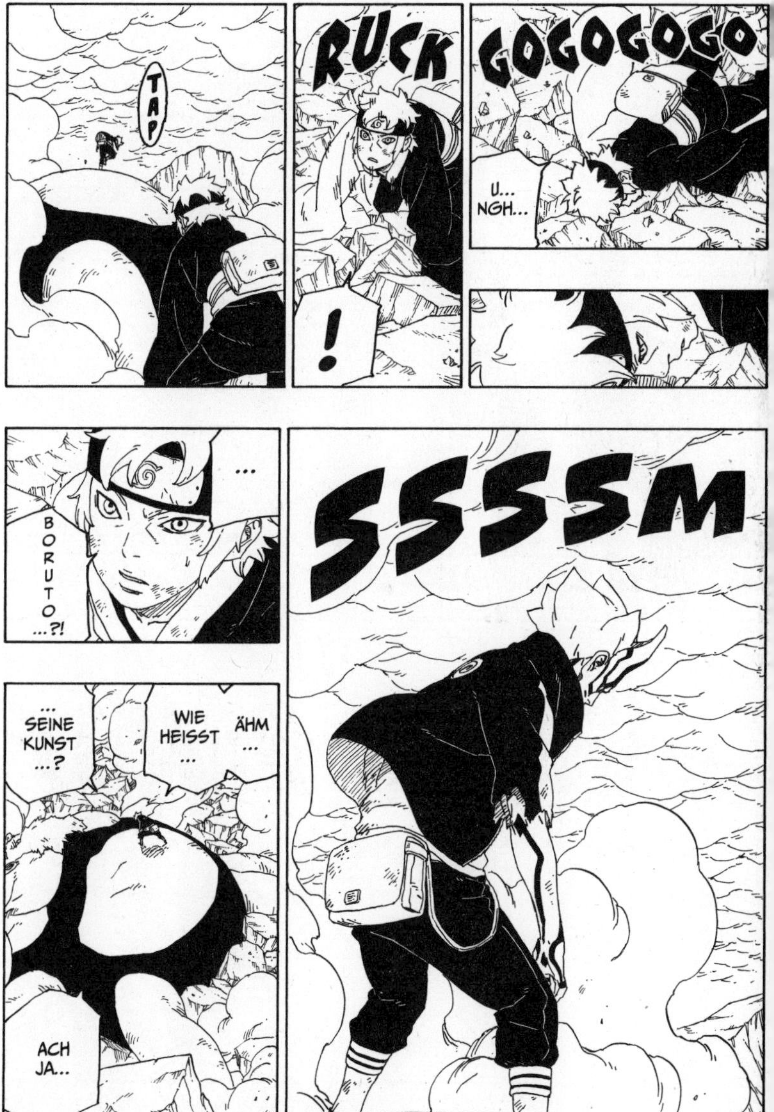
GOGOGOGO
U... NGH...
RUCK
!
TAP
SSSSM
...
BORUTO ...?!
ÄHM ...
WIE HEISST ...
... SEINE KUNST ...?
ACH JA...

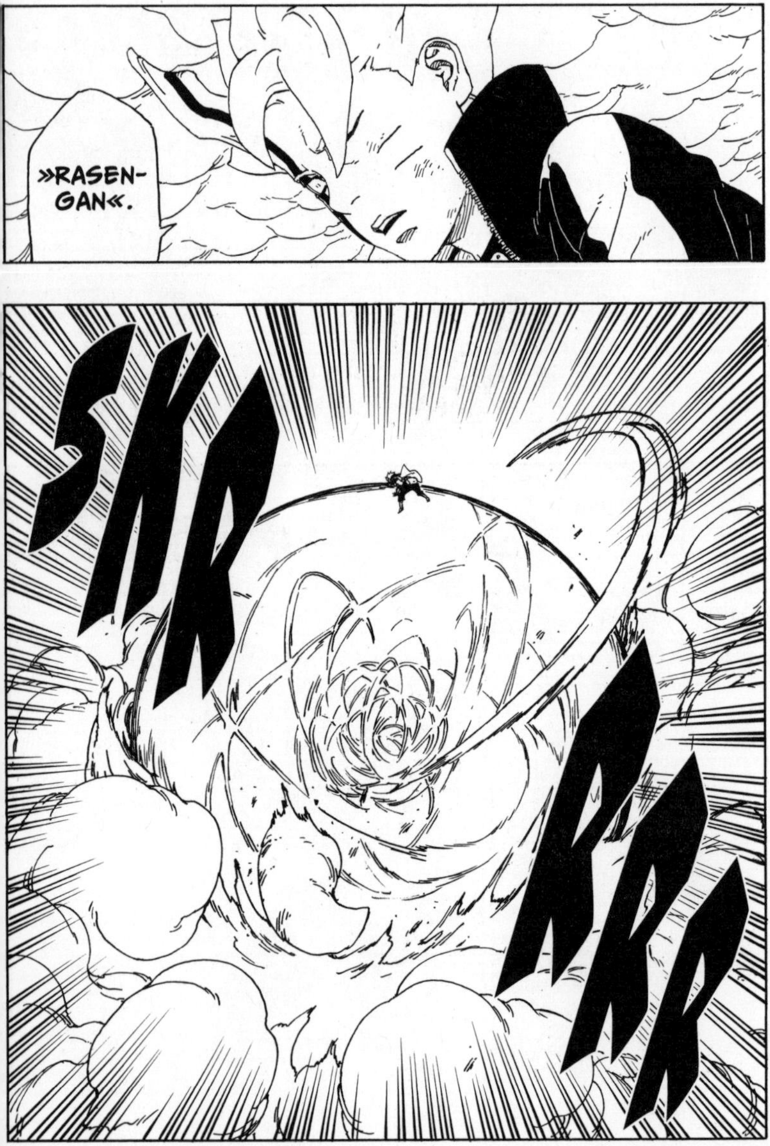
»RASEN-
GAN«.
SHRRRR

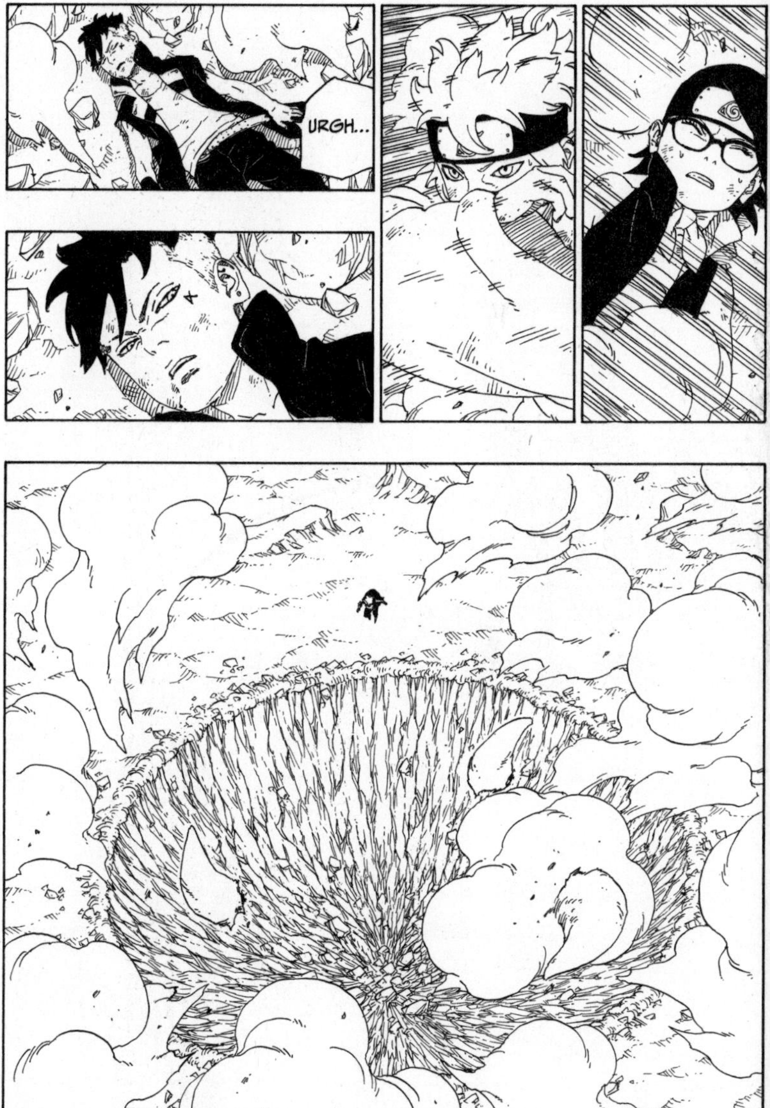
URGH...

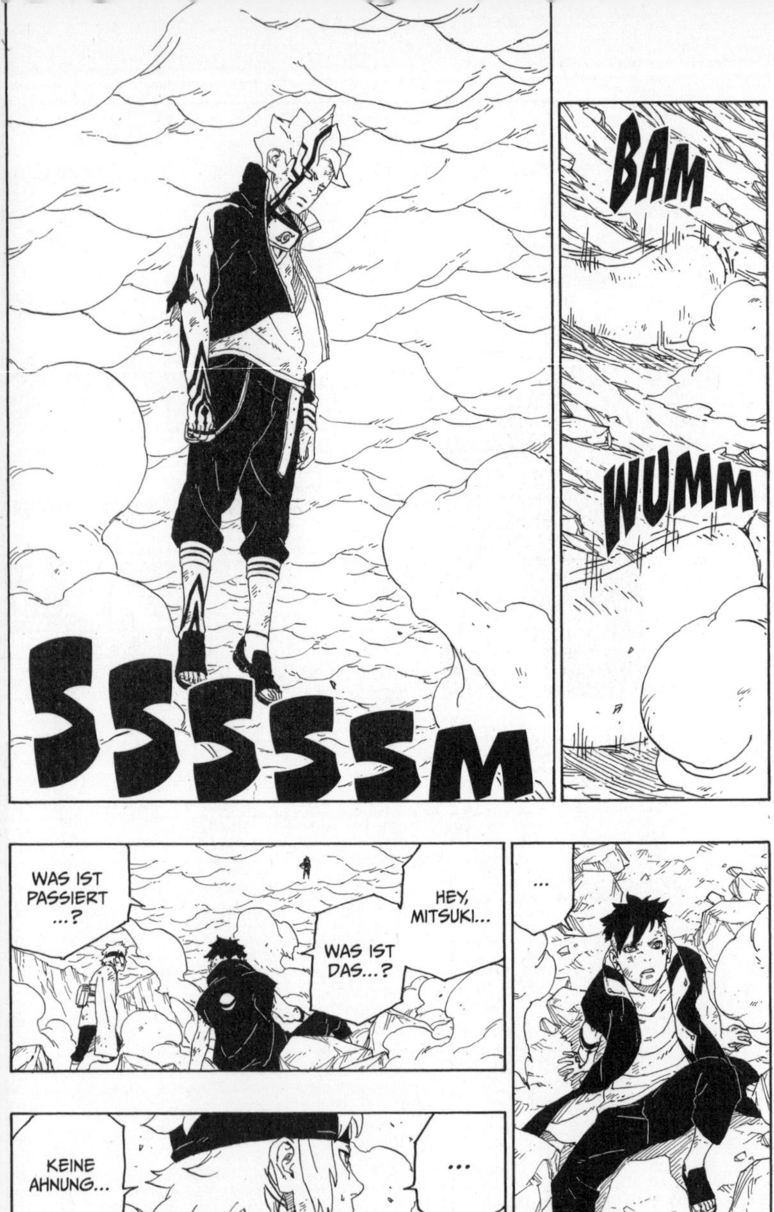

BAM
WUMM
SSSSSM
...
HEY, MITSUKI...
WAS IST DAS...?
WAS IST PASSIERT ...?
...
KEINE AHNUNG...

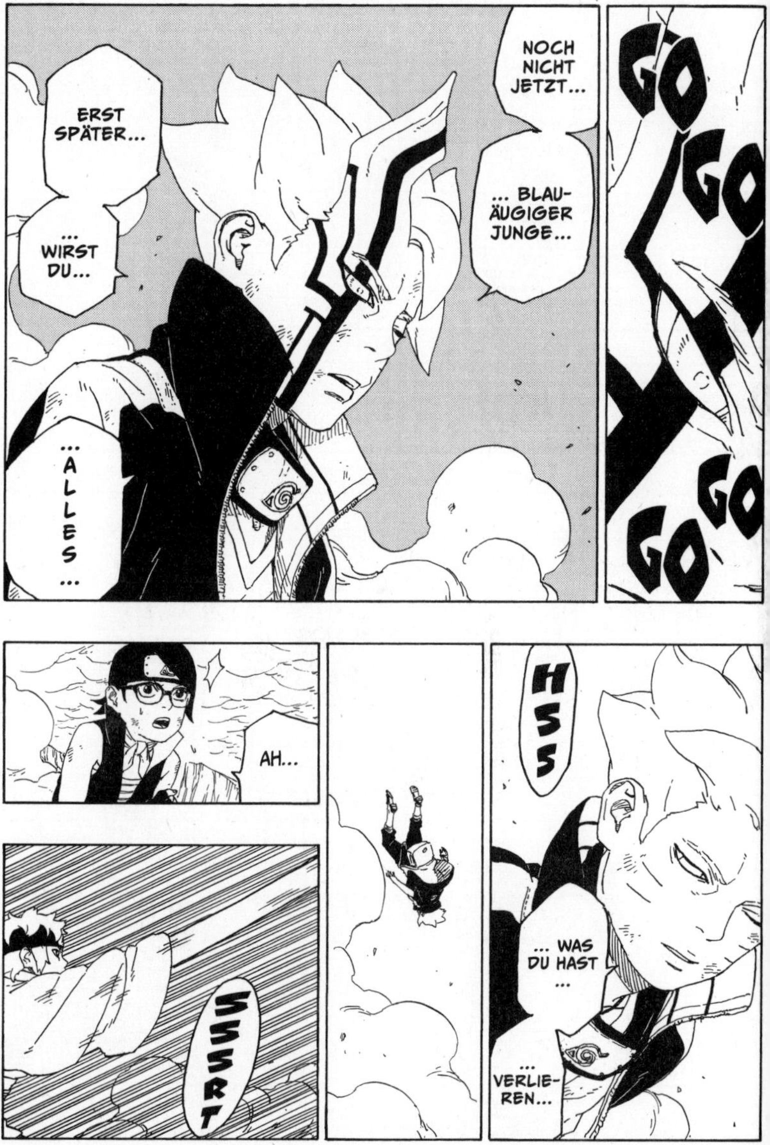
GO GO GO GO
NOCH NICHT JETZT...
... BLAU-ÄUGIGER JUNGE...
ERST SPÄTER...
... WIRST DU...
... ALLES ...
HSS
... WAS DU HAST ...
... VERLIEREN...
AH...
SSSRT

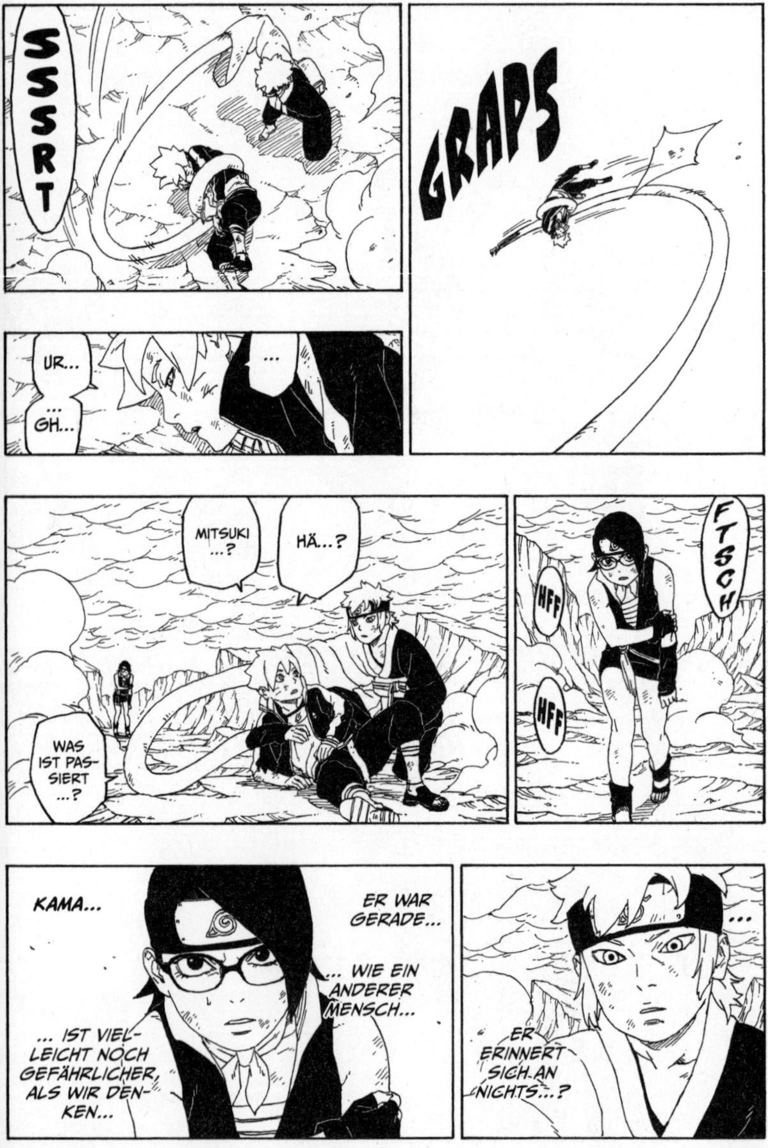
GRAPS
SSSRT
...
UR...
... GH...
FTSCH
HFF
HFF
HÄ...?
MITSUKI ...?
WAS IST PASSIERT ...?
...
ER ERINNERT SICH AN NICHTS...?
ER WAR GERADE...
... WIE EIN ANDERER MENSCH...
KAMA...
... IST VIELLEICHT NOCH GEFÄHRLICHER, ALS WIR DENKEN...

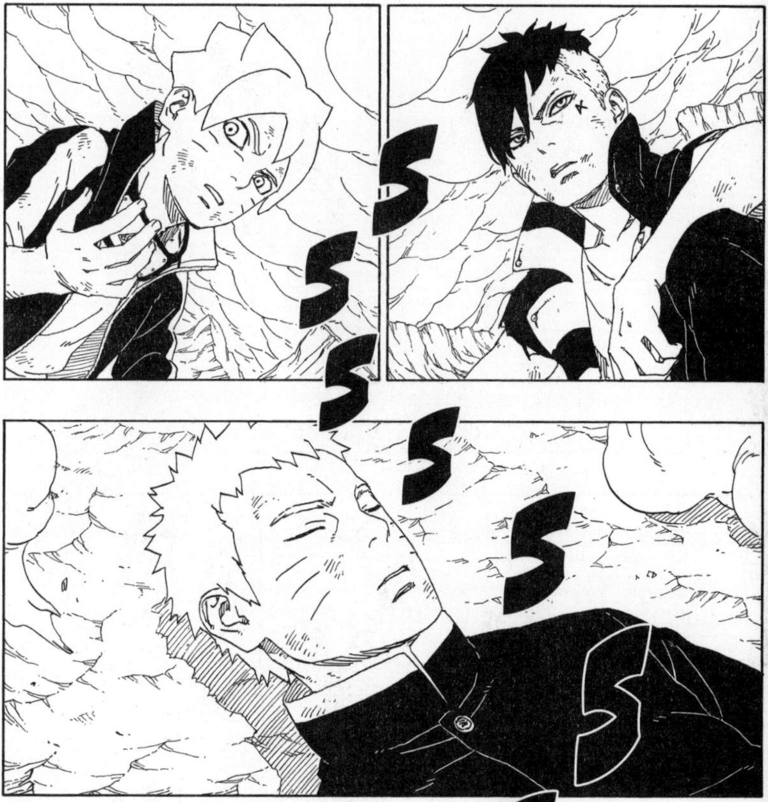
SSSSSSSSSM

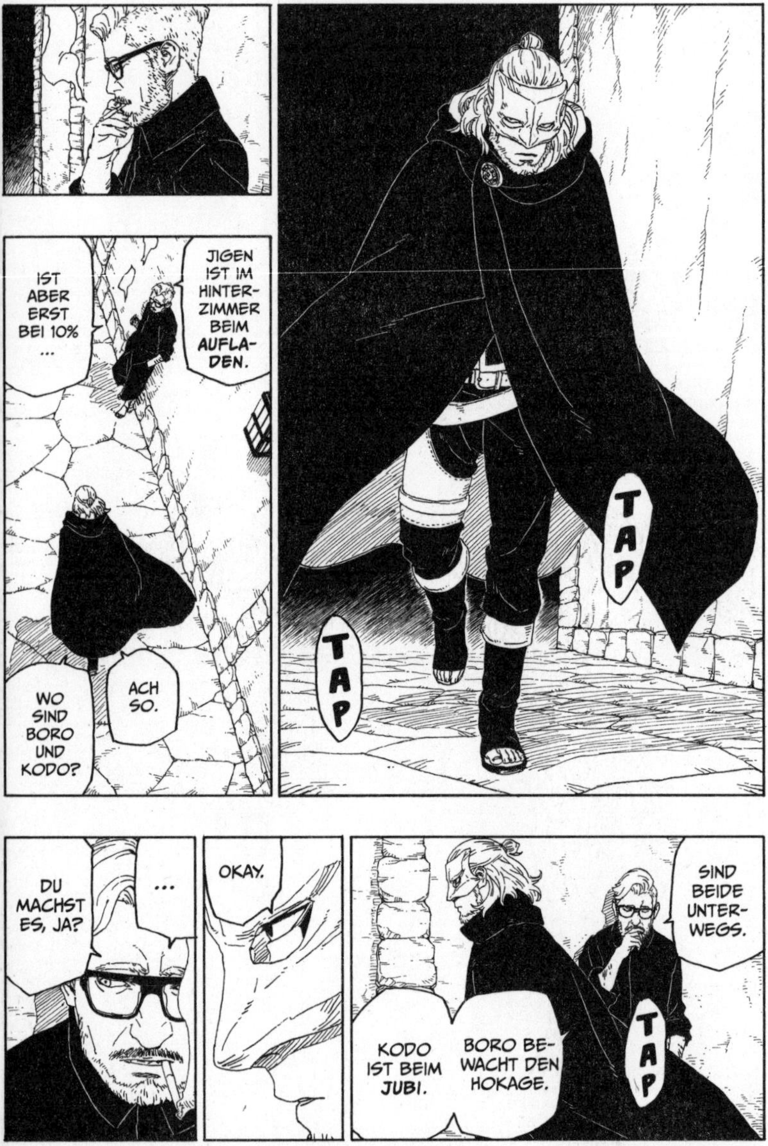
TAP
TAP
JIGEN IST IM HINTER-ZIMMER BEIM AUFLA-DEN.
IST ABER ERST BEI 10% ...
ACH SO.
WO SIND BORO UND KODO?
SIND BEIDE UNTER-WEGS.
TAP
BORO BE-WACHT DEN HOKAGE.
KODO IST BEIM JUBI.
OKAY.
DU MACHST ES, JA?
...

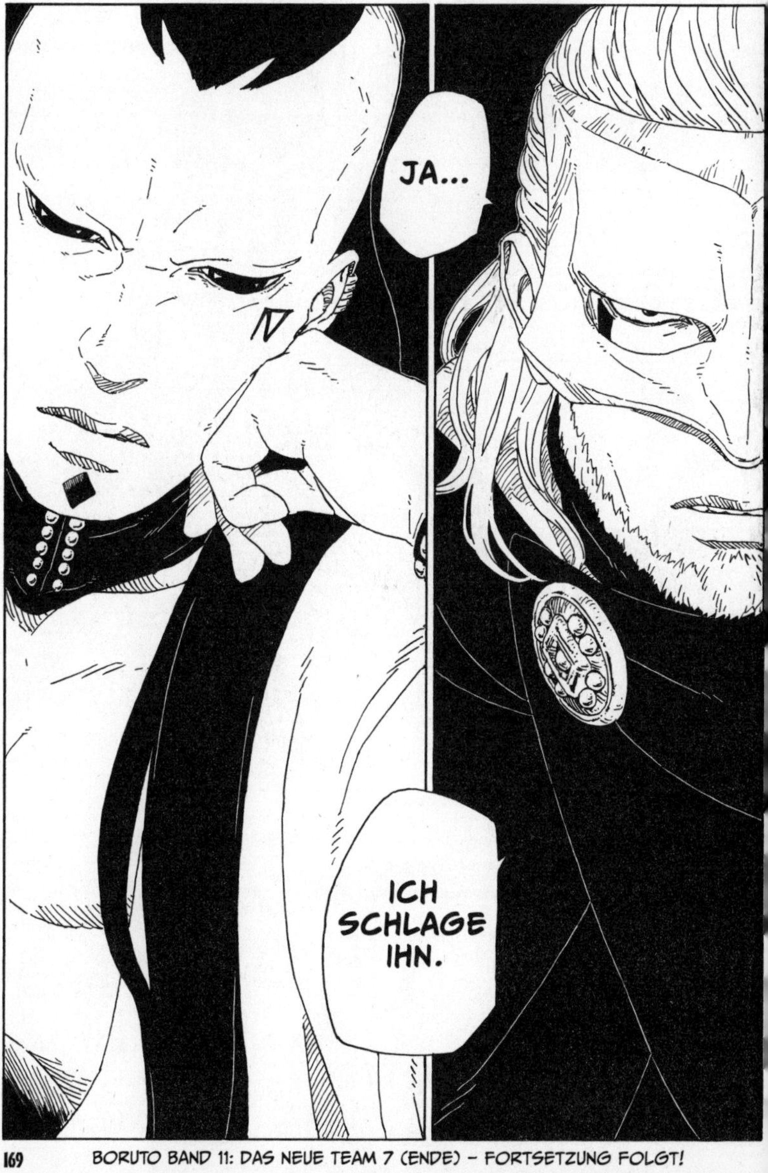
JA...
ICH SCHLAGE IHN.

BORU GANG

JC-FASSUNG!!

TEIL 4

DIE VERBINDUNGEN ZWISCHEN KARA UND KONOHA

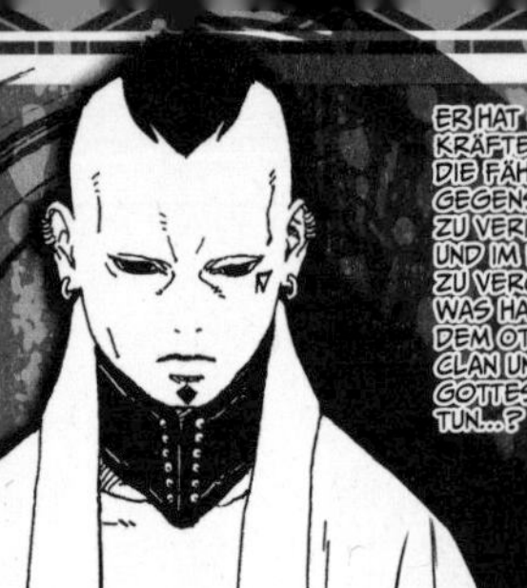

JIGEN

DER ANFÜHRER VON KARA

ER HAT ENORME KRÄFTE UND DIE FÄHIGKEIT, GEGENSTÄNDE ZU VERKLEINERN UND IM NU WIEDER ZU VERGRÖßERN. WAS HAT ER MIT DEM OTSUTSUKI-CLAN UND DEM GOTTESBAUM ZU TUN...?

UM DAS GEFÄSS ZURÜCKZUKRIEGEN, KÄMPFT ER GEGEN NARUTO UND SASUKE!!

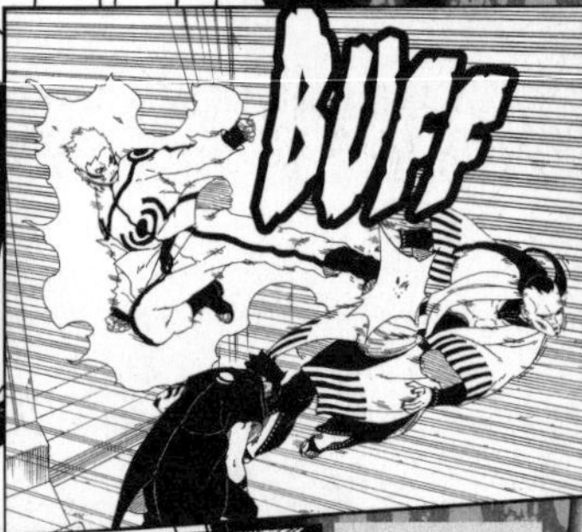

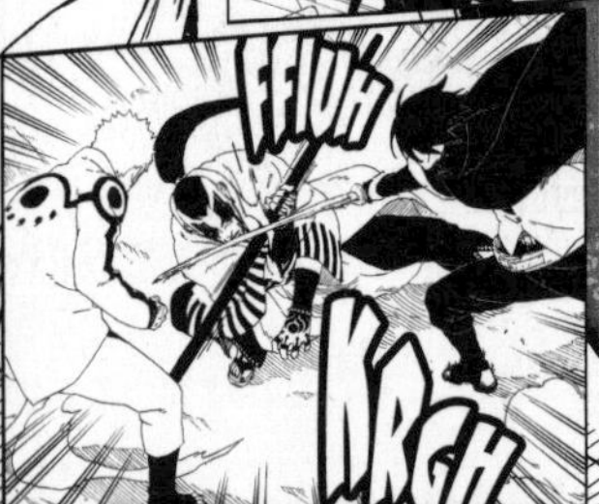

ER WILL KAWAKI, DER UNTER DER OBHUT VON FAMILIE UZUMAKI LEBT, ZURÜCKHOLEN. DURCH KAMA TAUCHTE ER UNVERMITTELT IN KONOHA AUF UND KÄMPFTE GEGEN NARUTO UND SASUKE, DIE SICH IHM ENTGEGENSTELLTEN.

DIE ZWEI JUNGEN, DENEN KAMA EINGEPRÄGT IST

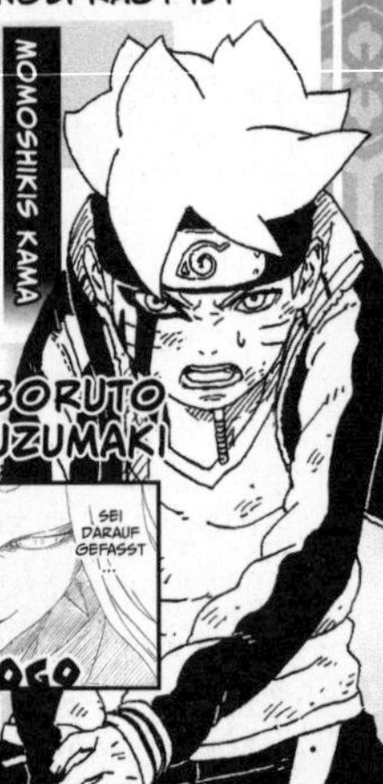

BORUTO UZUMAKI

MOMOSHIKIS KAMA

DER SOHN DES SIEBTEN HOKAGE. IM KAMPF GEGEN MOMOSHIKI OTSUTSUKI WURDE IHM KAMA EINGEPRÄGT, NACHDEM ER MOMOSHIKI DEN ENTSCHEIDENDEN SCHLAG VERSETZT HATTE.

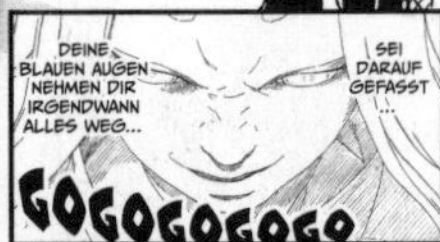

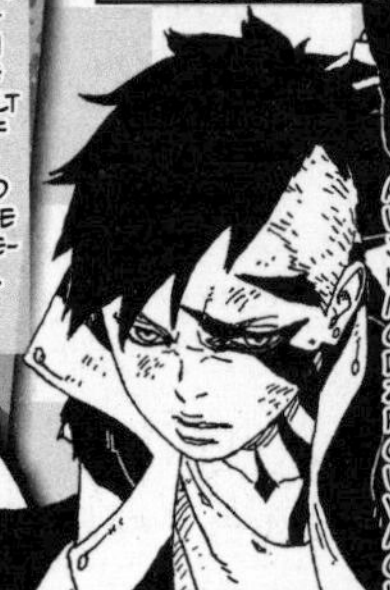

KAWAKI

JIGENS KAMA

ALS KLEINES KIND WURDE KAWAKI VON JIGEN GEKAUFT. KAWAKI HAT DIE MENSCHENVERSUCHE ÜBERLEBT, BEI DENEN NACH EINEM ZU JIGENS KAMA PASSENDEN KIND GESUCHT WURDE. ER WURDE ALS GEFÄSS VON JIGEN UND ANDEREN GROSSGEZOGEN. KAWAKI WURDE ZUFÄLLIG VON KONOHAMARUS TEAM GEFUNDEN UND IN SICHERHEIT GEBRACHT.

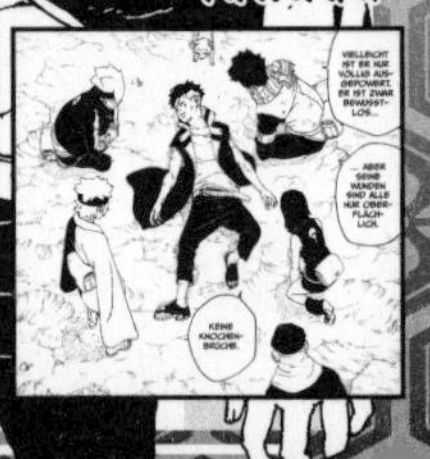

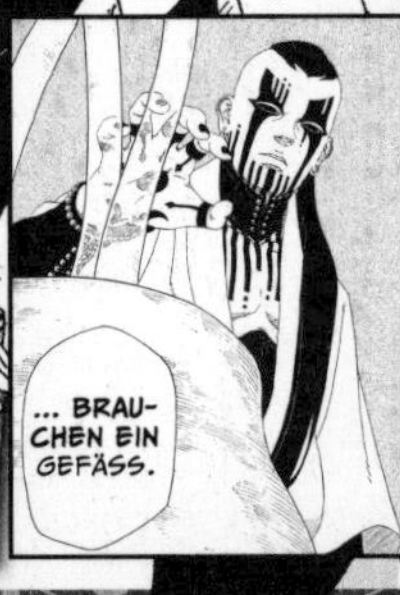

STRUKTUR DER ORGANISATION KARA

DIE ÄUSSEREN

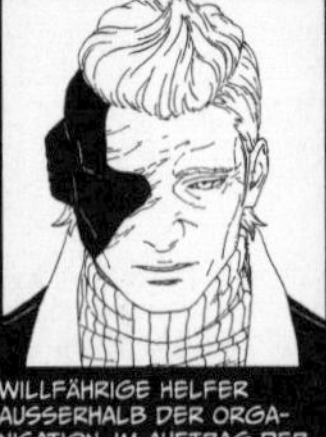

WILLFÄHRIGE HELFER AUSSERHALB DER ORGANISATION. IM AUFTRAG DER INNEREN FÜHREN SIE KÄMPFE UND ERLEDIGEN ANDERE AUFGABEN.

DIE INNEREN

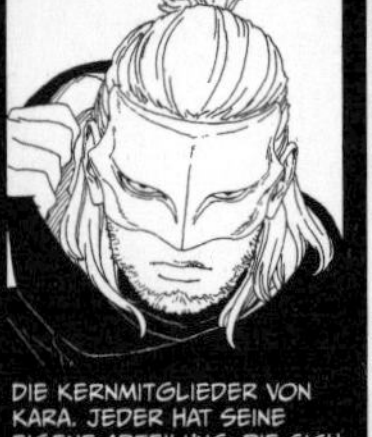

DIE KERNMITGLIEDER VON KARA. JEDER HAT SEINE EIGENE ABTEILUNG, DIE SICH »SEKTOR« NENNT.

DIE INNEREN UNTER JIGENS FÜHRUNG

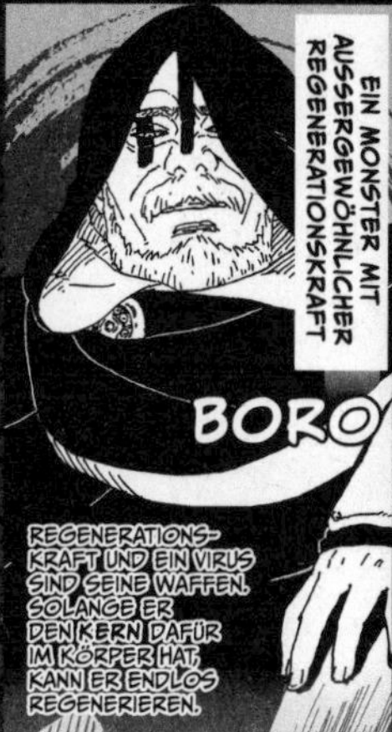

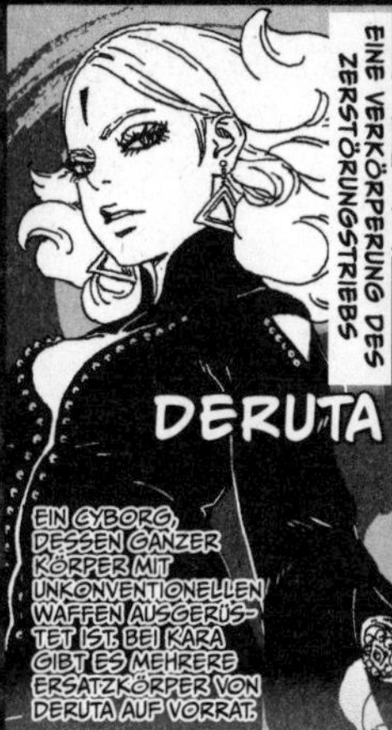

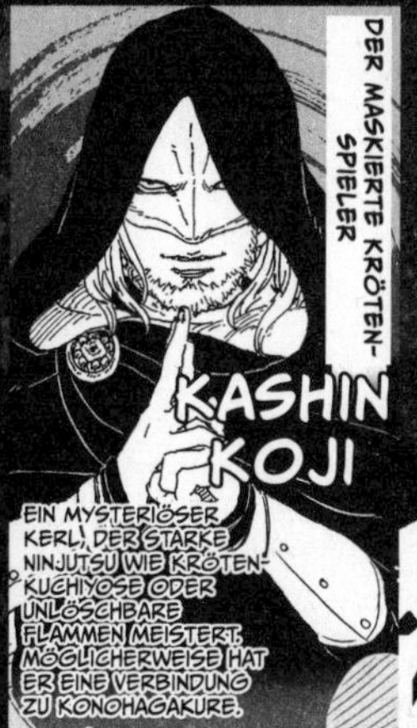

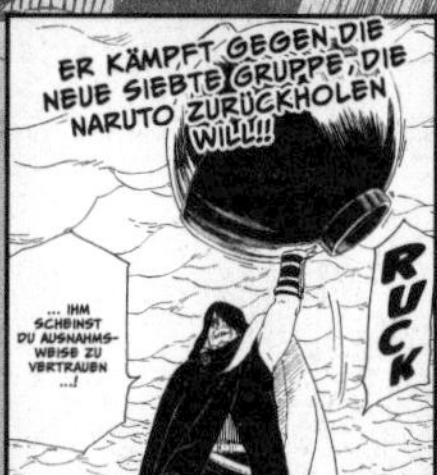

⬆ DER **KERN** WURDE IHM GENOMMEN UND DIE UNKONVENTIONELLE WAFFE IN SEINEM KÖRPER GERIET AUSSER KONTROLLE. DER VERWANDELTE BORUTO ERLEDIGTE IHN.

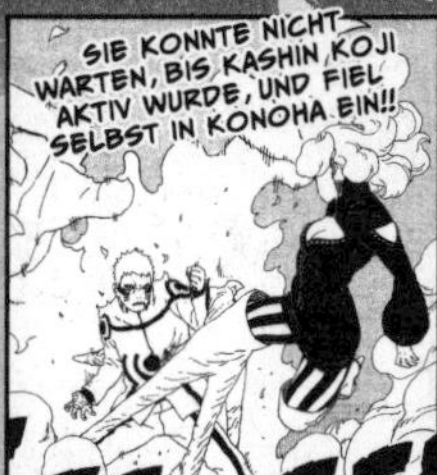

⬆ VON NARUTO BESIEGT, ZERSTÖRTE SIE SICH SELBST – ABER IM SELBEN MOMENT ÜBERTRUG SIE IHR GEDÄCHTNIS AUF EINEN IHRER ERSATZKÖRPER UND KAM WIEDER ZU SICH.

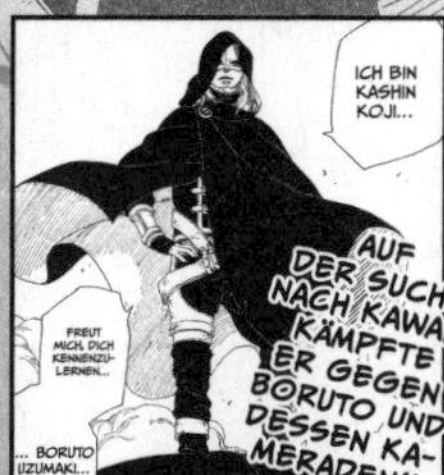

⬆ NACHDEM ER FESTGESTELLT HATTE, DASS BORUTO KAMA TRÄGT, ZOG ER SICH ZURÜCK. SEITDEM BEOBACHTET ER KONOHA.

AMADO

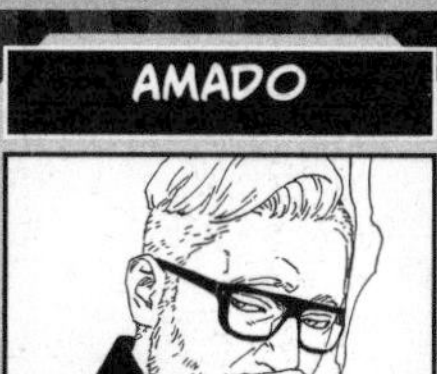

⬆ EIN WISSENSCHAFTLER, DER FÜR KARA UNENTBEHRLICH IST. ER IST FÜR DIE AUSSERGEWÖHNLICHEN, UNKONVENTIONELLEN WAFFEN UND DIE KAMA-FORSCHUNG VERANTWORTLICH.

KODO

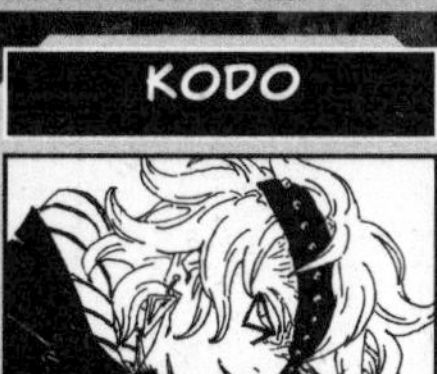

⬆ EIN INNERER MIT DEM AUSSEHEN EINES JUNGEN MANNES. SEINER EIGENEN AUSSAGE NACH IST ER STÄRKER ALS DERUTA UND UNGEFÄHR GENAUSO STARK WIE BORO.

VIKUTA

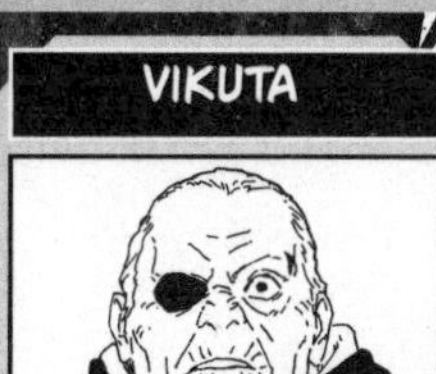

⬆ EIN INNERER, DER FÜR KAWAKIS TRANSPORT VERANTWORTLICH WAR. WEGEN DES MISSERFOLGS SEINER MISSION UND DES VERDACHTS AUF VERRAT WURDE ER VON KASHIN KOJI UMGEBRACHT.

ERFOLGREICH HEIMGEKEHRT!

NARUTO & DAS NEUE TEAM 7

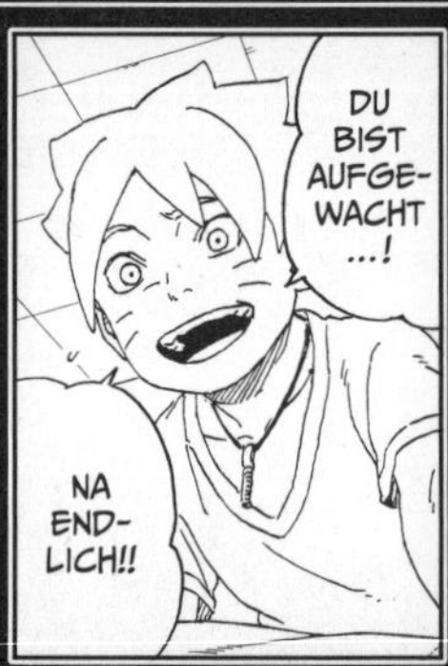

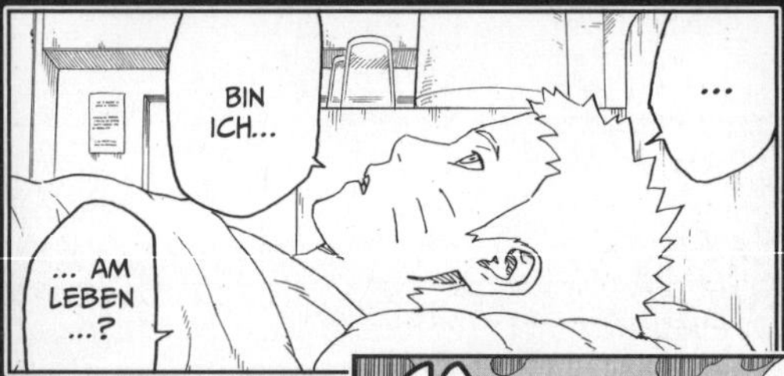

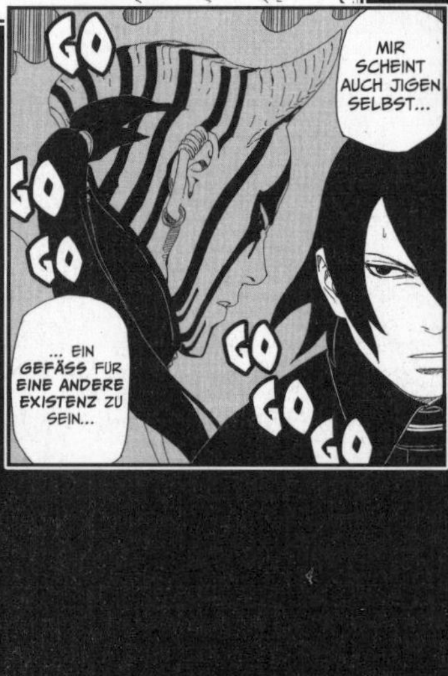

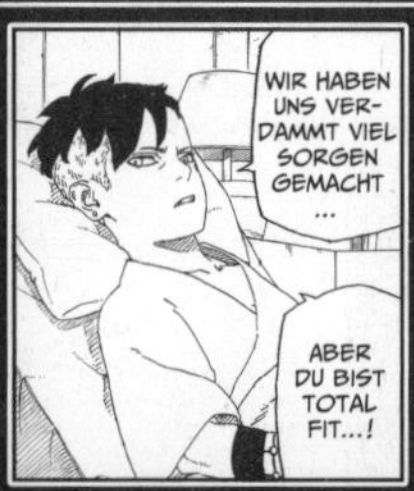

ZEIGT SICH NUN, WAS »GEFÄSS« BEDEUTET?!

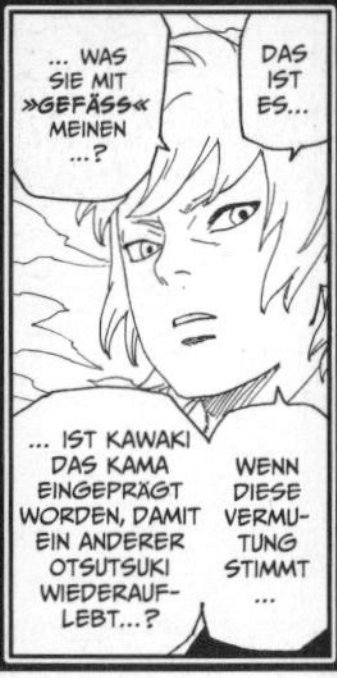

BAND 12 SEIT NOVEMBER 2021 ERHÄLTLICH!

ORIGINAL STORY AND SUPERVISING: MASASHI KISHIMOTO

MANGA: MIKIO IKEMOTO

SCENARIO: UKYO KODACHI

DER NÄCHSTE BAND

BORUTO
-NARUTO NEXT GENERATION-

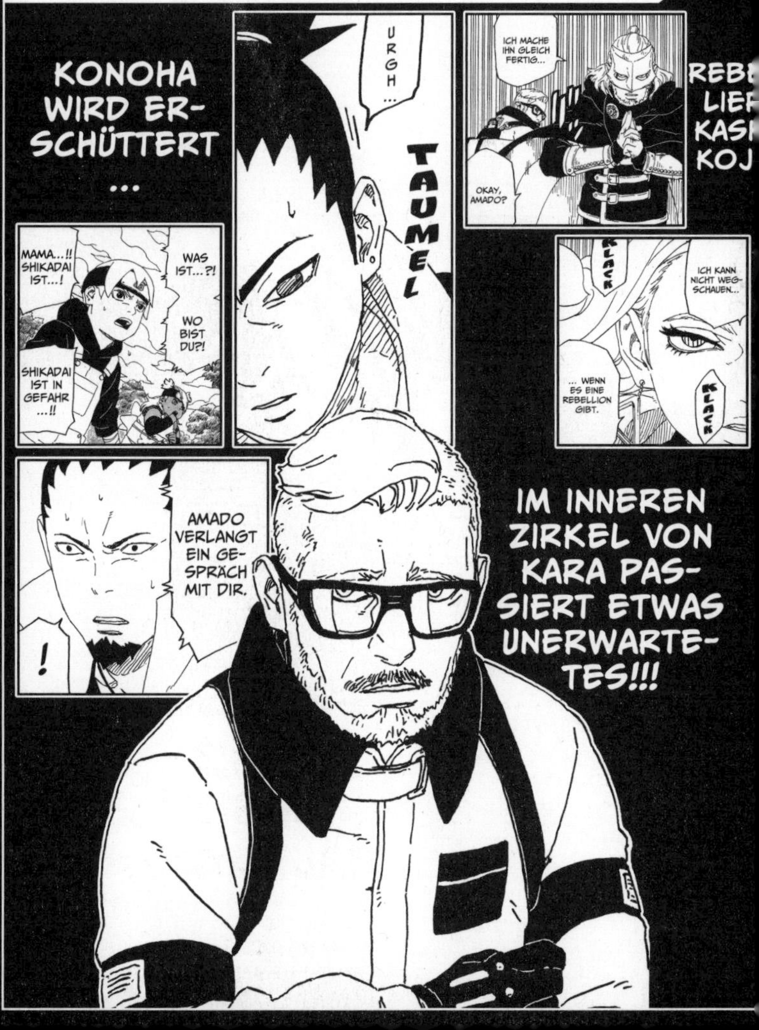

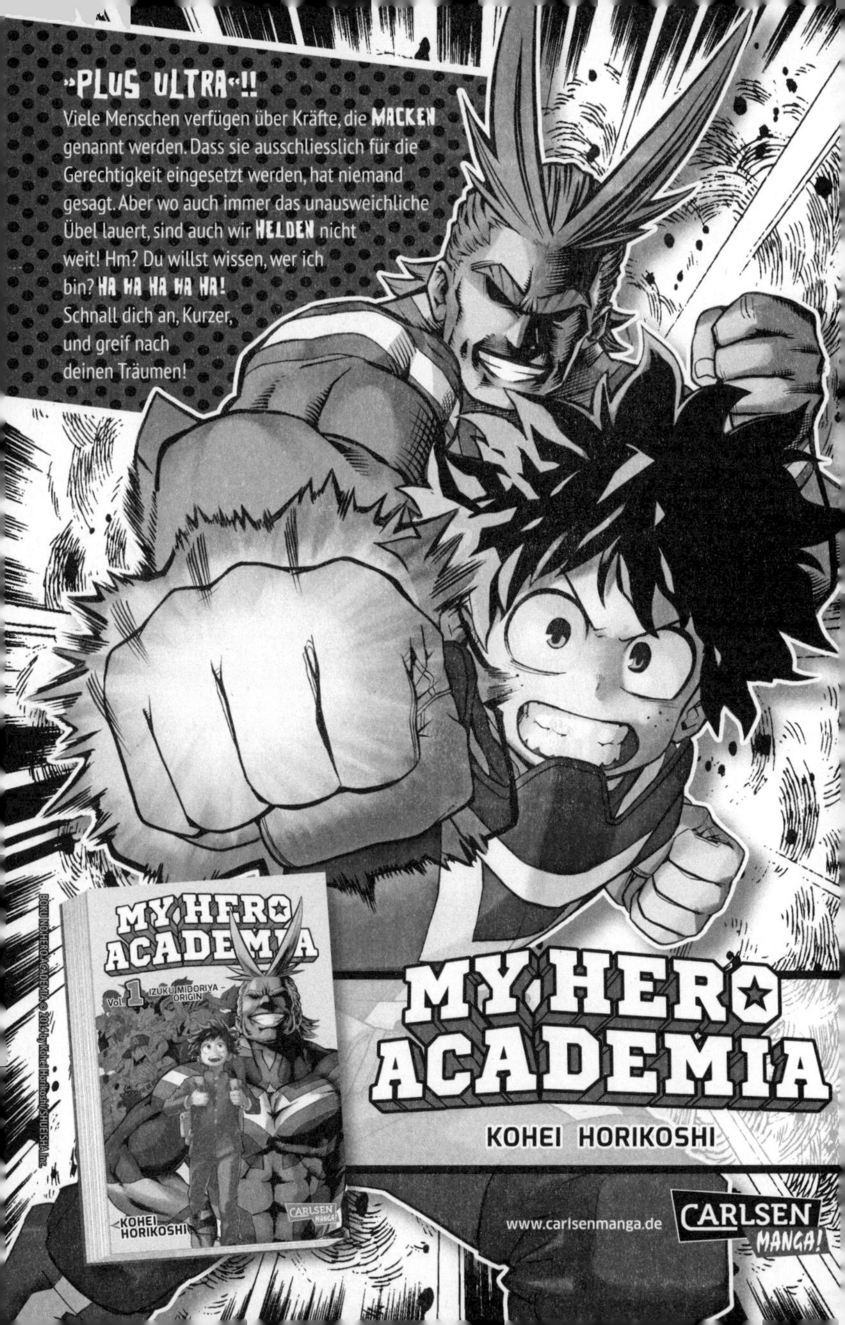
»PLUS ULTRA«!!
Viele Menschen verfügen über Kräfte, die MACKEN genannt werden. Dass sie ausschliesslich für die Gerechtigkeit eingesetzt werden, hat niemand gesagt. Aber wo auch immer das unausweichliche Übel lauert, sind auch wir HELDEN nicht weit! Hm? Du willst wissen, wer ich bin? HA HA HA HA HA! Schnall dich an, Kurzer, und greif nach deinen Träumen!
BOKU NO HERO ACADEMIA © 2014 by Kohei Horikoshi/SHUEISHA Inc.
MY HERO ACADEMIA
Vol. 1 IZUKU MIDORIYA – ORIGIN
KOHEI HORIKOSHI
CARLSEN MANGA!
MY HERO ACADEMIA
KOHEI HORIKOSHI
www.carlsenmanga.de
CARLSEN MANGA!

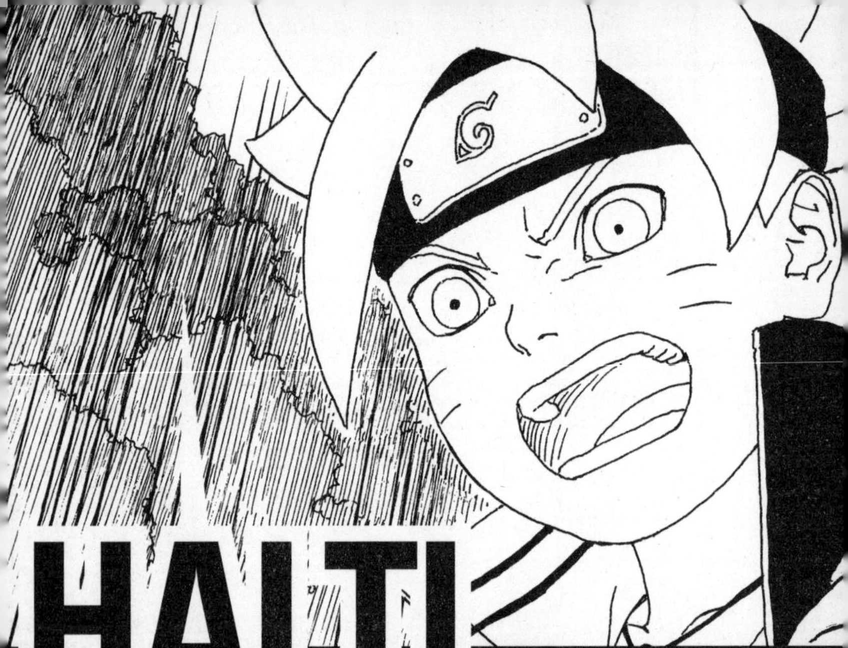

HALT!

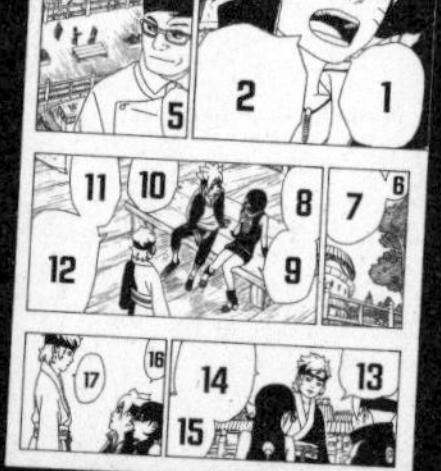

Das ist nicht die erste Seite des Buches. »Boruto« ist ein japanischer Comic. In Japan liest man von »hinten« nach »vorne« und von rechts oben nach links unten, also genau spiegelverkehrt zu dem, wie wir es gewohnt sind.
Auch die Bilder und Sprechblasen auf jeder Seite werden so gelesen, wie es in der Grafik gezeigt wird!
Die Legende der neuen Generation beginnt!!

Wir produzieren nachhaltig

- Klimaneutrales Produkt
- Papiere aus nachhaltigen und kontrollierten Quellen
- Hergestellt in Europa

CARLSEN MANGA! NEWS * Aktuelle Infos abonnieren unter www.carlsenmanga.de * www.carlsen.de